Schaum's Foreign Language Series

MÉDECINE
ET
SOINS MÉDICAUX

Lectures et Vocabulaire

en français

Katia Brillié Lutz

Conrad J. Schmitt

McGraw-Hill, Inc.
New York   St. Louis   San Francisco   Auckland
Bogotá   Caracas   Lisbon   London   Madrid   Mexico   Milan
Montreal   New Delhi   Paris   San Juan   Singapore
Sydney   Tokyo   Toronto

Sponsoring Editors: John Aliano, Meg Tobin
Production Supervisor: Janelle Travers
Editing Supervisor: Patty Andrews
Cover Design: Wanda Siedlecka
Cover Illustration: Jane Sterrett
Text Design and Composition: Suzanne Shetler/Literary Graphics
Art and Illustrations: Graphic Connexions, Inc.
Printer and Binder: R.R. Donnelley and Sons Company

MEDECINE ET SOINS MEDICAUX

2 3 4 5 6 7 8 9 10 11 12 13 14 15 DOC DOC 9 8 7 6 5 4 3 2

ISBN 0-07-056809-X

Library of Congress Cataloging-in-Publication Data
Lutz, Katia Brillié.
  Médecine et soins médicaux: lectures et vocabulaire en français
  Katia Brillié Lutz, Conrad J. Schmitt
        p.   cm.—(Schaum's foreign language series)
  Includes index.
  ISBN 0-07-056809-X
  1. Medical care.   2. Medicine.   3. French language—Readers—
  Medical care.   4. French language—Readers—Medicine.
  I. Schmitt, Conrad J.   II. Title.   III. Series.
    (DNLM: 1. Health Services.   2. Medicine.   3. Philology—french.
  PC2117 L975m   1992
  362.1—dc20   91-8882
                                                 CIP

ABOUT THE AUTHORS

Katia Brillié Lutz

Ms. Lutz was Executive Editor of French at Macmillan Publishing Company. Prior to that, she taught French language and literature at Yale University and Southern Connecticut State College. Ms. Lutz also served as a Senior Editor at Harcourt Brace Jovanovich and Holt, Rinehart and Winston. She was a news translator and announcer for the BBC Overseas Language Services in London. Ms. Lutz has her Baccalauréat in Mathematics and Science from the Lycée Molière in Paris and her Licence ès lettres in Languages from the Sorbonne. She was a Fulbright Scholar at Mount Holyoke College. Ms. Lutz is the author of many foreign language books at all levels of instruction. She presently devotes her full time to teaching French at the United Nations and writing.

Conrad J. Schmitt

Mr. Schmitt was Editor-in-Chief of Foreign Language, ESL, and Bilingual Publishing with McGraw-Hill Book Company. Prior to joining McGraw-Hill, Mr. Schmitt taught languages at all levels of instruction from elementary school through college. He has taught Spanish at Montclair State College, Upper Montclair, New Jersey; French at Upsala College, East Orange, New Jersey; and Methods of Teaching a Foreign Language at the Graduate School of Education, Rutgers University, New Brunswick, New Jersey. He also served as Coordinator of Foreign Languages for the Hackensack, New Jersey, Public Schools. Mr. Schmitt is the author of many foreign language books at all levels of instruction, including the communicating titles in Schaum's Foreign Language Series. He has traveled extensively throughout France, Canada, Martinique, Guadeloupe, Haiti, Tunisia, and Morocco. He presently devotes his full time to writing, lecturing, and teaching.

PREFACE

The purpose of this book is to provide the reader with the vocabulary needed to discuss the fields of Medicine and Health Care in French. It is intended for the individual who has a basic background in the French language and who wishes to be able to converse in this language in his or her field of expertise. The book is divided into two parts—Part One, Medicine and Part Two, Health Care. The content of each chapter focuses on a major area or topic relative to each of these fields. The authors wish to stress that it is not the intent of the book to teach Medicine or Health Care. The intent of the book is to teach the lexicon or vocabulary needed to discuss the fields of Medicine and Health Care in French. It is assumed that the reader has learned about these fields either through college study or work experience.

The specific field-related vocabulary presented in this book is not found in basic language textbooks. This book can be used as a text in a specialized French course for Medicine and Health Care. The book can also be used by students studying a basic course in French who want to supplement their knowledge of the language by enriching their vocabulary in their own field of interest or expertise. This adds a useful dimension to language learning. It makes the language a valuable tool in the modern world of international communications and commerce. Since the gender of nouns related to professions in the romance languages involves grammatical changes that are sometimes quite complicated, we have, for the sake of simplicity, used the generic **le** form of nouns dealing with professions.

Using the Book

If a student uses the book on his or her own in some form of individualized study or leisurely reading, the following procedures are recommended to obtain maximum benefit from the book.

Since the specific type of vocabulary used in this book is not introduced in regular texts, you will encounter many unfamiliar words. Do not be discouraged. Many of the words are cognates. A cognate is a word that looks and may mean the same in both French and English but is, in most cases, pronounced differently. Examples of cognates are **la médecine** and **l'opération.** You should be able to guess their meaning without difficulty, which will simplify your task of acquiring a new lexicon.

Before reading the chapter, proceed to the exercises that follow the reading. First, read the list of cognates that appears in the chapter. This cognate list is the first exercise of each chapter. Then look at the cognate exercises to familiarize yourself with them.

Continue by looking at the matching lists of English words and their French equivalents. These matching lists present words that are not cognates, that is, those words that have no resemblance to one another in the two languages. Look at the English list only. The first time you look at this exercise you will not be able to determine the French equivalent. The purpose of looking at the English list is to make you aware of the specific type of vocabulary you will find in reading the chapter. After having looked at the English list, read the French list; do not try to match the English-French equivalents yet.

After you have reviewed the cognates and the lists of English words, read the chapter quickly. Guess the meanings of words through the context of the sentence. After having read the chapter once, you may wish to read it again quickly.

After you have read the chapter once or twice, attempt to do the exercises. Read the chapter once again, then complete those exercises you were not able to do on the first try. If you cannot complete an exercise, check the answer in the Answer Key in the Appendix. Remember that the exercises are in the book to help you learn and use the words; their purpose is not to test you.

After going over the exercises a second time, read the chapter again. It is not necessary for you to retain all the words; most likely, you will not be able to. However, you will encounter many of the same words again in subsequent chapters. By the time you have finished the book, you will retain and be familiar with enough words to enable you to discuss the fields of Medicine and Health Care in French with a moderate degree of ease.

If there is a reason for you to become expert in carrying on medical or health care discussions in French, it is recommended that you reread the book frequently. It is more advantageous to read and expose yourself to the same material often. Do not attempt to study a particular chapter arduously until you have mastered it. In language acquisition, constant reinforcement is more beneficial than tedious, short-term scrutiny.

In addition to the vocabulary exercises, there is a series of comprehension exercises in each chapter. These comprehension exercises will provide you with an opportunity on your own to discuss medical and health care matters and will enable you to use the new vocabulary you just learned.

If you are interested in fields other than Medicine and Health Care, you will find, on the back cover of this book, a complete list of the titles and the fields available to you.

ILLUSTRATIONS

CONTENTS

x

Première partie
LA MEDECINE

Chapitre 1
LES ORIGINES DE LA MEDECINE ET L'ANATOMIE

Les origines de la médecine

Jusqu'au Moyen-Age, la médecine était basée presqu'entièrement sur les préceptes des médecins grecs Hippocrate et Galien.

Hippocrate a vécu d'environ 460 à 377 avant Jésus-Christ. C'était probablement le fils d'un prêtre[1]. Il voyagea dans toute la Grèce et l'Asie Mineure et s'installa finalement à Cos. Il recommandait des traitements simples qui laissaient agir la nature. Il pratiquait la chirurgie, une des parties de la médecine la plus avancée en Grèce. Sa physiologie reposait sur une théorie d'humeurs qui subsistait au Moyen-Age: l'équilibre entre le sang, la lymphe, la bile jaune et la bile noire constitue la santé; le défaut ou l'excès de l'une d'entre elles constitue la maladie. Il a écrit le *Corpus Hippocratum*. Le serment d'Hippocrate est resté dans la tradition.

Claude Galien a vécu de 131 à 201. C'est un médecin grec qui exerça la médecine à Pergame et à Rome. Sa physiologie reposait sur la théorie des humeurs comme celle d'Hippocrate. Grâce à des dissections d'animaux, il fit d'importantes découvertes en anatomie, en particulier sur le système nerveux et le cœur.

Mais c'est vraiment au 16e siècle que la médecine progressa grâce aux dissections et à l'étude minutieuse des cadavres par Léonard de Vinci.

C'est au Flamand André Vésale que l'on doit la médecine moderne. Il étudia la médecine à Louvain et en Italie. En 1544, il devint le médecin de Charles Quint. Il attaqua les théories des Anciens dans un traité intitulé *De corporis humani fabrica* («La structure du corps humain»). Il fut accusé d'avoir fait une dissection sur un homme encore vivant et fut envoyé en pèlerinage[2] en Terre Sainte[3]. Il mourut au cours d'une tempête à son retour. C'est à lui que l'on doit les sciences de l'anatomie—l'étude de la structure du corps humain—et de la physiologie—l'étude des fonctions de l'organisme humain, telles que la nutrition, la motricité, la sensibilité, les régulations.

En 1628, le médecin anglais William Harvey écrivit un traité qui décrivait la petite et la grande circulation sanguine. Depuis, l'anatomie et la physiologie ont fait d'énormes progrès grâce aux techniques modernes permettant d'examiner le corps telle que l'endoscopie.

---

[1]*priest* [2]*pilgrimage* [3]*Holy Land*

LA TETE ET LE COU

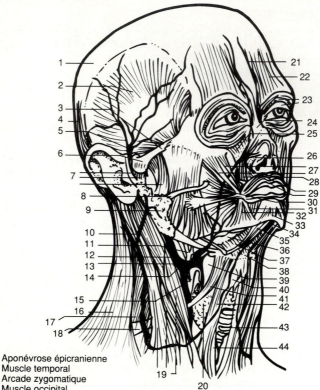

1 Aponévrose épicranienne
2 Muscle temporal
3 Arcade zygomatique
4 Muscle occipital
5 Artère et veine
  temporales superficielles
6 Articulation
  temporo-maxillaire
7 Muscle masséter
8 Canal de Sténon
9 Glande parotide
10 Veine jugulaire externe
11 Artère carotide externe
12 V. jugulaire interne
13 A. carotide interne
14 Tronc veineux
  de Farabeuf
15 A. carotide primitive
16 M. trapèze
17 M. scalène
18 Ventre postérieur du
  m. homo-hyoïdien
19 M. sterno-cléido-
  mastoïdien

20 Glande thyroïde
21 V. préparate
22 M. frontal
23 M. orbiculaire de l'œil
24 M. releveur commun
  profond de la lèvre
  et de la narine
25 M. triangulaire du nez
26 M. dilatateur
  de la narine
27 M. grand et petit
  zygomatiques
28 M. releveur commun
  superficiel de la lèvre
  et de la narine
29 M. orbiculaire des lèvres
30 M. buccinateur
31 M. carré du menton

32 M. triangulaire des lèvres
33 M. de la houppe
  du menton
34 A. et. v. faciales
35 Ventre antérieur
  du m. digastrique
36 Glande sous-maxillaire
37 M. mylo-hyoïdien
38 Os hyoïde
39 M. constricteur
  du pharynx
40 Cartilage thyroïde
41 Ventre antérieur du m.
  omo-hyoïdien
42 M. sterno-cléido-
  hyoïdien
43 Trachée
44 M. sterno-thyroïdien

Anatomie

Le squelette Le squelette humain a 206 os. Il y en a 32 dans chaque bras, 31 dans chaque jambe, 29 dans le crâne, 26 dans la colonne vertébrale, 25 dans le thorax. Le squelette de la femme et celui de l'homme sont identiques; en général, celui de la femme est plus petit, mais le bassin est plus grand que celui de l'homme pour faciliter la naissance des enfants.

Les muscles Il y a plus de 600 muscles dans le corps humain. Chaque muscle est formé de groupes de fibres musculaires dont la longueur varie de quelques millimètres comme celles des muscles qui font bouger l'œil, jusqu'à 30 cm comme celles des muscles des fesses. Certains muscles sont attachés à un os, soit directement, soit par l'intermédiaire d'un tendon. En plus des muscles squelettiques, il y a de nombreux muscles internes tels que le cœur et les parois du système digestif. Certains muscles se contractent et se relâchent très rapidement, d'autres restent contractés pendant une longue période nécessaire au maintien d'une certaine position du corps. On distingue les muscles lisses qui se trouvent dans les viscères, par exemple, et les muscles striés, rouges, qui sont les muscles squelettiques et le cœur.

Le cerveau et le système nerveux Le cerveau est bien protégé par la boîte crânienne. Le cerveau se compose de deux hémisphères, du cervelet et du tronc cérébral. Les hémisphères cérébraux forment à peu près 90% du tissu cérébral. Chaque hémisphère a environ 15 cm de long et à eux deux, ils ont à peu près 11 cm de large. Ils sont faits de nombreuses circonvolutions de tissus nerveux dont la surface est équivalente à celle d'une grande feuille de papier journal.

Le cervelet intervient dans le contrôle de la coordination musculaire. Il est situé sous les deux hémisphères cérébraux. Il consiste également en cellules nerveuses et est divisé en deux hémisphères.

Le tronc relie le cerveau à la moelle épinière et contient les centres nerveux qui contrôlent les fonctions «automatiques» telles que le rythme cardiaque et la respiration. Le tronc cérébral a à peu près 75 mm de long.

Le cœur, les poumons et les vaisseaux sanguins Le cœur est un organe creux et musculaire de forme conique. C'est le principal organe de la circulation du sang. Il est grand comme un poing fermé et est situé plus ou moins au centre de la poitrine. En fait les deux tiers sont situés à gauche du sternum et un tiers, à droite.

Les poumons ont également une forme conique. Ils sont situés de part et d'autre du cœur. Le poumon gauche est légèrement plus petit que le droit pour laisser assez de place au cœur. C'est le principal organe de l'appareil respiratoire. L'air arrive dans chaque poumon par une bronche et le sang par l'artère pulmonaire. Le sang quand il arrive est chargé de gaz carbonique. Quand il ressort par les veines pulmonaires, il est purifié et enrichi en oxygène. Les échanges gazeux se font dans des millions d'alvéoles dont la surface est égale à celle d'un court de tennis. Quand on inhale fortement, la base des poumons descend jusqu'aux dixièmes côtes; quand on exhale, elle remonte aux huitièmes côtes.

LE SQUELETTE, DOS

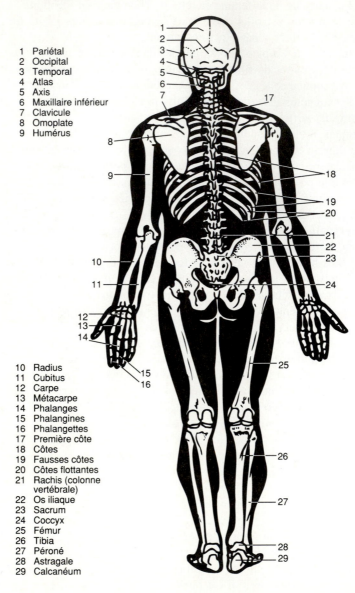

1 Pariétal
2 Occipital
3 Temporal
4 Atlas
5 Axis
6 Maxillaire inférieur
7 Clavicule
8 Omoplate
9 Humérus

10 Radius
11 Cubitus
12 Carpe
13 Métacarpe
14 Phalanges
15 Phalangines
16 Phalangettes
17 Première côte
18 Côtes
19 Fausses côtes
20 Côtes flottantes
21 Rachis (colonne
   vertébrale)
22 Os iliaque
23 Sacrum
24 Coccyx
25 Fémur
26 Tibia
27 Péroné
28 Astragale
29 Calcanéum

LE SQUELETTE, PROFIL

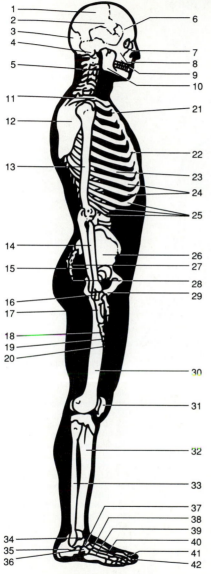

1 Pariétal
2 Temporal
3 Occipital
4 Mastoïde
5 Rachis (colonne vertébrale)
6 Frontal
7 Os propre du nez
8 Os malaire
9 Maxillaire supérieur
10 Maxillaire inférieur
11 Clavicule
12 Omoplate
13 Humérus
14 Radius
15 Cubitus
16 Carpe
17 Métacarpe
18 Phalanges
19 Phalangines
20 Phalangettes
21 Première côte
22 Sternum
23 Côtes
24 Fausses côtes
25 Côtes flottantes
26 Os iliaque
27 Sacrum
28 Coccyx
29 Ischion
30 Fémur
31 Rotule
32 Tibia
33 Péroné
34 Astragale
35 Calcanéum
36 Cuboïde
37 Scaphoïde
38 Cunéiformes
39 Métatarsiens
40 Phalanges
41 Phalangines
42 Phalangettes

LES MUSCLES (face antérieure)

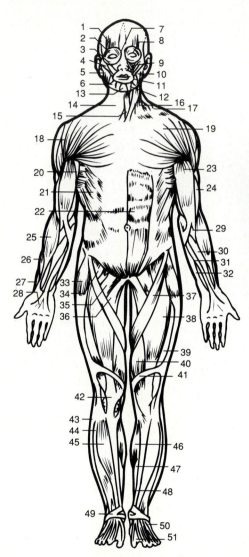

1 Frontal
2 Orbiculaire des paupières
3 Petit zygomatique
4 Grand zygomatique
5 Masseter
6 Triangulaire des lèvres
7 Pyramidal
8 Transverse du nez
9 Canin
10 Buccinateur
11 Orbiculaire des lèvres
12 Carré du menton
13 Houppe du menton
14 Peaucier du cou
15 Sterno-hyoïdien
16 Sterno-cléido-mastoïdien
17 Trapèze
18 Deltoïde
19 Grand pectoral
20 Grand dentelé
21 Grand oblique
22 Grand droit de l'abdomen
23 Biceps
24 Brachial antérieur
25 Long supinateur
26 2e radial
27 Long abducteur du pouce
28 Aponévrose palmaire
29 Rond pronateur
30 Grand palmaire
31 Petit palmaire
32 Cubital antérieur
33 Tenseur du fascia lata
34 Psoas-iliaque
35 Pectiné
36 Moyen adducteur
37 Couturier
38 Droit antérieur
39 Vaste externe
40 Vaste interne
41 Bandelette de Maissiat
42 Rotule
43 Long péronier latéral
44 Extenseur commun
   des orteils
45 Jambier antérieur
46 Jumeaux
47 Soléaire
48 Tibia
49 Ligament annulaire
   antérieur du tarse
50 Pédieux
51 Interosseux

LES MUSCLES (face postérieure)

1 Aponévrose épicranienne
2 Occipital
3 Grand complexus
4 Splénius de la tête
5 Trapèze
6 Sous-épineux
7 Deltoïde
8 Petit rond
9 Grand rond
10 Rhomboïde
11
12 ⎤ Triceps brachial
13
14 Tendon du triceps brachial
15 Long supinateur
16 Premier radial
17 Anconé
18 Cubital antérieur
19 Deuxième radial
20 Long abducteur du pouce
21 Court extenseur du pouce
22 Ligament annulaire du carpe
23 Tendon du long extenseur du pouce
24 Cubital postérieur
25 Extenseur propre du petit doigt
26 Extenseur commun des doigts
27 Grand dorsal
28 Aponévrose du grand dorsal
29 Bourrelet graisseux du flanc
30 Grand oblique
31 Aponévrose du moyen fessier
32 Grand fessier
33 Localisations graisseuses
34 Fascia lata
35 Grand adducteur
36 Vaste externe
37 Droit interne
38 Demi-membraneux
39 Demi-tendineux
40 Biceps crural
41 Plantaire grêle
42 Triceps sural (jumeau externe)
43 Triceps sural (jumeau interne)
44 Triceps sural (soléaire)
45 Tendon d'Achille
46 Court péronier latéral
47 Malléole interne (tibiale)
48 Malléole externe (péronière)
49 Fléchisseur commun des orteils

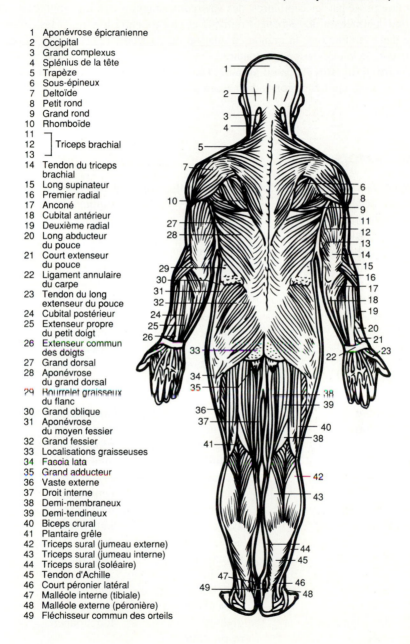

La circulation du sang fonctionne de la façon suivante: le cœur envoie le sang aux organes par les artères et le sang revient des organes au cœur par les veines, après être passé par les capillaires, des vaisseaux sanguins très fins dont les parois très fines permettent des échanges nutritifs et gazeux entre le sang et les cellules. Il y a deux circulations, la grande circulation ou circulation générale, et la petite circulation ou la circulation pulmonaire.

L'appareil digestif, l'appareil urinaire, l'appareil génital de la femme et celui de l'homme seront étudiés à propos de maladies spécifiques.

ETUDE DE MOTS

Exercice 1 Study the following cognates that appear in this chapter.

la médecine	la bile	pulmonaire
l'anatomie	l'origine	urinaire
la physiologie	le traitement	génital
l'endoscopie	la nature	cardiaque
la lymphe	la théorie	équivalent
le système	l'équilibre	conique
la fonction	l'excès	purifié
l'organisme	la dissection	enrichi
l'organe	l'animal	nutritif
la cellule	le cadavre	gazeux
le tissu	la nutrition	
le muscle	la position	baser
le tendon	la surface	recommander
la fibre	l'air	pratiquer
le centre	l'oxygène	exercer
le rythme	l'échange	progresser
l'artère	le millimètre	attaquer
le vaisseau	le centimètre	examiner
la circulation		contracter
l'alvéole	simple	distinguer
le capillaire	avancé	intervenir
le squelette	nerveux	diviser
la colonne	minutieux	contenir
le tronc	humain	inhaler
le thorax	vertébral	exhaler
le sternum	musculaire	respirer
l'hémisphère	digestif	fonctionner
le gaz	respiratoire	

Exercice 2   Complete each expression with the appropriate word(s).

1. living organism   l'_____ vivant
2. muscle fiber   la _____ musculaire
3. blood vessel   le _____ sanguin
4. blood circulation   la _____ du sang
5. nerve center   le _____ nerveux
6. vital function   la _____ vitale
7. exchange of gases   l'_____ de gaz
8. human skeleton   le squelette _____
9. respiratory system   le système _____
10. pulmonary problem   le trouble _____
11. urinary tract   l'appareil _____
12. purified air   l'_____ purifié
13. enriched with oxygen   _____ en oxygène
14. digestive system   le système _____
15. heart rhythm   le _____ cardiaque

Exercice 3   Match the verb in Column A with its noun form in Column B.

A	B
1. contenir	a. la division
2. respirer	b. l'examen
3. diviser	c. le contenu
4. pratiquer	d. la fonction, le fonctionnement
5. fonctionner	e. la respiration
6. examiner	f. l'attaque
7. progresser	g. la pratique
8. attaquer	h. la progression, le progrès
9. exercer	i. l'exercice

Exercice 4   Match the word in Column A with its opposite in Column B.

A	B
1. simple	a. grossier, négligent
2. primitif	b. l'animal
3. minutieux	c. inhumain
4. exhaler	d. inhaler
5. humain	e. avancé
6. la plante	f. complexe
7. l'excès	g. la déficience, la carence, le défaut

Exercice 5   Give the word being defined.

1. l'étude de la structure du corps humain
2. la branche de la biologie qui étudie les fonctions et les activités des organismes vivants

3. l'examen d'une cavité interne du corps
4. canal qui sert à la circulation du sang ou de la lymphe—il y en a trois sortes: les veines, les artères et les capillaires
5. liquide organique composée chez l'homme de 97% de plasma et 3% de globules
6. organe formé de fibres irritables et contractiles—c'est l'organe qui assure les mouvements des êtres humains et des animaux
7. ensemble des cellules qui possèdent (ont) la même structure et la même fonction
8. filament ou cellule allongée constituant certains tissus animaux et végétaux
9. partie du corps des vertébrés limitée par les côtes, le sternum et le diaphragme et qui contient le cœur et les poumons
10. l'ensemble des parties dures (les os) d'un animal

Exercice 6   Give the appropriate adjective associated with each of the following terms.
1. du cœur
2. des poumons
3. de la respiration
4. de la nutrition
5. de la digestion
6. des nerfs
7. de l'homme
8. de l'urine
9. de la reproduction
10. de gaz

Exercice 7   Match the English word or expression in Column A with its French equivalent in Column B.

A	B
1. body	a. le cœur
2. blood	b. le corps
3. heart	c. le bassin
4. bone	d. le sang
5. eye	e. la côte
6. rib	f. l'os
7. bronchus, bronchial tube	g. la poitrine
8. chest	h. la bronche
9. pelvic cavity	i. l'œil (les yeux)
10. buttock	j. la fesse
11. lung	k. le poumon

Exercice 8   Complete each statement with the appropriate word(s).

1. Le cadavre est le _____ d'un homme ou animal mort, pas vivant.
2. Le _____ est un liquide rouge qui circule dans les veines et les artères.
3. Le _____ est le principal organe de la circulation du sang. Le _____ est un organe creux situé dans le thorax et constitué principalement par un muscle.
4. Le _____ est le principal organe de l'appareil respiratoire. Il y en a deux situés dans le thorax.
5. L'air est amené dans les poumons par les _____.
6. La _____ est la partie du tronc entre le cou (neck) et l'abdomen. Elle contient le cœur et les poumons.
7. Les _____ sont les os allongés et courbes qui forment la cage thoracique et protègent le cœur et les poumons.
8. La _____ est une des deux parties qui forment le derrière de l'homme.
9. On voit avec les _____.
10. Le _____ sépare la poitrine de l'abdomen.
11. Le squelette humain a 206 _____.

Exercice 9   Match the English word or expression in Column A with its French equivalent in Column B.

A	B
1. lack	a. la motricité
2. illness, disease	b. la longueur, long
3. living	c. le défaut
4. to die	d. la maladie
5. motor functions	e. creux
6. birth	f. relier
7. length, long	g. bouger
8. width, wide	h. vivant
9. to move	i. ressortir
10. to leave, exit again	j. la naissance
11. to join	k. mourir
12. wall (of artery, etc.)	l. la largeur, large
13. hollow	m. la paroi
14. to relax	n. relâcher
15. carbon dioxide	o. le gaz carbonique

Exercice 10   Complete each statement with the appropriate word(s).

1. Un _____ de vitamines est peut-être plus dangereux qu'un excès.
2. La _____ et la _____ des fibres musculaires qui forment les muscles du corps humain varient beaucoup.

3. De très petits muscles font _____ l'œil.

4. Certains muscles se contractent et se _____.

5. Le cœur est un organe _____ et musculaire de forme conique.

6. Les tendons _____ certains muscles aux os.

7. Le sang qui entre dans les poumons est chargé de gaz carbonique. Le sang qui en _____ est purifié et enrichi en oxygène.

8. L'hypertension peut endommager les _____ des vaisseaux et des artères.

9. Le choléra est une _____ transmissible qui de nos jours n'est pas très répandue.

10. Le squelette, les muscles et le système nerveux assurent la _____ et permettent les mouvements chez l'homme.

11. On commence la vie avec la _____ et on la finit avec la mort.

Exercice 11   Match the word in Column A with its opposite in Column B.

A	B
1. contracter	a. l'excès
2. la largeur	b. mourant
3. entrer	c. relâcher
4. la mort	d. détacher
5. vivant	e. ressortir
6. le défaut	f. la naissance
7. relier	g. la longueur

Exercice 12   Match the English word or expression in Column A with its French equivalent in Column B.

A	B
1. skull	a. le crâne
2. brain	b. strié
3. braincase	c. la boîte crânienne
4. cerebellum	d. le tronc cérébral
5. brain stem	e. le cerveau
6. convolution	f. le cervelet
7. spinal cord	g. la moelle épinière
8. spinal column	h. la colonne vertébrale
9. striated	i. lisse
10. smooth	j. la circonvolution

Exercice 13   Complete each statement with the appropriate word(s).

1. Les muscles peuvent être _____ ou _____. Il existe trois sortes de muscles: lisses, squelettiques et cardiaques.

2. Le crâne s'appelle aussi _____. C'est une cavité osseuse qui contient et protège l'encéphale, c'est-à-dire l'ensemble des centres nerveux.

3. L'encéphale est contenu dans la boîte crânienne et est composé du cerveau, du _____ et du _____ cérébral.

4. Le _____ a deux hémisphères.

5. Le _____ est le centre nerveux encéphalique situé sous le cerveau et en arrière du tronc vertébral. Le _____ intervient dans le contrôle des contractions musculaires, dans l'équilibration.

6. L'épine est la colonne _____.

7. La _____ est contenue (située) dans la colonne vertébrale.

Exercice 14   Complete each expression with the appropriate word(s).

1. spinal column   la _____ vertébrale
2. spinal cord   la _____ épinière
3. braincase   la _____ crânienne
4. brain stem   le _____ cérébral
5. muscle fibers   les _____ musculaires
6. smooth muscles   les muscles _____
7. striated muscles   les muscles _____
8. skeletal muscles   les _____ squelettiques
9. nervous system   le _____ nerveux
10. nerve center   le _____ nerveux
11. nerve tissues   les tissus _____
12. brain tissue   le _____ cérébral
13. a hollow organ   un _____ creux
14. respiratory system   l'appareil _____
15. blood vessels   les _____ sanguins
16. walls of the digestive system   les _____ du système _____

COMPREHENSION

Exercice 1   Answer.

1. Jusqu'au Moyen-Age sur quoi la médecine était-elle basée?
2. Sur quoi la physiologie d'Hippocrate repose-t-elle?
3. Comment Galien fit-il (a-t-il fait) d'importantes découvertes en anatomie?
4. Au 16e siècle, qui a fait des dissections et des études minutieuses sur des cadavres?
5. Combien d'os le squelette humain a-t-il?
6. Pourquoi le bassin de la femme est-il plus grand que celui de l'homme?
7. De quoi chaque muscle du corps humain est-il formé?
8. Pourquoi certains muscles restent-ils contractés pendant une longue période de temps?
9. Qu'est-ce qui protège le cerveau?
10. De quoi le cerveau se compose-t-il?
11. A quoi le cervelet sert-il?
12. Qu'est-ce qui relie le cerveau à la moelle épinière?
13. Pourquoi le poumon gauche est-il un peu plus petit que le poumon droit?

14. Comment l'air arrive-t-il dans les poumons?
15. Comment le sang arrive-t-il?
16. De quoi le sang est-il chargé en arrivant dans les poumons?
17. Comment le sang ressort-il des poumons?
18. Comment le sang est-il en ressortant des poumons?
19. Où les échanges gazeux se font-ils?
20. Que permettent les parois des vaisseaux sanguins?

Exercice 2   True or false?
1. Le squelette de la femme et celui de l'homme sont presque identiques.
2. Il y a plus de 600 muscles dans le corps humain.
3. La longueur des muscles de l'homme ne varie pas.
4. Tous les muscles sont attachés directement à un os.
5. Les parois de beaucoup des organes sont des muscles internes.
6. Il y a des muscles lisses et des muscles striés.
7. Les centres nerveux qui contrôlent les fonctions automatiques telles que le rythme cardiaque et la respiration sont contenus dans le tronc cérébral.
8. Le cœur et les poumons ont une forme conique.
9. Le poumon droit est légèrement plus petit que le poumon gauche.
10. Le cœur envoie le sang aux organes par les veines.

Exercice 3   Complete each statement with the appropriate word(s).
1. Le cœur est un organe _____.
2. C'est le principal organe pour _____.
3. Il est situé _____.
4. Il est grand _____.
5. Le cœur est le principal organe pour _____ et les poumons sont les principaux organes pour _____.
6. Le cœur envoie le sang aux organes par _____.
7. Et le sang revient des organes au cœur par _____.

Chapitre **2**
LES SPECIALISATIONS MEDICALES

Voici une liste des différentes spécialisations en médecine et des spécialistes correspondants.

Allergologie Etudie les mécanismes de l'allergie et les maladies allergiques.
Médecin: allergologiste ou allergologue

Anesthésiologie Science de l'anesthésie, c'est-à-dire la perte de conscience qui s'obtient soit en inhalant des gaz (chloroforme, éther) ou par injection intraveineuse de barbituriques. L'anesthésie locale s'obtient par le froid ou par injection de cocaïne. L'anesthésie régionale est appliquée à une région entière.
Médecin: anesthésiologiste

Chirurgie Partie de la thérapeutique qui comporte des interventions manuelles ou instrumentales. Il y a de nombreuses spécialisations: chirurgie des os, du cœur, chirurgie plastique, etc.
Médecin: chirurgien

Dermatologie Etudie et soigne les maladies de la peau.
Médecin: dermatologue

Gynécologie Médecine de la femme.
Médecin: gynécologue

Immunologie Etudie l'immunité, c'est-à-dire la résistance d'un organisme à une infection ou un agent toxique.
Médecin: immunologiste

Médecine interne
Médecin: interniste

   Cardiologie Etudie et soigne les maladies du cœur.
   Médecin: cardiologue

   Endocrinologie et métabolisme Etudie les glandes endocrines et leurs maladies. Les glandes endocrines sont celles qui sécrètent des produits qui sont déversés directement dans le sang. Deux glandes endocrines sont la thyroïde et l'hypophyse.
   Médecin: endocrinologue

   Epidémiologie Etudie les épidémies.
   Médecin: épidémiologiste

   Gastro-entérologie Médecine du tube digestif.
   Médecin: gastro-entérologue

Hématologie Etude et traitement des maladies du sang et des organes formateurs de sang.
   Médecin: hématologue ou hématologiste
Maladies contagieuses
   Médecin: spécialiste en maladies contagieuses
Maladies pulmonaires
   Médecin: spécialiste en maladies pulmonaires
Néphrologie Etude du rein et des affections rénales.
   Médecin: néphrologue
Neurologie Etudie les maladies nerveuses.
   Médecin: neurologue
Obstétrique Traite de la grossesse et des accouchements.
   Médecin: obstétricien
Ophtalmologie Traite de l'œil, des fonctions visuelles, des maladies oculaires et des opérations de l'œil.
   Médecin: ophtalmologue ou ophtalmologiste
Orthopédie Traite les affections du squelette, des muscles et des tendons.
   Médecin: orthopédiste
Oto-rhino-laryngologie Traite les maladies de l'oreille, du nez et de la gorge.
   Médecin: oto-rhino-laryngologiste (oto-rhino)
Pathologie Science des causes et des symptômes des maladies.
   Médecin: pathologiste
Pédiatrie Traite des maladies des enfants.
   Médecin: pédiatre
Psychiatrie Etudie les maladies mentales.
   Médecin: psychiatre
Radiologie Traite de l'étude et des applications médicales des rayons X et autres rayonnements ionisants.
   Médecin: radiologue ou radiologiste
Rhumatologie Traite des rhumatismes.
   Médecin: rhumatologue
Urologie Traite des affections des voies urinaires et en particulier des voies génito-urinaires chez l'homme.
   Médecin: urologue

ETUDE DE MOTS

Exercice 1 Study the following cognates that appear in this chapter.

la spécialisation	l'anesthésie	la thérapeutique
le spécialiste	l'anesthésiologiste	la dermatologie
l'allergie	le gaz	le dermatologue
l'allergologiste	le chloroforme	l'immunologie
l'allergologue	l'éther	l'immunologiste
l'anesthésiologie	l'injection	l'immunité

la résistance
l'organisme
l'infection
l'agent
l'interniste
la cardiologie
le cardiologue
la gynécologie
le gynécologue
l'endocrinologie
l'endocrinologue
le métabolisme
les glandes endocrines
la thyroïde
l'hypophyse
la gastro-entérologie
le gastro-entérologue
l'hématologie
l'hématologue,
   l'hématologiste
l'épidémiologie
l'épidémie
l'épidémiologiste
la néphrologie
le néphrologue

la neurologie
le neurologue
l'obstétrique
l'obstétricien
l'ophtalmologie
l'ophtalmologue,
   l'ophtalmologiste
l'orthopédie
l'orthopédiste
l'oto-rhino-laryngologie
l'oto-rhino-laryngologiste
la pathologie
le pathologiste
la pédiatrie
le pédiatre
la psychiatrie
le psychiatre
la radiologie
le radiologue,
   le radiologiste
la rhumatologie
le rhumatisme
le rhumatologue
l'urologie
l'urologue

allergique
intraveineux
barbiturique
local
régional
entier
manuel
instrumental
plastique
toxique
interne
digestif
contagieux
pulmonaire
nerveux
visuel
oculaire
mental
urinaire

obtenir
inhaler
exhaler
appliquer
sécréter

Exercice 2   Give the name of the doctor who specializes in each of the following fields.

Spécialisation	Médecin spécialiste
1. l'anesthésiologie	
2. la cardiologie	
3. l'immunologie	
4. l'hématologie	
5. la gynécologie	
6. la néphrologie	
7. la neurologie	
8. l'endocrinologie	
9. la pédiatrie	
10. l'obstétrique	
11. l'urologie	
12. la psychiatrie	
13. la radiologie	
14. la gastro-entérologie	

Exercice 3   What branch of medicine does each of the following have to do with?

1. les voies urinaires
2. une maladie rénale
3. un enfant
4. les troubles cardiaques
5. l'estomac ou l'appareil digestif
6. les rayons X
7. avoir un bébé (accoucher)
8. le sang
9. les règles (la menstruation)
10. le système nerveux

Exercice 4   Complete each statement with the appropriate word(s).

1. Il réagit négativement à la pénicilline. Il a une réaction _____ à la pénicilline.
2. L'anesthésiologiste peut administrer un anesthésique _____ ou régional.
3. Le système immunologique nous permet de résister aux _____.
4. L'anesthésiologiste administre des barbituriques par injection _____.
5. Les agents _____ peuvent causer des infections.
6. Le _____ traite les maladies de la femme.
7. De temps en temps il y a des _____ de maladies transmissibles ou contagieuses.
8. Le foie *(liver)* _____ la bile.
9. Il a des troubles _____. Il a des difficultés à respirer.
10. De nos jours l'_____ est ce que jadis était le médecin général.
11. Si l'on a un problème avec le système ou l'appareil _____ on doit consulter le gastro-entérologue.
12. Le _____ traite les enfants et l'_____ traite les femmes enceintes.
13. L'_____ va réduire une fracture compliquée.
14. Si l'on a des problèmes _____ ou _____, on doit consulter l'ophtalmologiste.

Exercice 5   Match the English word or expression in Column A with its French equivalent in Column B.

A	B
1. surgery	a. la perte de conscience
2. surgeon	b. accoucher
3. skin	c. la grossesse
4. blood	d. la chirurgie
5. blood-forming organs	e. le chirurgien

6. kidney	f. le rein
7. eye, eyes	g. l'oreille
8. ear	h. la peau
9. nose	i. le sang
10. throat	j. l'œil, les yeux
11. to discharge	k. la gorge
12. unconsciousness	l. le nez
13. pregnancy	m. la voie
14. to give birth	n. déverser
15. duct, tract, passage	o. les organes formateurs de sang

Exercice 6   Complete each statement with the appropriate word(s).

1. Après neuf mois de _____ la femme _____.
2. L'anesthésique administré par l'anesthésiologiste provoque _____.
3. Le dermatologue traite les maladies de _____.
4. On voit avec les _____. (la vision)
5. On sent (détecte des odeurs) avec le _____. (l'odorat)
6. On entend avec les _____. (l'ouïe)
7. Celui qui traite les maladies de l'_____, du _____ et de la _____ est l'oto-rhino-laryngologiste.
8. Si l'on a des troubles avec les _____ urinaires, on doit consulter l'urologue.
9. La thyroïde et l'hypophyse sont des glandes endocrines. Elles sécrètent des produits qui sont _____ directement dans le sang.
10. Les _____ sécrètent l'urine.
11. Le _____ circule dans les veines, les artères et les capillaires.
12. C'est le _____ qui opère.

COMPREHENSION

Exercice 1   In your own words, describe each of the following fields of medicine.

1. la dermatologie
2. la gynécologie
3. l'allergologie
4. l'obstétrique
5. la gastro-entérologie
6. l'endocrinologie
7. la néphrologie
8. l'urologie
9. la pathologie
10. la psychiatrie

Exercice 2   Answer.

1. Quelle est la différence entre l'anesthésie locale et régionale?
2. Comment l'anesthésie locale s'obtient-elle?
3. Qu'est-ce que la chirurgie?
4. Comment les interventions chirurgicales s'effectuent-elles?
5. Que font les glandes endocrines?
6. Quelle est la différence entre un neurologue, un urologue et un néphrologue?
7. Qui traite les affections du squelette, des muscles et des tendons?

Chapitre 3
LA PEAU

La peau est l'organe le plus étendu du corps. La peau est un thermostat; elle assure l'élimination d'une partie des déchets et la défense de l'organisme contre les agressions extérieures. Elle sert à stocker les graisses, les sucres et le sel. Les principales maladies de la peau sont les suivantes:

L'urticaire Une éruption d'urticaire peut avoir des causes diverses: des aliments tels que les fraises[1], les fruits de mer[2], des piqûres[3] d'insectes, l'exposition au soleil. Très souvent la cause est inconnue, mais comme l'urticaire est une allergie, elle peut provoquer des complications respiratoires qui peuvent aller jusqu'à l'asphyxie. Comme traitement: une injection d'antihistaminiques ou d'épinéphrine (adrénaline). De toute façon, le facteur déclenchant[4] reste le plus souvent inconnu. Le plus souvent, les médicaments doivent être supprimés.

L'eczéma de contact (dermite de contact) C'est aussi une manifestation allergique qui est provoquée par de nombreuses substances. Beaucoup de substances utilisées dans les produits cosmétiques peuvent provoquer des dermites (l'essence de géranium, par exemple). Le traitement comprend l'application de compresses d'eau salée trois fois par jour. Si la plaie s'infecte, il faut consulter un dermatologue.

La réaction au sumac vénéneux Le sumac vénéneux ou *poison ivy,* que l'on trouve en Amérique du Nord, contient une huile toxique qui provoque une irritation douloureuse de la peau. La réaction cutanée se manifeste d'abord par une rougeur, puis par des démangeaisons. Cela devient des bulles qui s'ouvrent et se dessèchent et forment des croûtes. Il faut laver la surface atteinte immédiatement, et laver aussi tous les vêtements qui sont entrés en contact avec la plante.

Le choc anaphylactique Le choc anaphylactique ou hypersensibilité peut se produire aux piqûres d'insectes, à la pénicilline, à l'anesthésie ou au sérum. C'est une urgence médicale. Une piqûre de guêpe[5], d'abeille[6] entraîne en général une petite inflammation. Chez certaines personnes, il y a une réaction violente qui peut entraîner la mort. Une injection d'adrénaline est en général nécessaire dans ce cas.

L'acné C'est une maladie qui affecte surtout les jeunes et qui non seulement les défigure, mais aussi atteint la confiance qu'ils ont en eux. L'acné atteint surtout les peaux grasses. Elle se manifeste par des «points noirs» et des pustules à pointe blanche. Le chocolat, le lait, les noix[7] sont à décommander.

---

[1]*strawberries*   [2]*shellfish*   [3]*bites*   [4]*triggering*   [5]*wasp*   [6]*bee*   [7]*nuts*

COUPE DE LA PEAU

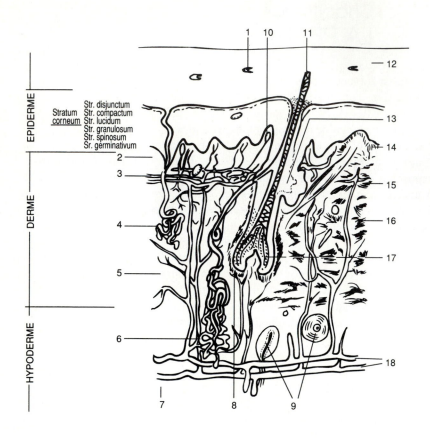

1 Pores	7 Lobules graisseux	14 Faisceaux de fibres
2 Papille dermique	8 Sac fibreux du poil	collagènes et élastiques
3 Réseau vasculaire	9 Corpuscule de Pacini	15 Muscle érecteur du poil
sous-papillaire	10 Corpuscule de Meissner	16 Faisceaux collagènes
4 Glande sudoripare eccrine	11 Tige du poil	17 Cellules matricielles
5 Tissu conjonctif	12 Surface de la peau	18 Réseau vasculaire
6 Glande sudoripare	13 Glande sébacée	
apocrine		

La couperose ou acné rosacée C'est une rougeur de la peau qui affecte le nez, les pommettes, le menton et le front. Encore une fois, le chocolat, les noix, le poivre[8] et l'alcool jouent un rôle.

Le psoriasis La cause en est inconnue. Ce n'est ni grave ni contagieux, mais cause des problèmes psychologiques dus à l'inconfort qu'il crée. Le psoriasis s'installe aux coudes, aux genoux, aux oreilles et au cuir chevelu. Il atteint aussi les ongles. Il n'y a pas vraiment de traitement efficace. Le soleil soulage les démangeaisons.

La calvitie La calvitie, surtout masculine, est héréditaire. Le seul moyen d'y remédier est de porter un postiche ou d'avoir une transplantation. Chez les femmes, la chute des cheveux est due à un abus de teintures et de permanentes.

Furoncles et anthrax Ils sont dus à une infection par le staphylocoque. Le furoncle s'installe sur le cou, le visage, les aisselles, le dos et les fesses. L'anthrax est plusieurs furoncles remplis de pus qui peuvent provoquer une infection du tissu osseux. Le traitement nécessite l'intervention d'un médecin. Les antibiotiques sont nécessaires pour enrayer l'infection.

L'impétigo Cette maladie affecte surtout les bébés et les enfants. C'est une infection due au staphylocoque et quelquefois au streptocoque. L'impétigo est très contagieux. Des ampoules se forment et deviennent des croûtes qui doivent être lavées avec un savon bactéricide. Une lotion antibiotique agit sur les bactéries.

Le zona C'est causé par le virus de la varicelle et apparaît le long du trajet d'un nerf. C'est très douloureux et peut durer pendant une année entière. Le zona peut laisser des cicatrices sur la peau. Les vitamines B12 provoquent quelquefois de bons résultats. Dans les cas les plus douloureux, on prescrit de la codéine ou un analgésique puissant.

Herpès simplex ou bouton de fièvre C'est un bouton qui se forme surtout au coin des lèvres, et qui est dû au virus herpétique. C'est une maladie récidivante. La cicatrisation se fait grâce à des lotions asséchantes (alcool à 90%, etc.).

Les verrues Elles sont d'origine virale et assez contagieuses. Elles sont en général sur les doigts, la plante des pieds, le coude ou le dos. Elles peuvent être détruites par des acides ou par cryothérapie à l'azote liquide (traitement par le froid).

La mycose du pied ou le pied d'athlète Il est dû à un champignon parasitaire entre les orteils favorisé par une humidité prolongée. C'est très contagieux. Le traitement au permanganate et l'utilisation d'une poudre antiseptique sont recommandés.

Les coups de soleil Les coups de soleil sont beaucoup plus dangereux qu'on ne le croit. La brûlure de l'épiderme cause non seulement des rides, mais probablement le cancer de la peau. Les coups de soleil peuvent également causer des frissons, de la fièvre, des maux de tête, des nausées, des vomissements et même un choc nerveux. La première exposition au soleil ne doit jamais être supérieure à une demi-heure. Les crèmes solaires offrent une protection qui n'est pas toujours efficace.

---

[8]*pepper*

Les pellicules C'est une inflammation chronique du cuir chevelu. Il y a des shampooings spéciaux qui n'ont pas grand effet. Le traitement au sulfure de sélénium est plus efficace.

Les cors et callosités Les cors sont dus au port de chaussures trop petites. Les callosités sont dues aux frottements. On les retire en appliquant de l'acide salicylique. Si les cors ou callosités sont gênants, on doit consulter un pédicure.

L'odeur corporelle Elle est due à l'action des bactéries sur la sueur. On doit laver ses aisselles avec soins et appliquer un désodorisant de façon régulière, si nécessaire. Néanmoins, l'utilisation de désodorisant n'est pas toujours recommandée. Contrairement à ce que l'on croit, des bains fréquents ne sont pas à conseiller: le savon fait disparaître le sébum de la peau qui protège l'épiderme. Dans la plupart des cas, l'odeur naturelle du corps, quand elle n'est pas modifiée par les bactéries, est agréable.

ETUDE DE MOTS

Exercice 1   Study the following cognates that appear in this chapter.

l'organe	l'inconfort	l'adrénaline
le thermostat	le staphylocoque	la pustule, le pus
l'élimination	le streptocoque	l'hèrpes simplex
la défense	le sébum	la mycose
l'agression	la lotion	le cancer
l'éruption	la bactérie	
la cause	le virus	extérieur
la complication	le nerf	respiratoire
l'asphyxie	l'acide	cosmétique
le traitement	la cryothérapie	toxique
l'injection	l'humidité	violent
l'antihistaminique	l'épiderme	héréditaire
le facteur	le désodorisant	contagieux
la substance	l'allergie	antibiotique
l'application	l'eczéma	viral
la compresse	la dermite	antiseptique
l'irritation	le sumac	chronique
la réaction	l'acné	
la surface	l'acné rosacée	assurer
le choc	le psoriasis	provoquer
l'hypersensibilité	le furoncle	s'infecter
la pénicilline	l'anthrax	défigurer
le sérum	l'impétigo	créer
l'inflammation	la varicelle	

Exercice 2   Give the word being defined.
1. la façon de traiter une maladie
2. une piqûre
3. un antibiotique très important
4. une espèce de crème
5. ce qui est responsable, l'origine
6. l'apparition de nouveaux phénomènes morbides au cours d'une maladie ou infection
7. une inflammation qui peut causer la douleur
8. membrane qui forme la zone externe de la peau
9. l'action d'être extrêmement sensible à certains médicaments ou conditions
10. action de défendre ou protéger

Exercice 3   Match the word in Column A with its definition in Column B.

A	B
1. contagieux	a. qui évolue lentement et se prolonge
2. provoquer	b. transmis des parents aux enfants
3. chronique	c. extrêmement transmissible, capable d'être transmis d'une personne à l'autre
4. violent	d. produire, être la cause
5. assurer	e. intense, excessif
6. héréditaire	f. garantir, donner comme certain
7. le virus	g. un tout petit organisme qui se développe à l'intérieur d'une cellule vivante

Exercice 4   Study the French equivalent for each of the following English words, which express many parts of the body.

neck   le cou
face   le visage
lip   la lèvre
chin   le menton
forehead   le front
ear   l'oreille
scalp   le cuir chevelu
cheekbone   la pommette
armpit   l'aisselle
back   le dos
buttock   la fesse
elbow   le coude
finger   le doigt
toe   l'orteil
sole of the foot   la plante du pied
knee   le genou
nail   l'ongle

Exercice 5   Identify the following body parts.

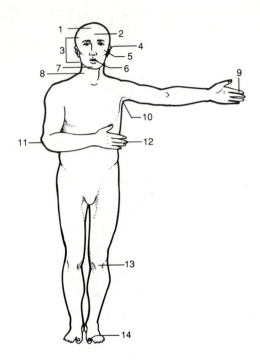

Exercice 6   Identify what is being described.
1. Il y en a deux sur le derrière.
2. On les emploie pour voir.
3. Ce qui nous permet d'entendre.
4. Ce qui recouvre l'extrémité des doigts et des orteils.
5. La partie inférieure du pied.
6. Ce qui recouvre le crâne.
7. La partie supérieure du visage.
8. La partie extérieure inférieure et supérieure de la bouche.
9. Ce qui réunit le bras et l'avant-bras.
10. Où la jambe rejoint la cuisse *(thigh)*.

Exercice 7 Study the French equivalent for each of the following English words.

    corn   le cor
    callous   la callosité
    blister   l'ampoule
    pimple   le bouton
    wart   la verrue
    sore   la plaie
    fever blister   le bouton de fièvre
    hives   l'urticaire
    redness   la rougeur
    itching   la démangeaison
    burn   la brûlure
    sunstroke, sunburn   le coup de soleil
    wrinkle   la ride
    athlete's foot   le pied d'athlète
    dandruff   les pellicules
    chicken pox   la varicelle
    scab, crusting   la croûte
    blackhead   le point noir
    whitehead   la pointe blanche
    rash   l'éruption, les tâches rouges

Exercice 8 Select the appropriate word(s) to complete each statement.

1. On a des cors et des callosités surtout sur (le visage / les pieds).
2. Les pellicules apparaissent sur le (dos / cuir chevelu).
3. Un acide peut être la cause d'une (ride / brûlure).
4. (L'urticaire / La verrue) est due à des allergies.
5. Beaucoup d'ampoules et de plaies forment des (croûtes / points noirs).
6. Une éruption provoque (la démangeaison / les rides).
7. (Un point noir / Une pointe blanche) est un petit cylindre de matière sébacée qui bouche (bloque) un pore de la peau.
8. Le soleil peut être la cause des (verrues / rides) faciales.
9. Beaucoup de (brûlures / verrues) sont virales.
10. (Le bouton de fièvre / La varicelle) se forme sur les lèvres.

Exercice 9 Study the French equivalent for each of the following English words.

    waste   les déchets
    sugar   le sucre
    salt   le sel
    salty   salé
    fat   la graisse
    oily   gras(se)

oil   l'huile
insect bite   la piqûre d'insecte
baldness   la calvitie
to stop   supprimer
to relieve   soulager
extensive   étendu
painful   douloureux
to dry   dessécher
body odor   l'odeur corporelle
sweat   la sueur
soap   le savon
powder   la poudre
course   le trajet
recurring   récidivant

Exercice 10   Complete each statement with the appropriate word(s).
1. Il y a des gens qui ont des réactions allergiques à des _____ d'insectes.
2. Les boutons de fièvre sont _____; c'est-à-dire ils réapparaissent.
3. Le talc est une _____.
4. L'acné atteint surtout les peaux _____, pas les sèches.
5. La _____, c'est-à-dire la perte (chute) des cheveux, est plus courante chez les hommes que chez les femmes.
6. La _____ peut être la cause de l'odeur corporelle.
7. Il y a des lotions et des poudres pour _____ les démangeaisons.
8. Les furoncles sont souvent _____.
9. La peau assure l'élimination d'une partie des _____ corporels.
10. Si l'on trouve qu'on est allergique à un médicament, le médicament doit être _____.

COMPREHENSION

Exercice 1   True or false?
1. La peau est une défense contre les agressions extérieures.
2. L'urticaire et l'eczéma sont des manifestations allergiques.
3. Beaucoup de produits cosmétiques peuvent provoquer une réaction au sumac vénéneux.
4. Il est toujours très facile d'isoler la cause de l'urticaire.
5. Les bulles formées par une réaction au sumac vénéneux s'ouvrent, se dessèchent et forment des croûtes.
6. L'hypersensibilité aux piqûres d'insectes, à la pénicilline, etc., peut provoquer une urgence médicale.
7. Le psoriasis est contagieux.
8. L'impétigo est contagieux.

9. Le zona est une affliction douloureuse causée par le virus de la varicelle.
10. Heureusement le zona ne dure pas longtemps.
11. Les verrues sont d'origine bactérienne.
12. Les verrues sont contagieuses.
13. Les pellicules se trouvent sur les ongles.
14. Les cors et les callosités se trouvent sur les orteils.
15. Le staphylocoque et le streptocoque sont des bactéries.

Exercice 2   Answer.
1. Quel est l'organe le plus étendu du corps?
2. Quel est un traitement assez efficace de l'eczéma si la plaie n'est pas infectée?
3. Qu'est-ce que l'acné?
4. Quelle maladie de la peau affecte le nez, les pommettes, le menton et le front?
5. Où le psoriasis s'installe-t-il?
6. Quel est un problème héréditaire qui atteint surtout les hommes?
7. Qu'est-ce qui cause l'anthrax?
8. Qu'est-ce que l'anthrax?
9. Qui l'impétigo affecte-t-il?
10. Où le zona apparaît-il?
11. Pourquoi le soleil est-il plus dangereux qu'on ne le croyait?

Exercice 3   Give symptoms or indications of the following skin disorders.
1. la réaction au sumac vénéneux
2. l'acné
3. le psoriasis
4. l'anthrax
5. l'impétigo
6. le zona
7. l'herpès simplex

Exercice 4   Explain the treatment for the following skin disorders.
1. l'eczéma
2. le choc anaphylactique
3. le psoriasis
4. l'impétigo
5. le zona
6. le bouton de fièvre
7. les verrues
8. les pellicules

Chapitre 4
LE CERVEAU ET LE SYSTEME NERVEUX

Le cerveau fonctionne comme le plus parfait ordinateur qui puisse exister. La partie automatique du cerveau contrôle toutes les fonctions nécessaires telles que le rythme cardiaque, la respiration, etc. Le cerveau contrôle également toutes nos activités conscientes. Etant donné sa complexité, il est étonnant que le cerveau ne subisse pas plus d'accidents. De nos jours, on apprend de plus en plus comment fonctionne ce mystérieux organe. On ignore souvent encore la cause de nombreuses maladies nerveuses, mais les progrès qui ont été faits dans ce domaine sont magistraux.

L'attaque ou apoplexie, hémorragie cérébrale

Cela se produit lorsque le cerveau n'est plus alimenté en sang, soit parce qu'il y a eu un caillot qui a pénétré dans le cerveau, soit qu'un vaisseau sanguin s'est rompu ou qu'il y a eu un anévrisme cérébral dû à l'hypertension. Les cellules nerveuses de l'endroit atteint sont détruites et cela cause une paralysie plus ou moins critique des parties correspondantes. L'hémorragie cérébrale se produit surtout chez les personnes âgées, mais elle peut se produire chez des personnes jeunes également. La cause dans la majeure partie des cas est liée à l'hypertension artérielle. Plus le traitement est rapide, plus grandes sont les chances de rétablissement.

L'épilepsie

C'est une maladie très ancienne. On en distingue trois formes: le grand mal, le petit mal et les crises psychomotrices. Ce n'est pas une maladie mentale. Elle provient d'une anomalie du système nerveux. En dehors des crises, les épileptiques peuvent mener une vie totalement normale.

Le grand mal est la plus commune des formes d'épilepsie et aussi la plus dramatique à observer: le patient pousse parfois un cri puis perd conscience. Tous ses muscles sont tendus, puis ils se convulsent; les yeux se révulsent et de l'écume sort de la bouche. Il faut souvent mettre une cuillère ou un bâtonnet[1] entre les dents pour que le patient n'avale pas sa langue et s'étouffe. La crise peut durer jusqu'à cinq minutes.

---

[1] *small stick*

LE SYSTEME NERVEUX CENTRAL

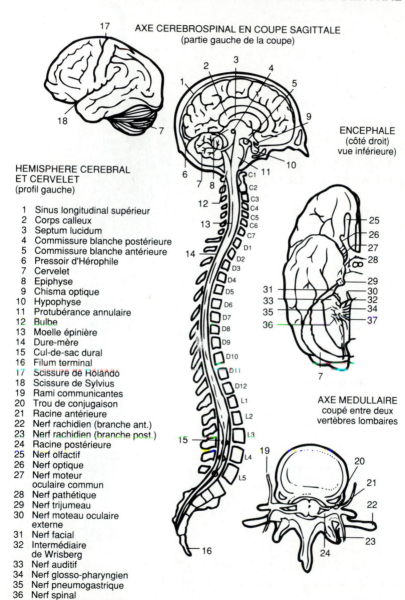

AXE CEREBROSPINAL EN COUPE SAGITTALE
(partie gauche de la coupe)

ENCEPHALE
(côté droit)
vue inférieure)

HEMISPHERE CEREBRAL ET CERVELET
(profil gauche)

1 Sinus longitudinal supérieur
2 Corps calleux
3 Septum lucidum
4 Commissure blanche postérieure
5 Commissure blanche antérieure
6 Pressoir d'Hérophile
7 Cervelet
8 Epiphyse
9 Chisma optique
10 Hypophyse
11 Protubérance annulaire
12 Bulbe
13 Moelle épinière
14 Dure-mère
15 Cul-de-sac dural
16 Filum terminal
17 Scissure de Rolando
18 Scissure de Sylvius
19 Rami communicantes
20 Trou de conjugaison
21 Racine antérieure
22 Nerf rachidien (branche ant.)
23 Nerf rachidien (branche post.)
24 Racine postérieure
25 Nerf olfactif
26 Nerf optique
27 Nerf moteur
    oculaire commun
28 Nerf pathétique
29 Nerf trijumeau
30 Nerf moteur oculaire
    externe
31 Nerf facial
32 Intermédiaire
    de Wrisberg
33 Nerf auditif
34 Nerf glosso-pharyngien
35 Nerf pneumogastrique
36 Nerf spinal
37 Nerf grand hypoglosse

AXE MEDULLAIRE
coupé entre deux
vertèbres lombaires

LE SYSTEME NERVEUX PERIPHERIQUE (face antérieure)

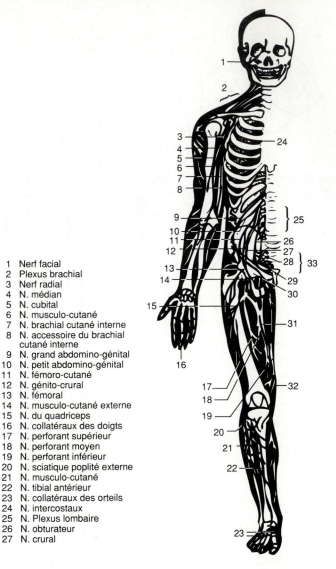

1　Nerf facial
2　Plexus brachial
3　Nerf radial
4　N. médian
5　N. cubital
6　N. musculo-cutané
7　N. brachial cutané interne
8　N. accessoire du brachial
　　cutané interne
9　N. grand abdomino-génital
10　N. petit abdomino-génital
11　N. fémoro-cutané
12　N. génito-crural
13　N. fémoral
14　N. musculo-cutané externe
15　N. du quadriceps
16　N. collatéraux des doigts
17　N. perforant supérieur
18　N. perforant moyen
19　N. perforant inférieur
20　N. sciatique poplité externe
21　N. musculo-cutané
22　N. tibial antérieur
23　N. collatéraux des orteils
24　N. intercostaux
25　N. Plexus lombaire
26　N. obturateur
27　N. crural

LE SYSTEME NERVEUX PERIPHERIQUE (face postérieure)

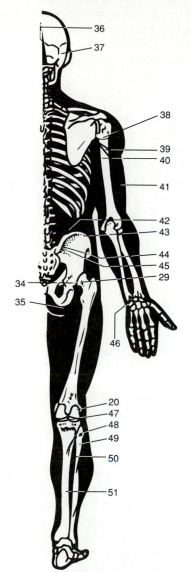

28 Tronc lombo-sacré
29 N. grand sciatique
30 N. musculo-cutané interne
31 N. saphène interne
32 N. jambier
33 Plexus sacré
34 N. petit sciatique
35 N. périnéal
36 Grand nerf s/occipital d'Arnold
37 Branche mastoïdienne
    (4e paire)
38 N. circonflexe
39 N. radial
40 N. cutané interne
41 N. cutané externe
42 Rameaux du plexus lombaire
43 Rameaux perforants
    du 12e intercostal
44 Rameaux fémoraux
    du fémoro cutané
45 N. fessier supérieur
46 Branche cutanée dorsale
    du cubital
47 N. sciatique poplité interne
48 N. accessoire du saphène
    externe
49 N. cutané péronier
50 N. saphène externe
51 N. tibial postérieur

Le petit mal se produit surtout chez les enfants. La crise ne dure que quelques secondes, rarement plus de 30 secondes.

Les crises psychomotrices sont beaucoup moins spectaculaires que celles du grand mal ou même du petit mal. Mais le malade se trouve coupé du monde; il profère[2] des sons bizarres et ne comprend pas ce qu'on lui dit.

Grâce à des substances chimiques liées au phénobarbital telles que le Dilantin, la Mysoline et le Zarontin, on arrive maintenant à contrôler l'intensité et la fréquence des crises épileptiques.

La sclérose en plaques

C'est une maladie chronique du système nerveux central qui affecte la coordination des mouvements et finit par une dégénérescence des tissus nerveux. Tout le corps est affecté. Elle frappe généralement les personnes jeunes (30 ans environ). On en ignore la cause. Une fois la maladie déclarée, l'espérance de vie est d'environ 20 ans. L'atrophie musculaire qui en découle conduit le plus souvent à l'infirmité. Les périodes de rémission alternent avec les périodes de rechute. Il n'existe pas de traitement pour cette maladie. Un certain degré de bien-être peut être le résultat de massages ou de physiothérapie. L'attitude psychologique du malade semble être primordiale[3] pour faire régresser la maladie et empêcher[4] les crises.

La méningite

C'est l'inflammation des méninges, les enveloppes du cerveau. Il y a plusieurs sortes de méningites: la plus courante est la méningite méningococcique ou méningite cérébro-spinale qui est épidémique. La méningite tuberculeuse et la pneumococcique, staphylococcique et grippale ne sont pas épidémiques. Dans le cas de la méningite épidémique, le porteur du germe peut ne présenter aucune manifestation de la maladie, mais être contagieux pendant des mois et même un an.

La méningite est une maladie grave. Si elle n'est pas traitée, elle peut être mortelle. C'est également une maladie hautement contagieuse et toutes les précautions doivent être prises pour éviter qu'elle ne se répande.

L'encéphalite

C'est une inflammation de la matière cérébrale causée par un virus. Elle peut se déclarer suivant la rougeole, la varicelle ou la coqueluche. C'est une maladie contagieuse. C'est une maladie grave surtout pour les jeunes enfants et les personnes âgées. A part une fièvre élevée (environ 40 degrés) et des maux de tête, on observe souvent une tendance à l'assoupissement, ce qui lui a donné souvent le nom de «maladie du sommeil», à ne pas confondre avec la maladie du sommeil africaine due à la mouche tsé-tsé. Il n'y a pas vraiment de traitement connu. Le repos, les compresses froides sur la tête et, en cas de coma, l'alimentation par voie intraveineuse sont les seuls moyens de soulager ou d'aider le malade à faire face à cette maladie.

---

[2]*utters*   [3]*of prime importance*   [4]*prevent*

LE SYSTEME NERVEUX SYMPATHIQUE

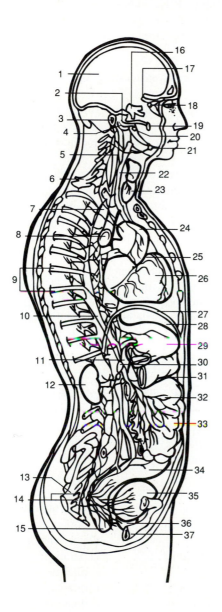

1 Boîte cranienne
2 Nerf facial
3 Conduit auditif externe
4 Nerf glosso-pharyngien
5 Nerf pneumogastrique
6 Plexus brachial
7 Œsophage
8 Bronche gauche
9 Nerfs intercostaux
10 Aorte descendante
11 Pancréas
12 Rein
13 Plexus sacré
14 Nerfs pelviens
15 Rectum
16 Nerf trijumeau
17 Nerf moteur oculaire commun
18 Ganglion ciliaire
19 Ganglion sphéno-palatin
20 Ganglion otique
21 Ganglion sous-maxillaire
22 Carotide primitive
23 Glande thyroïde
24 Crosse de l'aorte
25 Plexus cardiaque
26 Cœur
27 Diaphragme
28 Foie
29 Estomac
30 Ganglion cœliaque
31 Côlon transverse
32 Plexus mésentérique
33 Intestin grêle
34 Côlon sigmoïde
35 Vessie
36 Prostate
37 Ischion

Les tumeurs du cerveau

Il y a de nombreuses sortes de tumeurs au cerveau. Certaines sont bénignes, d'autres sont malignes; quelles qu'elles soient, elles causent des troubles sérieux. Les tumeurs au cerveau sont souvent mortelles et restent souvent cachées. Le mal de tête n'est pas le premier indice, contrairement à ce que l'on pense généralement. Les premiers symptômes sont plutôt des troubles de l'équilibre, de la vue et de l'odorat ou d'un mauvais fonctionnement des muscles. De nos jours, les progrès de la chirurgie font que de nombreuses tumeurs jadis intraitables sont maintenant opérables.

Autres affections nerveuses

Il existe d'autres affections nerveuses qui en général ne sont pas graves, mais présentent néanmoins un certain manque de confort:

Le traumatisme cérébral La plupart des chocs sur la tête sont sans conséquence car la boîte crânienne est solide. Néanmoins, s'il y a saignement du nez, de la bouche ou des oreilles, il peut y avoir fracture du crâne et donc lésion cérébrale grave.

Les tics Ce sont des spasmes musculaires. La cause est en général la fatigue ou l'anxiété, et c'est pour cette raison que les enfants en ont souvent.

Les maux de tête C'est sans doute l'affection la plus courante. La plupart du temps, un cachet d'aspirine réussit à calmer la tension que le malade ressent. Néanmoins, il ne faut pas oublier que des maux de tête peuvent indiquer la présence d'une tumeur cérébrale ou de l'hypertension artérielle.

Le hoquet Qui n'a pas eu l'expérience d'un hoquet qui arrive au mauvais moment et ne veut pas partir? Les causes sont multiples: troubles de digestion, alcoolisme, nervosité. Il y a plusieurs méthodes pour arrêter le hoquet. La plus courante est d'inspirer très fort, de retenir son souffle le plus longtemps possible et d'expirer lentement. Peut-être en connaissez-vous d'autres plus efficaces?

ETUDE DE MOTS

Exercice 1   Study the following cognates that appear in this chapter.

la fonction	le mouvement	le symptôme
le fonctionnement	la dégénérescence	les troubles d'équilibre
le rythme	la période	le choc
la complexité	la remission	la tension
la cause	le massage	le système nerveux
la cellule	la physiothérapie	l'organe
le traitement	l'attitude	l'hémorragie cérébrale
la crise	l'inflammation	l'apoplexie
la substance	la germe	l'hypertension
le phénobarbital	la précaution	la paralysie
l'intensité	le virus	l'épilepsie
la fréquence	la tendance	l'épileptique
la coordination	la compresse	l'anomalie

la sclérose	normal	opérable
l'atrophie	psychologique	solide
la méningite	épidémique	
l'encéphalite	contagieux	fonctionner
le coma	méningococcique	contrôler
la tumeur	cérébro-spinale	pénétrer
	tuberculeux	se convulser
automatique	pneumococcique	affecter
cardiaque	bénin (bénigne)	alterner
conscient	malin (maligne)	régresser
psychomoteur	intraitable	calmer

Exercice 2   Match the word in Column A with its opposite in Column B.

A	B
1. calmer	a. la simplicité
2. régresser	b. malin
3. l'anomalie	c. le résultat
4. la complexité	d. agiter
5. la cause	e. inconscient
6. conscient	f. progresser
7. bénin	g. opérable
8. intraitable	h. la normalité

Exercice 3   Match the verb in Column A with its noun form in Column B.

A	B
1. coordonner	a. le mouvement
2. mouvoir	b. la cause
3. dégénérer	c. la fonction, le fonctionnement
4. troubler	d. la dégénérescence
5. causer	e. le trouble
6. fonctionner	f. la coordination
7. régresser	g. la paralysie
8. alterner	h. l'alternance, l'alternative
9. paralyser	i. la régression

Exercice 4   Give a word that is related to each of the following.
1. la tuberculose
2. la psychologie
3. l'épidémie
4. l'épilepsie
5. l'opération
6. la contagion
7. la conscience

Exercice 5   Give the word being defined.
1. la façon de traiter un malade ou une maladie
2. un changement brusque, une manifestation aiguë d'un trouble physique
3. élément constitutif de tout être vivant
4. microbe qui cause des maladies
5. cancéreux
6. qui peut être opéré
7. ce qui révèle un trouble ou une lésion

Exercice 6   Match the English word or expression in Column A with its French equivalent in Column B.

A	B
1. brain	a. le caillot
2. breathing	b. l'endroit atteint
3. clot	c. la matière cérébrale
4. blood vessel	d. le cerveau
5. aneurism	e. la boîte crânienne
6. affected area	f. la respiration
7. recovery	g. la tête
8. multiple sclerosis	h. le vaisseau sanguin
9. brain matter	i. caché
10. hidden, undetected	j. le rétablissement
11. skull, braincase	k. l'anévrisme
12. head	l. la sclérose en plaques
13. stroke	m. l'attaque hémorragie (cérébrale)

Exercice 7   Complete each statement with the appropriate word(s).
1. Les organes de la _____ sont le cœur et les poumons.
2. Le _____ contrôle toutes les fonctions nécessaires du corps humain.
3. La dilatation d'une artère est _____.
4. L'hypertension peut être la cause de l'_____ cérébrale.
5. Le cerveau est enfermé par une cavité osseuse qui s'appelle _____.
6. Malheureusement les tumeurs cérébrales peuvent être _____ pendant longtemps.
7. Le cerveau est dans la _____.
8. _____ peut être suivie d'une paralysie.
9. Le sang est transporté dans les _____.
10. Pendant une hémorragie cérébrale les cellules nerveuses de l'_____ sont détruites.

Exercice 8   Match the English word or expression in Column A with its French equivalent in Column B.

A	B
1. brain tumor	a. le hoquet
2. skull fracture	b. la vue
3. tic, twitching	c. l'odorat

4. hiccups
5. nosebleed
6. headache
7. sight
8. smell
9. drowsiness, sluggishness
10. intravenous feeding
11. foam
12. tongue
13. relapse
14. carrier
15. sign

d. la manifestation
e. la tumeur cérébrale
f. la rechute
g. la fracture du crâne
h. l'écume
i. le saignement du nez
j. la langue
k. le tic
l. le porteur
m. le mal de tête
n. l'assoupissement
o. l'alimentation par voie intraveineuse

Exercice 9   Complete each statement with the appropriate word(s).
1. Pendant une crise d'épilepsie de l'_____ sort de la bouche de la personne atteinte.
2. Il faut éviter que le patient atteint d'une crise épileptique n'avale sa _____.
3. _____ peut être maligne ou bénigne.
4. Le sang coulant de l'oreille peut être la manifestation d'une _____.
5. J'ai un léger _____, pas de migraine.
6. Le _____ et aussi le _____ ne sont que rarement des manifestations d'un trouble sérieux.
7. Certaines maladies ont des périodes de rémission et de _____.
8. Il est possible que le _____ d'une maladie contagieuse telle que la méningite ne présente aucune manifestation.
9. Le _____ est toujours ennuyeux mais presque jamais sérieux.
10. Deux des cinq sens sont _____ et _____.
11. Le _____ est une contraction rapide et involontaire de certains muscles.
12. Si la condition du malade est grave et il ne peut pas manger, il faut l'alimenter par _____.

Exercice 10   Match the English word or expression in Column A with its French equivalent in Column B.

A	B
1. to feed	a. alimenter
2. to hold one's breath	b. perdre conscience
3. to break	c. s'étouffer
4. to destroy	d. retenir son souffle
5. to lose consciousness	e. se rompre
6. to roll upwards (such as eyes)	f. avaler
7. to swallow	g. se révulser
8. to choke, suffocate	h. découler
9. to come, get as a result	i. détruire

Exercice 11   Complete each statement with the appropriate word(s).
1. La paralysie qui _____ d'une attaque cérébrale n'est pas toujours irréversible.
2. Pendant une crise d'épilepsie, les yeux du patient se _____. Il faut aider le patient pour qu'il n'_____ pas sa langue et _____.
3. Pour arrêter le hoquet on doit inspirer très fort et _____ son souffle le plus longtemps possible.
4. Une hémorragie cérébrale _____ les cellules nerveuses de l'endroit atteint.
5. Le patient a la nausée et il devient très pâle. Je crois qu'il va s'évanouir ou _____.
6. Si elle ne commence pas à manger, le médecin m'a dit qu'il faudra l'_____ par voie intraveineuse.

COMPREHENSION

Exercice 1   Answer.
1. Que contrôle le cerveau?
2. Quand l'hémorragie cérébrale se produit-elle?
3. Pourquoi le cerveau peut-il être privé de sang?
4. Quelle est la cause de la majeure partie des attaques ou des hémorragies cérébrales?
5. Quelle est la forme d'épilepsie la plus commune?
6. Qu'est-ce qui arrive au patient pendant une crise d'épilepsie grave?
7. Avec quoi est-il possible de contrôler les crises d'épilepsie?
8. Que sont les méninges?
9. Qu'est-ce que l'encéphalite?
10. Quels sont les symptômes de l'encéphalite?
11. Existe-t-il un traitement efficace pour l'encéphalite?
12. Qu'est-ce qu'on fait pour soulager le malade qui souffre de l'encéphalite?
13. Quels sont les premiers symptômes d'une tumeur du cerveau?
14. Qu'est-ce que le saignement du nez, de la bouche ou des oreilles peut indiquer?
15. Que peut-on prendre pour soulager un léger mal de tête?
16. Quelles sont les causes du hoquet?

Exercice 2   True or false?
1. Le cerveau ne subit pas beaucoup d'accidents.
2. Il y a très peu de chances de rétablissement après avoir été atteint d'une hémorragie cérébrale.
3. Il y a trois formes d'épilepsie.
4. L'épilepsie est une maladie mentale.
5. L'épilepsie provient d'une anomalie du système nerveux.
6. La sclérose en plaques est une maladie épidémique.

7. Le Dilantin et la Mysoline sont des substances chimiques liées au phénobarbital.
8. La cause de la sclérose en plaques est un virus.
9. La sclérose en plaques est une maladie de dégénérescence.
10. De nos jours il existe un traitement efficace pour contrôler la sclérose en plaques.
11. L'encéphalite est contagieuse.
12. L'encéphalite est due à la mouche tsé-tsé.
13. Il y a des tumeurs cérébrales bénignes et malignes.
14. Toutes les tumeurs cérébrales causent des troubles sérieux.
15. Le mal de tête est toujours le premier indice de l'existence d'une tumeur cérébrale.
16. Les tumeurs du cerveau sont intraitables.
17. Les maux de tête ne sont jamais cause d'alarme.

Exercice 3   Select the appropriate word(s) to complete each statement.
1. La (méningite / sclérose en plaques) est une maladie chronique.
2. La méningite peut être une maladie (chronique / contagieuse).
3. L'atrophie musculaire découle de (l'épilepsie / la sclérose en plaques).
4. La paralysie découle de (l'hémorragie cérébrale / l'épilepsie).
5. La (méningite / sclérose en plaques) a des périodes de rémission qui alternent avec des périodes de rechute.
6. La méningite (méningococcique / pneumococcique) est épidémique.
7. (L'encéphalite / La méningite) est une inflammation de la matière cérébrale causée par un virus.
8. La (boîte crânienne / matière cérébrale) protège le cerveau.
9. Les (traumatismes cérébraux / tics) sont des spasmes musculaires causés fréquemment par la fatigue ou l'anxiété.

Chapitre 5
L'ŒIL

Les yeux sont les indicateurs les plus révélateurs des maladies que nous avons, quelles que soient les parties du corps qu'elles affectent. De nos jours, on peut corriger la plupart des anomalies oculaires.

Les troubles oculaires

La myopie On voit bien de près, mais pas de loin. Donc on doit porter des lunettes pour conduire, aller au cinéma, voir de loin. Cela est dû au fait que l'axe du globe oculaire est trop long.

L'hypermétropie C'est le contraire de la myopie. L'axe du globe oculaire est trop court. On voit donc bien de loin mais pas de près.

L'astigmatisme La courbure de la cornée empêche une projection correcte de l'image sur la rétine. C'est un défaut héréditaire.

La presbytie C'est un défaut qui apparaît après l'âge de 45 ans. Cela empêche de voir les objets proches. Il faut souvent des verres à double foyer.

L'intolérance aux verres de contact Certaines personnes ne tolèrent pas les verres de contact, surtout les durs, pendant très longtemps. Les suites peuvent être graves. Les verres souples sont d'habitude plus supportables, mais il faut les stériliser tous les soirs et ils sont plus chers que les durs.

Le strabisme Ce défaut est dû à un manque de coordination des muscles oculaires. Beaucoup d'enfants qui louchent souffrent des moqueries de leurs camarades. Le port de verres correcteurs n'est pas toujours suffisant. On a souvent recours à la chirurgie.

La conjonctivite C'est une inflammation de la conjonctive, c'est-à-dire la membrane qui recouvre l'intérieur des paupières et le blanc de l'œil. C'est très contagieux et désagréable. On prescrit en général des antibiotiques qui sont efficaces.

Il existe en Afrique et en Asie une forme de conjonctivite hautement contagieuse appelée «le trachome» qui entraîne la perte de la vue s'il n'est pas traité immédiatement.

Le glaucome Le glaucome est une autre affection de la vue qui peut entraîner la cécité complète. La pression oculaire augmente et peut causer de graves dommages sur le nerf optique. Cette maladie affecte surtout les personnes d'un certain âge. Il est donc important une fois passée la quarantaine d'avoir un examen ophtalmologique tous les ans.

ŒIL DROIT
(apparell lacrymal en coupe)

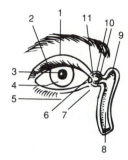

1 Sillon palpébral supérieur
2 Paupière supérieure
3 Pupille
4 Iris
5 Sillon palpébral inférieur
6 Repli semi-lunaire
7 Sillon palpébro-génien
8 Canal lacrymo-nasal
9 Sac lacrymal
10 Conduits lacrymaux
11 Caroncule lacrymale
12 Grand oblique
13 Releveur de la paupière
14 Droit supérieur
15 Anneau de Zinn
16 Droit inférieur
17 Petit oblique
18 Droit externe
19 Droit interne
20 Orbiculaire des paupières
21 Sourcil
22 Frontal
23 Zone ciliaire
24 Cul-de-sac oculo-palpébral
25 Expansion conjonc-tivale
26 Expansion de droit supérieur

COUPE SAGITTALE DE L'ORBITE

27 Choroïde
28 Capsule de Tenon
29 Espace de Tenon
30 Sclérotique
31 Corps vitré
32 Rétine
33 Nerf optique
34 Espace sus-arachnoïdien
35 Espace sous-arachnoïdien
36 Lame criblée
37 Membrane hyaloïde
38 Canal de Stilling ou de Oloquet (canal hyaloïdien)
39 Zonule de Zinn
40 Expansion du petit oblique
41 Exp. palpébrale du droit inf.
42 Orbite
43 Conjonctive
44 Muscle palpébral inférieur
45 Tarse inférieur
46 Repli conjonctival
47 Cils
48 Cornée
49 Chambre antérieure (humeur aqueuse)
50 Chambre postérieure (humeur aqueuse)
51 Tarse supérieur
52 Glande de Meibomius
53 Muscle palpébral supérieur
54 Canal de Schlemm
55 Septum orbitale
56 Expansion de releveur
57 Cristallin

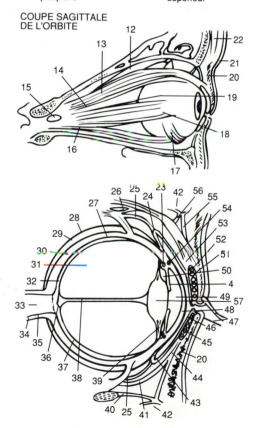

La cataracte Le cristallin devient de plus en plus opaque. La vieillesse en est la cause principale. Le diabète également. Les animaux sont aussi affectés par la cataracte. On peut traiter la cataracte par opération chirurgicale et on peut rétablir la vision pratiquement à 100%.

Le décollement de la rétine Cela arrive le plus souvent chez les myopes. C'est un déchirement de la rétine et on peut éviter la cécité par intervention chirurgicale. Les nouvelles techniques utilisant le rayon laser qui cautérise la déchirure ont révolutionné les opérations dans ce domaine.

Les troubles dus au tabac et à l'alcool L'abus du tabac et de l'alcool peut entraîner des troubles de la vision. On voit «double» et on ne perçoit pas bien les couleurs. La seule façon de se traiter est d'arrêter la consommation d'alcool et de tabac.

Les orgelets ou compères-loriots C'est une infection due à un staphylocoque. Une glande sébacée de la paupière s'enflamme, entraînant un petit furoncle plein de pus qui est douloureux et qui finit par s'ouvrir, soulageant ainsi la douleur. Si les orgelets ont tendance à réapparaître, on fait quelquefois un vaccin contre le staphylocoque.

Le daltonisme Ce sont surtout les hommes qui souffrent du daltonisme, l'impossibilité de distinguer le rouge du vert. Dans certains cas, tout est vu en noir et blanc. C'est une maladie héréditaire qui saute[1] parfois une génération.

———————————————

[1]*skips*

ETUDE DE MOTS

Exercice 1   Study the following cognates that appear in this chapter.

la myopie	l'indicateur	l'opération
le myope	la partie	l'intervention
l'hypermétropie	l'anomalie	la chirurgie
l'astigmatisme	la projection	la technique
le strabisme	l'image	
la conjonctivite	l'intolérance	oculaire
le trachome	la coordination	optique
le glaucome	l'inflammation	ophtalmologique
la cataracte	le vaccin	révélateur
l'axe	le pus	correct
le globe	le staphylocoque	héréditaire
la cornée	l'infection	supportable
la rétine	la couleur	contagieux
le muscle	l'intérieur	opaque
la membrane	l'antibiotique	double
le nerf	la pression	sébacé
la glande	le dommage	suffisant
la pupille	le diabète	chirurgical

affecter   prescrire   causer
tolérer   traiter   cautériser
stériliser   augmenter   s'enflammer
recouvrir

Exercice 2   Complete each expression with the appropriate word(s).
1. contagious disease   une maladie _____
2. a hereditary defect   un défaut _____
3. double vision   la vision _____
4. telltale (revealing) sign   un indicateur (indice) _____
5. a sebaceous cyst   un kyste _____
6. opaque lens   un verre _____
7. ocular muscle   un muscle _____
8. eye (ophthalmological) exam   un examen _____

Exercice 3   Select the appropriate word(s) to complete each statement.
1. Il faut (stériliser / tolérer) les instruments chirurgicaux avant de faire une opération ou intervention chirurgicale.
2. S'il existe une infection, l'ophtalmologue (prescrit / stérilise) un antibiotique.
3. Il faut (augmenter / traiter) une maladie contagieuse immédiatement.
4. Si la conjonctivite n'est pas traitée, elle peut (augmenter / causer) de graves dommages.
5. L'ophtalmologue (traite / tolère) les maladies de l'œil.
6. Une membrane (s'inflamme / recouvre) le blanc de l'œil.
7. Beaucoup de gens ne peuvent pas (affecter / tolérer) les verres de contact.

Exercice 4   Match the word in Column A with its equivalent in Column B.
A	B
1. augmenter	a. l'opération chirurgicale
2. contagieux	b. liquide qui se forme aux foyers d'infection
3. l'intervention	
4. une anomalie	c. devenir plus grand
5. la couleur	d. le rouge, le bleu, etc.
6. l'image	e. qui se transmet facilement
7. le pus	f. la portion
8. la partie	g. une déviation de ce qui est normal
9. infecter	h. la représentation
	i. contaminer

Exercice 5   Match the verb in Column A with its noun form in Column B.
A	B
1. enflammer	a. la tolérance
2. tolérer	b. la cautérisation
3. coordonner	c. l'inflammation

4. projeter   d. l'infection
5. indiquer   e. la coordination
6. traiter   f. l'indicateur, l'indication
7. cautériser   g. la projection
8. stériliser   h. la stérilisation
9. infecter   i. le traitement

Exercice 6   Match the English word or expression in Column A with its French equivalent in Column B.

A	B
1. eye, eyes	a. les verres de contact
2. eyeglasses	b. loucher
3. bifocals	c. l'œil, les yeux
4. contact lenses	d. soulager
5. hard lenses	e. les lunettes
6. soft lenses	f. le blanc de l'œil
7. corrective lenses	g. le rayon laser
8. lens (of the eye)	h. les verres à double foyer
9. white of the eye	(convergents)
10. eyelid	i. le cristallin
11. curve	j. les verres souples
12. laser beam	k. les verres durs
13. surgery	l. les verres correcteurs
14. to relieve	m. la paupière
15. to have a cast (in an eye),	n. la chirurgie
be cross-eyed	o. la courbe

Exercice 7   Complete each statement with the appropriate word(s).
1. _____ recouvre et protège l'œil.
2. Il faut que le myope porte des _____ pour voir de loin.
3. Il y a des gens qui ne peuvent pas tolérer les _____. Néanmoins beaucoup de gens les préfèrent car ils sont plus commodes que les lunettes.
4. Il existe des verres de contact _____ et _____. Beaucoup de gens qui les portent disent que les verres _____ sont plus confortables.
5. Si le patient a un trouble oculaire qui l'empêche de voir, l'ophtalmologue prescrit des verres _____.
6. De nos jours le _____ a pu éliminer beaucoup d'interventions chirurgicales oculaires qui jadis étaient très douloureuses.
7. L'ophtalmologue prescrit des analgésiques pour _____ les douleurs postopératoires.
8. Le _____ est situé en arrière de la pupille dans le globe oculaire.

Exercice 8   Match the English word or expression in Column A with its French equivalent in Column B.

A	B
1. defect	a. le manque
2. loss of sight	b. le décollement de la rétine
3. blindness	c. le défaut
4. blind	d. le daltonisme
5. outcome	e. la perte de la vue
6. lack	f. l'orgelet, le compère-loriot
7. detached retina	g. la cécité
8. tearing	h. aveugle
9. tear (rip)	i. le furoncle
10. sty	j. la suite
11. boil	k. la déchirure
12. color blindness	l. le déchirement

Exercice 9   Complete each statement with the appropriate word(s).

1. Le strabisme et la presbytie sont deux _____ oculaires.
2. L'astigmatisme est un _____ héréditaire qui empêche une projection correcte de l'image sur la rétine.
3. Une opération ou intervention chirurgicale peut rétablir la _____ causée par une cataracte.
4. La _____ est une perte de vue complète.
5. La _____ du glaucome s'il n'est pas traité peut être la cécité.
6. Il souffre du _____. Il ne peut pas distinguer les couleurs. Il voit tout en blanc et noir.
7. Le _____ est vraiment un déchirement de la rétine.
8. De nos jours on utilise le rayon laser pour cautériser la _____ de la rétine.

COMPREHENSION

Exercice 1   List six major parts of the eye.

Exercice 2   True or false?

1. Le myope doit porter des lunettes pour voir de loin.
2. Le myope doit porter des lunettes pour voir de près.
3. Le contraire de «la myopie» est «l'hypermétropie».
4. La presbytie afflige surtout les jeunes.
5. Pour la plupart des gens les verres de contact durs sont plus supportables que les souples.
6. Si l'on porte des verres de contact souples il faut les stériliser tous les soirs pour éviter des infections.

7. La conjonctivite entraîne souvent la cécité.
8. Le glaucome peut entraîner la cécité complète.
9. L'alcool et le tabac ne causent aucun trouble oculaire.
10. Les orgelets sont souvent très douloureux.

Exercice 3   Tell what condition each of the following causes.
1. L'axe du globe oculaire est trop long.
2. L'axe du globe oculaire est trop court.
3. Il existe un manque de coordination des muscles oculaires.
4. La pression oculaire augmente et cause des lésions sur le nerf optique.
5. Le cristallin devient opaque.
6. La membrane qui recouvre l'intérieur des paupières s'enflamme.
7. La rétine est déchirée.
8. Une glande sébacée de la paupière s'est enflammée.

Exercice 4   Explain each of the following conditions.
1. le daltonisme
2. le glaucome
3. la myopie et l'hypermétropie
4. la conjonctivite
5. le compère-loriot

Chapitre 6
L'OREILLE

L'oreille n'est pas seulement le siège de l'audition, c'est aussi celui de l'équilibre. De nombreuses personnes souffrent de surdité partielle. Toutes les personnes qui travaillent dans des endroits bruyants[1] peuvent subir des pertes d'audition. Les jeunes surtout qui jouent leur musique très fort sont affectés. Malheureusement, nous sommes tous exposés à pollution par le bruit.

La façon dont l'oreille fonctionne est remarquable: les ondes sonores sont captées par l'oreille externe et font vibrer le tympan qui entraîne trois os de l'oreille moyenne, les osselets, qui amplifient ces vibrations. Ces vibrations ainsi amplifiées sont transmises dans l'oreille interne et sont converties en impulsions électriques. Ces impulsions sont transmises au cerveau par le nerf acoutisque et le cerveau rend ce message sonore intelligible. Bien que l'on sache peu sur la façon dont les ondes sonores deviennent messages, on peut de nos jours rectifier la plupart des surdités, en particulier celle de transmission.

La surdité

Il y a deux sortes de surdité: la surdité de transmission et celle de perception. Les deux peuvent se combiner.

La surdité de transmission La surdité de transmission est facilement traitable: il s'agit de retirer un bouchon de cérumen ou du liquide de l'oreille externe. Les personnes qui souffrent de ce genre de surdité ont tendance à parler très bas parce qu'elles entendent leur voix plus haut que la normale.

On détecte la transmission à l'aide d'un diapason. Si les vibrations sont mieux perçues sur l'os, il s'agit d'une surdité de perception. A part le bouchon de cérumen ou l'eau dans le conduit auditif, la surdité de transmission peut être causée par certaines maladies telles que l'otite moyenne, la mastoïdite, l'obstruction de la trompe d'Eustache, les furoncles du conduit auditif. Une autre cause de surdité de transmission provient de l'otosclérose. C'est une forme de surdité qui frappe beaucoup de personnes—plus souvent les femmes que les hommes. L'étrier qui est le plus petit os chez l'homme adhère à la paroi et ne peut vibrer, donc il n'y a plus transmission d'impulsions électriques au cerveau. Une intervention chirurgicale peut dans la plupart des cas rectifier la situation.

---

[1] *noisy*

COUPE DE L'OREILLE

A Oreille externe
B Oreille moyenne
C Oreille interne
  1 Cartilage du pavillon
  2 Cartilage du conduit auditif
  3 Conduit auditif externe
  4 Membrane tympanique
  5 Orifice des cellules
    mastoïdiennes
  6 Chaîne des osselets
  7 Vestibule et canaux
    semi-circulaires
  8 Conduit auditif interne
    et accès des nerfs acoustique
    et vestibulaire
  9 Cochlée
 10 Caisse du tympan
 11 Trompe d'Eustache

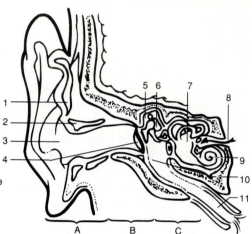

La surdité de perception C'est une forme de surdité due à une lésion du nerf optique. Les personnes qui souffrent de ce genre de surdité ont tendance à parler plus fort que la normale parce qu'elles entendent leur propre voix très faiblement. C'est la forme de surdité qui atteint le plus souvent les personnes âgées. Une intervention chirurgicale ne peut pas rectifier cette surdité, mais un appareil auditif bien adapté est en général efficace.

Le mal de mer

Le mal de mer, qui en fait est plutôt un mal des transports, est dû au mauvais fonctionnement nerveux de l'oreille interne. On ignore pourquoi certaines personnes sont plus sujettes que d'autres au mal de mer. Il est souvent déclenché par des mouvements de va-et-vient, ce qui prouve le lien très fort qui existe entre les centres nerveux de l'œil et de l'oreille. La Dramamine, la Bonine et la Marzine préviennent le mal de mer d'une façon efficace.

ETUDE DE MOTS

Exercice 1   Study the following cognates that appear in this chapter.

l'équilibre	partiel	fonctionner
l'impulsion	remarquable	vibrer
le nerf	externe	amplifier
la transmission	interne	convertir
la perception	électrique	rectifier
le liquide	acoustique	combiner
le diapason	intelligible	détecter
la cause	traitable	adhérer
la lésion		prouver
le tympan		
l'otite		
la mastoïdite		
l'otosclérose		

Exercice 2   Give the word being defined.
1. pas complet
2. de l'extérieur
3. de l'intérieur
4. qu'on peut comprendre
5. qu'on peut traiter
6. augmenter le son
7. corriger
8. déterminer l'existence
9. marcher
10. donner l'épreuve
11. changer, adapter
12. assembler, organiser
13. le contraire de «solide»
14. le contraire de «résultat (suite)»

Exercice 3   Match the verb in Column A with its noun form in Column B.

A	B
1. convertir	a. l'épreuve, la preuve
2. vibrer	b. la combinaison
3. causer	c. la perception
4. prouver	d. la conversion
5. fonctionner	e. la transmission
6. combiner	f. la détection
7. percevoir	g. la vibration
8. transmettre	h. la cause
9. équilibrer	i. le fonctionnement, la fonction
10. détecter	j. l'équilibre

Exercice 4   Complete each statement with the appropriate word(s).

1. _____ est un médicament.
2. L'eau est un _____.
3. _____ est un appareil ou instrument qui donne le ton.
4. De temps en temps la seule _____ d'une maladie est l'âge (la vieillesse).
5. _____ est une inflammation de l'oreille.

Exercice 5   Match the English word or expression in Column A with its French equivalent in Column B.

A	B
1. ear	a. l'os
2. hearing	b. l'oreille
3. deafness	c. l'oreille moyenne
4. to have a hearing loss	d. l'audition
5. sound waves	e. l'appareil auditif
6. bone	f. la surdité
7. middle ear	g. le cérumen
8. ossicle	h. subir des pertes d'audition
9. ear wax	i. le tympan
10. Eustachian tube	j. les ondes sonores
11. brain	k. la paroi
12. wall	l. l'osselet
13. stirrup bone	m. le mal de mer
14. hearing aid	n. la trompe d'Eustache
15. motion sickness	o. le cerveau
16. eardrum	p. l'étrier

Exercice 6   Give the word or expression being defined.

1. une perte d'audition complète
2. l'organe de l'ouïe placée de chaque côté de la tête
3. un osselet de l'oreille moyenne, c'est le plus petit os chez l'homme
4. membrane située au fond du conduit auditif qui transmet les vibrations d'air aux osselets qui se trouvent dans l'oreille moyenne
5. la partie de l'oreille entre l'oreille externe et l'oreille interne
6. un trouble qui cause un manque d'équilibre et la nausée
7. partie qui enveloppe une structure, un mur ou une cloison
8. chacun des trois petits os de l'oreille moyenne
9. substance grasse qui se forme dans le conduit auditif de l'oreille externe dont un bouchon peut causer une perte d'audition
10. ne pouvoir entendre qu'avec difficulté
11. ce que portent les gens qui ont subi des pertes d'audition pour amplifier les sons
12. le canal de communication de l'air extérieur entre la bouche et l'oreille moyenne

COMPREHENSION

Exercice 1   Answer.
1. Qu'est-ce que l'oreille?
2. Qui peut subir des pertes d'audition?
3. Pourquoi beaucoup de jeunes subiront-ils des pertes d'audition?
4. Qu'est-ce que la surdité?
5. Pourquoi les gens qui souffrent de surdité de transmission ont-elles tendance à parler très bas?
6. Qu'est-ce qu'on utilise pour détecter la surdité de transmission?
7. Qu'est-ce qui indique (manifeste) une surdité de perception?
8. Quelles sont les maladies qui peuvent causer la surdité de transmission?
9. Qu'est-ce que l'étrier?
10. Qu'est-ce que l'otosclérose?
11. Si l'on souffre de l'otosclérose, pourquoi les transmissions électriques ne se transmettent-elles plus au cerveau?
12. Pourquoi les gens qui souffrent de surdité de perception ont-elles tendance à parler plus fort que la normale?
13. Une intervention chirurgicale peut-elle rectifier une surdité de transmission ou de perception?
14. Quel est un moyen efficace de rectifier la surdité de perception?
15. A quoi le mal de mer est-il dû?

Exercice 2   Select the appropriate word(s) to complete each statement.
1. Les ondes sonores sont captées par l'oreille _____.
   a. externe   b. moyenne   c. interne
2. Les ondes sonores font vibrer _____.
   a. le tympan   b. le diapason   c. l'étrier
3. Le tympan entraîne trois os de l'oreille moyenne qui s'appellent

   _____.
   a. étriers   b. cérumen   c. osselets
4. Les _____ amplifient les vibrations faites par le tympan.
   a. étriers   b. osselets   c. ondes sonores
5. Les vibrations amplifiées par les osselets sont transmises dans

   _____.
   a. la trompe d'Eustache   b. l'oreille moyenne   c. l'oreille interne
6. Les vibrations sont converties en _____.
   a. bruits   b. impulsions électriques   c. tons
7. Et celles-ci sont transmises _____.
   a. à la trompe d'Eustache   b. à l'oreille moyenne   c. au cerveau
8. C'est _____ qui rend le message sonore intelligible.
   a. l'oreille   b. le cerveau   c. le tympan

Chapitre 7
LE NEZ ET LA GORGE

Le nez

Le nez fonctionne comme un filtre pour empêcher les impuretés de pénétrer dans les poumons. De plus il réchauffe l'air pour le mettre à la température du corps. C'est le nez qui est le plus souvent blessé dans le corps humain. Un coup de poing ou un ballon reçu en plein visage peut facilement casser le nez, mais à moins d'avoir la cloison déplacée, le nez se remet de lui-même sans avoir besoin d'une intervention chirurgicale.

Le rhume de cerveau C'est la maladie la plus courante de toutes, et c'est le nez qui en souffre le plus. Le rhume, également appelé «rhinite aiguë», est très contagieux. Il réduit la résistance aux maladies et peut donc conduire à des troubles plus graves tels que la pneumonie ou la bronchite, l'otite. Nous avons tous eu la sensation désagréable du nez qui coule, des yeux qui piquent et de la gorge qui gratte. Ce n'est en général pas grave. Dans certains cas, néanmoins, un rhume est le début de maladies plus graves telles que la rougeole, la rubéole ou la varicelle. La grippe, la diphtérie, la coqueluche et la méningite commencent également par un rhume de cerveau. Il n'existe pas de traitement pour soigner le rhume de cerveau. Les antihistaminiques ne font que supprimer les symptômes, ils ne soignent pas. Certains ne jurent que par la vitamine C. Le meilleur remède est encore le repos.

Le rhume des foins et rhinite allergique Le rhume des foins est dû aux pollens transportés par le vent et les spores de champignons[1]. Au printemps, ce sont les pollens des arbres qui sont responsables; en hiver, ce sont les graminées du blé[2] ou de l'avoine[3], ou les spores de champignons.

La rhinite allergique est due à la poussière[4], aux poils[5] des animaux, aux plumes[6], à certains aliments ou à la pollution de l'air. Pour traiter le rhume des foins et la rhinite allergique, il faut isoler l'allergène en faisant des tests cutanés. L'allergologie est une science qui a fait de grands progrès. On arrive sinon à guérir totalement, du moins à bien soulager les patients.

La sinusite Les sinus vident leurs sécrétions dans le nez par d'étroits conduits dont le drainage n'est pas très efficace et qui deviennent facilement le siège d'infections. La sinusite n'est pas grave dans la plupart des cas. Mais elle est souvent douloureuse. Dans les cas les plus graves, il faut consulter un oto-rhino-laryngologiste pour drainer le sinus infecté.

---

[1]*fungi, mushrooms*   [2]*wheat*   [3]*oats*   [4]*dust*   [5]*fur*   [6]*feathers*

LE NEZ

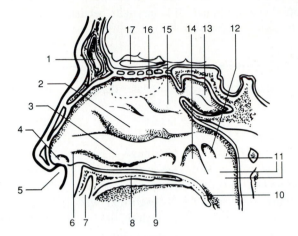

PAROI EXTERNE DE LA FOSSE NASALE DROITE

1 Sinus frontal	7 Incisive latérale	13 Sinus sphénoïdal
2 Cornet moyen	8 Apophyse maxillaire	14 Orifice de la trompe
3 Cornet inférieur	(plancher nasal)	d'Eustache
4 Vestibule narinaire	9 Voûte palatine	15 Cornet supérieur
5 Seuil narinaire	10 Voile du palais	16 Plaque jaune
6 Méat inférieur et orifice	11 Rhino-pharynx	(aire de l'olfaction)
inférieur du canal	12 Fossette de Rosenmuller	17 Bulbe olfactif
lacrymo-nasal		

La gorge

Dans la gorge, on trouve les amygdales et les végétations qui protègent l'organisme contre les infections. Malheureusement, quand il y a des infections trop fréquentes, elles deviennent elles-mêmes des causes d'infection et c'est à ce moment qu'on doit les enlever.

L'angine ou amygdalite C'est une infection des amygdales qui deviennent très rouges et enflées souvent avec des petits filets blancs. Cela s'accompagne souvent de fièvre élevée, de maux de tête et de congestion nasale. La déglutition est pénible. Une angine mal soignée peut conduire à des maladies beaucoup plus graves telles que la diphtérie, la mastoïdite ou la septicémie (l'empoisonnement du sang). L'usage d'antibiotiques est très efficace.

La pharyngite C'est une inflammation de la gorge qui provient le plus souvent des suites d'une angine, d'un rhume de cerveau ou de sinusite. La plus commune est d'origine virale et généralement sans complications. L'infection au streptocoque (bactérienne) est plus grave et doit être traitée aux antibiotiques pendant une période de 10 jours qu'on doit respecter même si on se sent mieux, sinon l'infection revient. Dans le cas de la pharyngite virale, des gargarismes ont vite fait de guérir le malade.

La laryngite C'est une inflammation du larynx, organe de la voix. Le malade est enroué. Certains deviennent même totalement aphone. Il faut essayer de ne pas parler et surtout de ne pas fumer. Si la laryngite persiste, il faut vérifier qu'il n'y a pas une complication cancéreuse.

ETUDE DE MOTS

Exercice 1 Study the following cognates that appear in this chapter.

le filtre	l'allergène	contagieux
l'impureté	le test	allergique
la température	la sinusite	cutané
la rhinite	les sinus	nasal
la résistance	la sécrétion	viral
la pneumonie	le drainage	cancéreux
la bronchite	la congestion	
l'otite	la déglutition	fonctionner
la sensation	la mastoïdite	pénétrer
le début	la septicémie	réduire
la rubéole	l'usage	isoler
la grippe	l'antibiotique	drainer
la diphtérie	la pharyngite	infecter
la méningite	l'origine	protéger
l'antihistaminique	la complication	
le symptôme	le streptocoque	
la vitamine	la laryngite	
le remède	le larynx	
le pollen	l'organe	
l'allergie		

Exercice 2 Match the verb in Column A with its noun form in Column B.

A	B
1. fonctionner	a. le filtre
2. filtrer	b. l'infection
3. pénétrer	c. le fonctionnement
4. résister	d. le drainage
5. infecter	e. la pénétration
6. réduire	f. la protection
7. drainer	g. la résistance
8. protéger	h. la réduction

Exercice 3 Match the word in Column A with its description or definition in Column B.

A	B
1. A, B, C, D	a. l'organe de la voix
2. 98.6°	b. un antibiotique

3. la pénicilline
4. le streptocoque
5. la grippe
6. le symptôme
7. cutané
8. nasal
9. le larynx

c. du nez
d. des vitamines
e. une bactérie
f. une température
g. une infection contagieuse d'origine virale
h. l'indication
i. de la peau

Exercice 4   Identify the illness or condition
1. une inflammation des bronches
2. une inflammation de l'oreille
3. une inflammation pulmonaire
4. une inflammation du larynx
5. une inflammation des sinus

Exercice 5   Match the English word or expression in Column A with its French equivalent in Column B.

A	B
1. nose	a. le rhume des foins
2. throat	b. le nez qui coule
3. lung	c. le poumon
4. deviated septum	d. le nez
5. head cold	e. la gorge
6. hay fever	f. la gorge qui gratte
7. acute	g. la cloison déplacée
8. runny nose	h. l'amygdale
9. itchy eyes	i. le rhume de cerveau
10. scratchy throat	j. les végétations
11. tonsil	k. aigu(ë)
12. adenoids	l. les yeux qui piquent

Exercice 6   Complete each statement with the appropriate word(s).
1. _____ est une maladie très courante.
2. Les pollens transportés par le vent causent _____.
3. _____ qui _____, _____ qui _____ et _____ qui _____ sont tous des symptômes d'un rhume de cerveau.
4. Les amygdales sont des organes lymphoïdes de la _____.
5. Le _____ se trouve sur le visage entre la bouche et le front. C'est l'organe de l'odorat.
6. La partie intérieure du cou est la _____.
7. Si l'on a une _____ il existe la possibilité d'avoir des troubles de drainage qui cause (entraîne) des accès de sinusite.
8. Une maladie qui évolue rapidement est une maladie _____.

Exercice 7   Match the English word or expression in Column A with its French equivalent in Column B.

	A		B
1.	sore throat	a.	le mal de tête
2.	tonsillitis	b.	le conduit
3.	white spots	c.	la voix
4.	swollen	d.	l'angine
5.	headache	e.	le repos
6.	voice	f.	l'amygdalite
7.	hoarse	g.	aphone
8.	swallowing	h.	les filets blancs
9.	gargling	i.	enflé
10.	fever	j.	la déglutition
11.	voiceless	k.	enroué
12.	rest	l.	la coqueluche
13.	canal, duct, passageway	m.	le gargarisme
14.	whooping cough	n.	la fièvre

Exercice 8   Complete each statement with the appropriate word(s).
1. Une maladie qui atteint surtout les jeunes est _____.
2. Quand on a une _____, la gorge gratte et fait mal.
3. Si l'on a très mal à la gorge, la _____ est souvent pénible.
4. Elle a perdu sa voix complètement. Elle est _____.
5. Il a les amygdales _____. Elles sont très rouges.
6. _____ dans la gorge sont une manifestation d'infection.
7. Beaucoup de gens considèrent les _____ avec de l'eau salée un remède efficace pour une angine.
8. Il ne veut pas beaucoup parler parce qu'il est _____.
9. La grippe entraîne souvent un _____ et un malaise général.
10. Si l'on a un rhume de cerveau, le _____ est un remède efficace.
11. Il y a une différence entre l'amygdalite et la _____. La _____ est une maladie contagieuse qui attaque surtout les enfants et _____ est une inflammation des amygdales.
12. Il n'a pas de _____. Sa température est normale.

Exercice 9   Match the English word or expression in Column A with its French equivalent in Column B.

	A		B
1.	to warm up, heat	a.	guérir
2.	to care for, tend	b.	soulager
3.	to cure	c.	réchauffer
4.	to relieve	d.	vider
5.	to empty	e.	soigner

Exercice 10   Give the opposite of each of the following.

1. causer une maladie
2. remplir
3. refroidir
4. aggraver
5. négliger

Exercice 11   Select the appropriate word to complete each statement.

1. Les analgésiques _____ les douleurs.
   a. guérissent   b. soulagent   c. réchauffent
2. Le nez _____ l'air qui entre dans le corps.
   a. vide   b. soigne   c. réchauffe
3. L'infirmière _____ les malades.
   a. soigne   b. guérit   c. vide
4. L'infirmière _____ les bassins.
   a. réchauffe   b. vide   c. soigne
5. Le but de la médecine est de _____ les maladies.
   a. guérir   b. soulager   c. vider

COMPREHENSION

Exercice 1   Answer.

1. Comment le nez fonctionne-t-il?
2. Qu'est-ce que la rhinite aiguë?
3. Pourquoi le rhume de cerveau peut-il être dangereux?
4. Quels sont des symptômes d'un rhume de cerveau?
5. Quelles sont des maladies qui commencent par un rhume de cerveau?
6. Que font les antihistaminiques?
7. A quoi le rhume des foins est-il dû?
8. Comment est-il possible d'isoler l'allergène?
9. Où les sinus vident-ils leurs sécrétions?
10. Qu'est-ce qu'il y a dans le nez pour permettre ce drainage?
11. Pourquoi ces conduits deviennent-ils le siège d'infections?
12. Où les amygdales et les végétations se trouvent-elles?
13. Que font les amygdales et les végétations?
14. Pourquoi faut-il souvent enlever les amygdales?
15. Qu'est-ce qu'une angine?
16. Quels sont les symptômes d'une angine?

Exercice 2   True or false?

1. Si le nez est blessé il faut presque toujours subir une intervention chirurgicale.
2. Le nez se remet souvent lui-même.

3. Le rhume de cerveau est la plus courante de toutes les maladies.

4. Un rhume de cerveau est contagieux.

5. Il existe des traitements très efficaces pour soigner un rhume.

6. Les antihistaminiques guérissent un rhume.

7. Les gens allergiques souffrent du rhume des foins.

8. L'allergène est la réaction qui découle d'une allérgie.

9. La sinusite est une infection des sinus.

10. L'usage des antibiotiques est un traitement efficace pour l'angine.

11. Le pharynx est l'organe de la voix.

12. Le malade qui souffre d'une angine est souvent enroué.

13. Celui qui souffre de la laryngite devient souvent aphone, c'est-à-dire qu'il perd complètement la voix.

Chapitre 8
L'APPAREIL RESPIRATOIRE

L'appareil respiratoire comprend les voies respiratoires et les poumons, le tout enfermé dans la cavité pleurale. La trachée fait suite au larynx et se divise en deux bronches qui pénètrent dans un poumon et se divisent en de plus petits conduits, les bronchioles. La respiration consiste en un apport d'oxygène et une élimination de gaz carbonique. Malheureusement, les maladies respiratoires sont de plus en plus nombreuses, surtout dans les pays industrialisés, à cause de la pollution de l'air et l'usage du tabac. Un être humain inhale 12 000 litres d'air par jour et cet air est pollué par de nombreux gaz toxiques. Les régions rurales ne sont pas exemptes de pollution car les déchets[1] industriels sont transportés par les vents sur des centaines de kilomètres.

La bronchite

Elle peut être virale ou bactérienne. Elle débute généralement comme un rhume ou un mal de gorge et s'étend aux bronches. La bronchite est grave chez les jeunes enfants et les personnes âgées. La toux est le symptôme le plus évident. Elle est d'abord sèche et douloureuse et devient ensuite grasse lorsqu'il y a expectoration. La fièvre peut être élevée. Le repos est nécessaire. La plupart des expectorants que l'on peut acheter sans ordonnance médicale ont généralement peu d'effet. Si la toux persiste, le médecin peut prescrire un antitussif avec de la codéine. La toux peut durer pendant plusieurs semaines. Il faut évidemment s'abstenir de fumer.

Le croup

C'est une maladie dangereuse pour les jeunes enfants. C'est une infection des muqueuses du larynx, de la trachée et des bronches qui produit un mucus très épais qui peut entraîner l'étouffement. Les antibiotiques sont en général efficaces. Dans les cas les plus graves, il faut faire une trachéotomie, c'est-à-dire une ouverture dans le cou pour rétablir la respiration.

L'asthme

«Asthme» veut dire «respiration difficile» en grec. C'est une maladie chronique due aux spasmes des bronches et des bronchioles et au gonflement des muqueuses. Les crises ne sont pas forcément régulières, mais peuvent être très

---

[1]*wastes*

L' APPAREIL RESPIRATOIRE

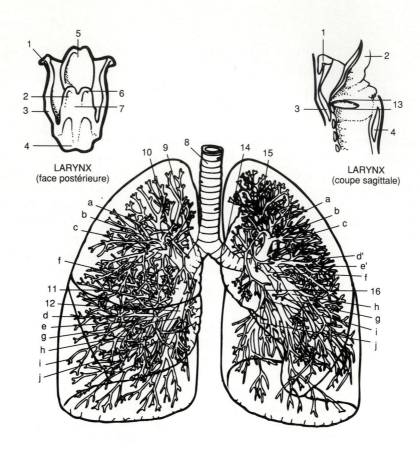

LARYNX
(face postérieure)

LARYNX
(coupe sagittale)

ARBRE BRONCHIQUE

1 Os hyoïde
2 Cartilage aryténoïde
3 Cartilage thyroïdien
4 Cartilage cricoïde
5 Cartilage épiglottique
6 Cartilage corniculé
7 Cartilage inter-aryténoïdien
8 Trachée
9 Bronche principale droite
10 Bronche lobaire supérieure droite
11 Bronche lobaire intermédiaire droite
12 Bronche lobaire inférieure droite
13 Cordes vocales
14 Bronche principale gauche
15 Bronche lobaire supérieure gauche
16 Bronche lobaire inférieure gauche
Bronches segmentaires:

a - apicale
b - dorsale
c - ventrale
d - latérale
e - médiale
f - apicale
    (bronche de Nelson)
g - baso-médiale
h - baso-ventrale
i - baso-latérale
j - baso-dorsale

Bronches lingulaires:
d' - bronche lingulaire crâniale
e' - bronche lingulaire caudale

longues. Il y a deux formes d'asthme: la forme extrinsèque, causée par un allergène, et la forme intrinsèque, causée par une infection de l'appareil respiratoire. Le traitement de l'asthme est complexe. Identifier l'allergène n'est pas toujours facile. Les personnes souffrant d'asthme ont souvent besoin de se servir d'un aérosol d'isoprotérénol pour soulager la sensation d'étranglement qu'ils ressentent pendant une crise.

La pneumonie

C'est une inflammation des alvéoles pulmonaires due le plus souvent à une bactérie. Il existe de nombreux types de pneumonies, la plus fréquente est la pneumonie à pneumocoques. Les poumons comprennent cinq lobes. Si seulement l'un ou plusieurs des lobes sont touchés, il s'agit d'une pneumonie lobaire; quand les deux poumons sont atteints, c'est une pneumonie double et quand les bronches sont touchées, c'est une broncho-pneumonie. Contrairement à ce que pensent certaines personnes, la pneumonie est toujours une maladie importante. Au cours de sa vie, on a une chance sur sept d'attraper cette maladie. On en meurt bien moins souvent qu'autrefois, mais c'est toujours une maladie grave qui est souvent une complication d'une autre maladie et donc attaque un organisme déjà affaibli. On la traite en général à la pénicilline, mais malheureusement, certains pneumocoques résistent encore aux antibiotiques. C'est pour cette raison qu'il est important de savoir de quel type de pneumonie il s'agit. Le laboratoire aussi bien que le médecin est responsable s'il y a erreur de diagnostic. Même de nos jours, certaines pneumonies non traitées sont mortelles.

La tuberculose pulmonaire

Autrefois la maladie de tous les artistes romantiques connue sous le nom de «phtisie», elle est encore très répandue dans le monde entier. C'est une infection des poumons due au bacille tuberculeux. Les deux types de bacilles sont le bacille humain et le bacille bovin. Le bacille bovin n'est plus un risque depuis la pasteurisation du lait. La tuberculose peut attaquer toutes les parties du corps, mais ce sont les poumons qui sont atteints à 90%. On observe malheureusement une légère recrudescence de la maladie dans les pays occidentaux, ce qui semblerait indiquer que les médicaments employés pour combattre la maladie ne sont plus aussi efficaces. La tuberculose est une maladie contagieuse qui semble attaquer les hommes plus que les femmes. Elle attaque aussi plus les habitants des pays pauvres, donc plus les non-Blancs que les Blancs. Une cutiréaction positive indique que l'organisme est infecté par le bacille tuberculeux. On fait alors une radiographie du thorax. Un diagnostic rapide est essentiel; la toux, les crachements de sang, l'amaigrissement, la fatigue sont les symptômes classiques. De nos jours, on traite la tuberculose avec plusieurs médicaments utilisés en même temps. En effet le bacille de la tuberculose est si résistant qu'en utilisant trois médicaments, on divise sa résistance en trois. La méthode préventive, d'ailleurs contestée par certains, est le vaccin par le BCG (les premières lettres de vaccin *B*ilié de *C*almette et *G*uérin—les personnes qui ont identifié le bacille tuberculeux.

L'emphysème

C'est une perte de l'élasticité des poumons souvent due à la vieillesse et au tabac. Les poumons ne peuvent plus ni absorber, ni rejeter l'air nécessaire. Il s'ensuit un essoufflement constant. Comme dans le cas de l'asthme, un aérosol bronchodilatateur permet de soulager le malade. Tout comme l'asthme, les exercices de respiration abdominale pratiquée par les adeptes du yoga sont excellents. Néanmoins, la perte d'élasticité des poumons n'est pas réversible.

La pleurésie

C'est une inflammation de la plèvre, la membrane qui entoure les poumons. Elle est due à toute affection pulmonaire: tuberculose, pneumonie, tumeur. Elle peut également se manifester sans aucune raison. La plèvre est constituée par deux feuillets qui, lorsqu'il y a pleurésie, frottent l'un contre l'autre. C'est très douloureux et la douleur est aggravée par la respiration. Certains croient qu'ils sont en train d'avoir une crise cardiaque tant les douleurs dans la cage thoracique sont violentes. On prescrit souvent des analgésiques pour soulager la douleur. Le repos complet est essentiel pour une bonne convalescence.

ETUDE DE MOTS

Exercice 1   Study the following cognates that appear in this chapter.

l'aérosol	la cavité	positif
l'isoprotérénol	la trachée	infecté
la sensation	le larynx	résistant
la bactérie	la bronche	préventif
la pénicilline	la bronchiole	extrinsèque
le type	la muqueuse	intrinsèque
la pasteurisation	la plèvre	réversible
la cutiréaction	la cage	bronchodilatateur
la fatigue	la pneumonie	thoracique
la résistance	la pneumonie lobaire	respiratoire
la méthode	la pneumonie double	viral
l'élasticité	la broncho-	bactérien
l'élimination	pneumonie	
l'oxygène	le pneumocoque	identifier
le gaz carbonique	le bacille humain	souffrir
l'antitussif	le bacille bovin	combattre
le mucus	l'asthme	indiquer
l'antibiotique	la bronchite	utiliser
la trachéotomie	le croup	diviser
le spasme	la pleurésie	absorber
l'allergène	l'emphysème	pénétrer
l'infection		inhaler
l'alvéole		exhaler
le lobe		persister

Exercice 2   Complete each statement with the appropriate word(s).
1. On _____ de l'oxygène et l'on _____ du gaz carbonique.
2. La bronchite peut être une infection _____ ou bactérienne.
3. Le _____ est une contraction involontaire d'un muscle.
4. L'_____ est la substance qui provoque une allergie.
5. La sécrétion visqueuse produite par les muqueuses est le _____.
6. La _____ est une ouverture faite chirurgicalement pour permettre au malade de respirer.
7. Si les symptômes d'un rhume de cerveau _____, on doit consulter le médecin.
8. Les _____ attaquent les infections bactériennes mais pas les infections virales.
9. La _____ est un antibiotique.

Exercice 3   Give the opposite of each of the following words.
1. positif
2. susceptible
3. inhaler
4. multiplier
5. irréversible
6. intrinsèque

Exercice 4   Give the noun form of each of the following verbs.
1. éliminer
2. résister
3. pasteuriser
4. infecter
5. indiquer
6. respirer

Exercice 5   Match the English word or expression in Column A with its French equivalent in Column B.

A	B
1. tract	a. le conduit
2. lung	b. la respiration
3. canal, duct, passage	c. le crachement de sang
4. breathing	d. la voie
5. cold	e. la toux
6. sore throat	f. le gonflement
7. cough	g. l'étouffement
8. choking, suffocation	h. l'amaigrissement
9. swelling	i. le poumon
10. strangulation	j. l'essouflement
11. spitting blood	k. le rhume
12. shortness of breath	l. l'étranglement

13. fever   m. le mal de gorge
14. weight loss, thinning   n. la fièvre

Exercice 6   Complete each statement with the appropriate word(s).
1. _____ est une perte de poids.
2. Il a un _____. Elle est très rouge.
3. Les poumons contiennent beaucoup de petits _____.
4. Les _____ sont des organes vitaux.
5. L'appareil respiratoire comprend les _____ respiratoires et les poumons.
6. Un _____ de cerveau est une maladie courante.
7. Sa température est élevée. Il a une _____.
8. Les personnes qui souffrent de l'asthme ont souvent une sensation d'_____.
9. Le _____ des paupières peut indiquer un rhume de cerveau ou une allergie.
10. Ceux qui sont atteints par l'emphysème souffrent d'un _____ constant.
11. Les _____ de sang sont un symptôme de la tuberculose.
12. Beaucoup de maladies ou infections pulmonaires entraînent une _____.
13. Les accès de toux sérieux peuvent causer un _____.
14. La _____ grasse est suivie d'expectoration.
15. La _____ sèche ne l'est pas.

Exercice 7   Match the word in Column A with its definition in Column B.

A	B
1. un mal de gorge	a. la température élevée
2. la toux	b. une angine
3. le gonflement	c. la respiration difficile
4. la fièvre	d. expiration brusque et sonore (bruyante)
5. l'essouflement	e. le trajet, la route
6. la voie	f. état d'être distendu, enflé

Exercice 8   Match the English word in Column A with its French equivalent in Column B.

A	B
1. to start, begin	a. épais
2. to surround	b. l'ordonnance
3. to release	c. débuter
4. loss	d. le cou
5. weakened	e. entourer
6. thick	f. affaibli
7. neck	g. rejeter
8. prescription	h. la perte

Exercice 9   Complete each statement with the appropriate word(s).

1. Pour respirer l'homme absorbe et _____ de l'air.
2. L'amaigrissement est synonyme d'une _____ de poids.
3. La gorge est la partie intérieure du _____.
4. Les organismes déjà _____ par une maladie sont plus susceptibles d'être attaqués par d'autres infections.
5. Beaucoup d'organes sont _____ d'une membrane protectrice.
6. L'expectoration _____ est une indication (manifestation) d'infection.
7. Le médecin écrit des _____.
8. Beaucoup de maladies _____ par un rhume de cerveau.

COMPREHENSION

Exercice 1   True or false?

1. La bronchite est toujours virale.
2. La toux est un symptôme évident de la bronchite.
3. La toux sèche est suivie d'expectoration.
4. La plupart des expectorants que l'on peut acheter sans ordonnance sont très efficaces pour le traitement de la bronchite.
5. En général on traite la bronchite à la pénicilline.
6. Une infection de l'appareil respiratoire est la cause de la forme intrinsèque de l'asthme.
7. La pneumonie est une inflammation des alvéoles pulmonaires.
8. La perte d'élasticité des poumons qui entraîne l'emphysème est heureusement réversible.

Exercice 2   Answer.

1. Que comprend l'appareil respiratoire?
2. En combien de bronches la trachée se divise-t-elle?
3. Quel organe ces bronches pénètrent-elles?
4. Que sont les bronchioles?
5. En quoi la respiration consiste-t-elle?
6. Pourquoi les maladies respiratoires deviennent-elles de plus en plus nombreuses?
7. Pourquoi n'est-il pas toujours possible de traiter la bronchite à la pénicilline?
8. Qu'est-ce que la tuberculose pulmonaire?
9. Qu'indique la recrudescence de la tuberculose dans les pays occidentaux?
10. Quels sont les symptômes de la tuberculose?
11. Pourquoi le croup est-il dangereux?
12. Que ressentent les malades pendant une crise d'asthme?
13. Quelle est la différence entre la pneumonie lobaire et la pneumonie double?

Exercice 3   Select the appropriate word(s) to complete each statement.
1. L'appareil respiratoire est enfermé dans (les alvéoles pulmonaires / la cavité pleurale).
2. La trachée fait suite (au larynx / à l'œsophage).
3. La bronchite débute comme (un rhume / l'emphysème).
4. La toux (grasse / sèche) est suivie d'expectoration.
5. Une cutiréaction (négative / positive) indique que l'organisme est infecté par le bacille tuberculeux.
6. L'asthme est une maladie (contagieuse / chronique).
7. La forme (extrinsèque / intrinsèque) de l'asthme est causée par un allergène.
8. Les poumons comprennent cinq (lobes / conduits).
9. (L'emphysème / La pleurésie) est une perte d'élasticité des poumons.
10. (La plèvre / Le thorax) est la membrane qui entoure les poumons.

Chapitre 9
LE CŒUR ET L'APPAREIL CIRCULATOIRE

Le cœur est de loin le muscle le plus puissant de l'organisme. Comme tout muscle, il a besoin d'exercice. Un manque d'exercice et une nourriture trop riche en cholestérol et graisses saturées sont la cause principale de la thrombose coronaire ou infarctus du myocarde qui est fatale pour beaucoup de gens. Avant 50 ans, elle frappe surtout les hommes. Après 50 ans, le pourcentage est le même pour les hommes et les femmes.

Les maladies congénitales

Les malformations congénitales se forment pendant la formation du fœtus. Souvent, on ne s'aperçoit pas qu'il y a malformation parce que les symptômes n'apparaissent qu'à l'âge adulte et parfois tard dans la vie. La plupart du temps, une intervention chirurgicale est nécessaire pour rectifier une anomalie cardiaque. Les techniques modernes en chirurgie réalisent des miracles. La prévention est très importante. Toute femme enceinte doit éviter de prendre des médicaments quels qu'ils soient, s'abstenir de fumer ou de boire. De même, la rubéole pendant la grossesse peut causer des lésions cardiaques chez le fœtus. De plus, pendant les trois premiers mois, les femmes enceintes devraient s'abstenir de faire de longs voyages en avion ou d'aller à de hautes altitudes: le manque d'oxygène peut entraîner une lésion cérébrale, une déficience mentale ou même la cécité.

La fièvre rhumatismale

Cette maladie relativement assez fréquente peut causer des lésions cardiaques graves. Elle est généralement due à une infection streptococcique—une angine ou une pharyngite. Elle frappe surtout les jeunes enfants. On ne sait pas ce qui fait que certains enfants sont plus susceptibles d'attraper cette maladie plutôt que d'autres. Avec une fièvre élevée apparaît une inflammation des grosses articulations, puis des petites, d'où le terme «rhumatisme articulaire aigu» employé également pour décrire cette maladie. Le danger est que les symptômes peuvent être très minimes ou même absents, et néanmoins il y a atteinte cardiaque. C'est pourquoi il faut immédiatement traiter toute infection streptococcique par les antibiotiques, même s'il n'y a aucune évidence de fièvre rhumatismale.

LE CŒUR

VUE ANTERIEURE EN COUPE

VUE ANTERIEURE

1 Crosse de l'aorte
2 Veine cave supérieure
3 Oreillette droite
4 Veine cave inférieure
5 Valvule tricuspide
6 Ventricule droit
7 Artère pulmonaire
8 Oreillette gauche
9 Valvule mitrale
10 Ventricule gauche
11 Piliers
12 Cloison interventriculaire
13 Auricule droite
14 Artère coronaire droite
15 Veines pulmonaires
16 Artère coronaire gauche
17 Pointe du cœur
18 Sillon interventriculaire
     antérieur
19 Sinus coronaire
20 Sillon interventriculaire
     postérieur

VUE POSTERIEURE

LA CIRCULATION

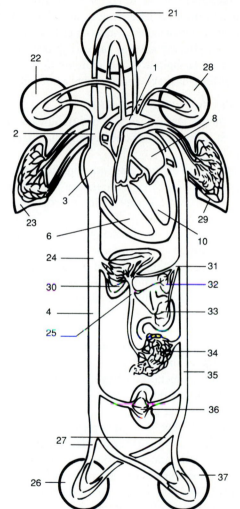

1   Crosse de l'aorte
2   Veine cave supérieure
3   Oreillette droite
4   Veine cave inférieure
5   Valvule tricuspide
6   Ventricule droit
7   Artère pulmonaire
8   Oreillette gauche
9   Valvule mitrale
10 Ventricule gauche
11 Piliers
12 Cloison interventriculaire
13 Auricule droite
14 Artère coronaire droite
15 Veines pulmonaires
16 Artère coronaire gauche
17 Pointe du cœur
18 Sillon interventriculaire
    antérieur
19 Sinus coronaire
20 Sillon interventriculaire
    postérieur
21 Tête
22 Membre supérieur droit
23 Poumon droit
24 Veines sus-hépatiques
25 Veine porte
26 Membre inférieur droit
27 Vaisseaux iliaques
28 Membre supérieur gauche
29 Poumon gauche
30 Foie
31 Tronc cœliaque
32 Rate
33 Estomac
34 Intestin
35 Aorte descendante
36 Reins
37 Membre inférieur gauche

L'insuffisance cardiaque

Il y a insuffisance cardiaque quand le cœur n'est pas assez puissant pour alimenter en sang les poumons et autres organes. Elles est due principalement à l'artériosclérose, l'hypertension artérielle ou le rhumatisme articulaire aigu. Le symptôme le plus fréquent est une respiration de plus en plus difficile qui cause des crises d'étouffement. Il faut d'abord évidemment attaquer les causes de la maladie et s'il y a rhumatisme articulaire, essayer de réduire les lésions cardiaques. Le repos, les vacances sont recommandées. Mais l'un des facteurs très importants est l'état d'esprit du malade: en effet l'anxiété ne fait qu'aggraver les choses. On traite l'insuffisance cardiaque avec la digitale et des diurétiques qui augmentent la sécrétion d'urine. Dans les cas les plus graves, on a recours à une intervention chirurgicale.

Les troubles du rythme cardiaque

Les arythmies cardiaques sont très fréquentes et la plupart du temps bénignes. Tant que les battements ne sont pas trop violents ou rapides, il n'y a pas cause de s'alarmer.

La bradycardie est un ralentissement des battements du cœur. Elle peut être causée par le diabète, la jaunisse ou certaines maladies infectieuses. Les anesthésiques comme l'éther et le chloroforme peuvent également causer la bradycardie.

La tachycardie est une accélération du rythme cardiaque à une fréquence de plus de 100 pulsations par minute; une fréquence normale est inférieure à 50 pulsations par minute. Il est normal d'avoir une telle fréquence lorsque l'on fait de l'exercice, sous le coup d'une vive émotion, ou même durant les règles, la grossesse et la ménopause. Si la tachycardie est due à une maladie, elle doit être traitée. Une forme de la tachycardie appelée «paroxistique» n'a pas de cause connue; elle apparaît soudainement et est très forte: la fréquence cardiaque peut aller de 180 pulsations par minute jusqu'à 250. L'accès peut durer des heures et s'arrête aussi soudainement qu'il est apparu. Si les accès sont fréquents, il faut prendre des médicaments pour régulariser le rythme cardiaque.

L'extrasystole est un battement du cœur supplémentaire. C'est un symptôme courant, la plupart du temps sans gravité aucune, mais qui est alarmant pour la personne qui le ressent. Il s'agit le plus souvent de fatigue ou de tension nerveuse. Un léger sédatif est en général suffisant pour rétablir le rythme cardiaque. L'exercice est aussi un moyen efficace de faire disparaître les extrasystoles.

La fibrillation auriculaire est un rythme cardiaque rapide accompagné de palpitations. Dans certains cas elle est inoffensive, mais dans d'autres cas, surtout si elle est fréquente, elle peut causer une insuffisance cardiaque, et donc une embolie. Des médicaments variés traitent la fibrillation auriculaire. Le repos est absolument essentiel.

La fibrillation ventriculaire entraîne des pulsations rapides mais désordonnées; le cœur n'arrive plus à assurer ses fonctions, la tension artérielle tombe, il y a absence de pouls totale. La plupart des hôpitaux soumettent le cœur à des excitations électriques pour rétablir le rythme cardiaque.

L' APPAREIL CIRCULATOIRE

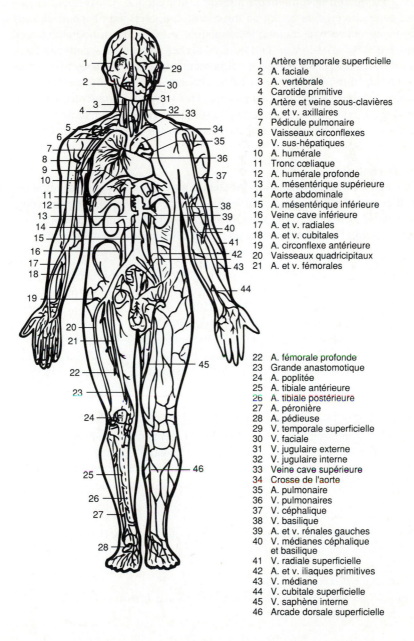

1 Artère temporale superficielle
2 A. faciale
3 A. vertébrale
4 Carotide primitive
5 Artère et veine sous-clavières
6 A. et v. axillaires
7 Pédicule pulmonaire
8 Vaisseaux circonflexes
9 V. sus-hépatiques
10 A. humérale
11 Tronc cœliaque
12 A. humérale profonde
13 A. mésentérique supérieure
14 Aorte abdominale
15 A. mésentérique inférieure
16 Veine cave inférieure
17 A. et v. radiales
18 A. et v. cubitales
19 A. circonflexe antérieure
20 Vaisseaux quadricipitaux
21 A. et v. fémorales

22 A. fémorale profonde
23 Grande anastomotique
24 A. poplitée
25 A. tibiale antérieure
26 A. tibiale postérieure
27 A. péronière
28 A. pédieuse
29 V. temporale superficielle
30 V. faciale
31 V. jugulaire externe
32 V. jugulaire interne
33 Veine cave supérieure
34 Crosse de l'aorte
35 A. pulmonaire
36 V. pulmonaires
37 V. céphalique
38 V. basilique
39 A. et v. rénales gauches
40 V. médianes céphalique
   et basilique
41 V. radiale superficielle
42 A. et v. iliaques primitives
43 V. médiane
44 V. cubitale superficielle
45 V. saphène interne
46 Arcade dorsale superficielle

La crise cardiaque ou infarctus du myocarde

C'est l'affection la plus meurtrière de notre époque. Un rétrécissement de l'artère coronaire crée un caillot ou thrombose qui interrompt l'apport de sang au cœur et cause la nécrose du muscle cardiaque. Sur l'électrocardiogramme, cela se traduit par la disparition de l'onde. Des signes précurseurs peuvent être des vomissements, des sueurs froides, un sentiment angoissant de danger imminent ou des douleurs intenses dans la poitrine. La rapidité du traitement est ce qui détermine les chances de survie du malade. Très souvent, la crise recommence une heure après. Environ 85% des malades hospitalisés survivent à leur première crise, mais ils doivent ensuite réviser leur mode de vie pour augmenter leurs chances de survie.

L'état de choc

La cause exacte est inconnue. Le cœur n'est plus suffisamment alimenté en sang. Bien que la cause initiale soit bénigne—une piqûre d'insecte, une coupure, etc.—l'état de choc peut entraîner la mort et doit être immédiatement traité. L'hospitalisation est nécessaire pour pouvoir pallier toute éventualité grave.

L'hypertension artérielle

La tension artérielle est la pression exercée par le sang sur les parois des artères. Elle assure la propulsion du sang à travers tout le corps, sinon il ne circulerait pas. La tension normale est de 120 à 140 sur 70 à 90 mm de mercure, mais elle varie constamment en fonction de notre activité physique ou mentale. Ceci est normal. Néanmoins, si la tension artérielle est constamment trop élevée, il se produit des lésions artérielles qui mènent à des affections cérébrales vasculaires et à l'apoplexie. Dans la plupart des cas (90%) la cause de la maladie est inconnue. On ne sait pas pourquoi certaines personnes contractent la maladie et d'autres pas. Néanmoins on connaît les facteurs qui l'augmentent:

- Le sel. Un régime sans sel est à conseiller.
- La pilule contraceptive. Les femmes qui la prennent doivent surveiller leur tension de très près et arrêter de la prendre en cas d'aggravation.
- La grossesse. L'hypertension est quelquefois signe de toxémie à un stade avancé de la grossesse. Les femmes enceintes doivent donc surveiller leur tension.
- Les chocs émotifs.
- Certains médicaments tels que la cortisone qui sont utilisés pour traiter d'autres maladies, mais sont à déconseiller en cas d'hypertension.
- L'obésité.
- Le manque d'exercice.

Le contrôle de tous ces facteurs est très efficace lorsqu'il s'agit de maîtriser l'hypertension artérielle.

L'artériosclérose et l'athérosclérose

L'artériosclérose est un durcissement des artères et l'athérosclérose est le dépôt de cholestérol ou d'autres lipides sur la face interne des parois artérielles, ce qui crée un rétrécissement des artères. Malheureusement, dans les deux cas, les symptômes n'apparaissent qu'aux stades avancés de la maladie quand il est trop tard pour la maîtriser. Avant 50 ans, elle frappe surtout les hommes, mais après 50 ans, elle est l'affection la plus meurtrière pour les deux sexes. L'athérosclérose est la cause principale de la crise cardiaque.

Puisque les symptômes n'apparaissent qu'au bout de nombreuses années, il est important de passer un examen médical complet avec électrocardiogramme pour déceler tout trouble cardio-vasculaire.

Plusieurs mesures peuvent diminuer de beaucoup le risque de maladies cardio-vasculaires si elles sont prises dès le plus jeune âge:
- Faire de l'exercice physique, en particulier celui qui stimule le système cardio-vasculaire—aérobic, bicyclette, jogging, etc.
- S'alimenter d'une façon saine en surveillant le cholestérol et les triglycérides.
- Surveiller son poids.

	FEMMES				HOMMES		
cm	ossature fine	ossature moyenne	ossature forte	cm	ossature fine	ossature moyenne	ossature forte
147	42 kg	46 kg	54 kg	157	51 kg	56 kg	64 kg
150	43	47	55	160	52	58	65
152	44	49	57	163	54	59	67
155	45	50	58	165	55	60	69
157	46	51	59	168	56	62	71
160	48	53	61	170	58	64	73
163	49	54	63	173	60	65	75
165	50	56	65	175	62	67	77
168	52	58	66	178	64	69	79
170	54	59	68	180	65	71	81
173	55	60	70	183	67	74	84
175	57	62	72	185	69	75	86
178	59	63	74	188	71	78	88
180	61	65	76	191	73	80	90
183	63	67	79	193	74	82	93
185	64	68	81	196	76	85	95

- Surveiller sa tension (voir les paragraphes sur l'hypertension artérielle).
- Eviter de fumer. La nicotine est un vasoconstricteur et augmente les risques de crise cardiaque. Les femmes sont plus en danger que les hommes.

En un mot, un bon état général est la meilleure prévention possible.

ETUDE DE MOTS

Exercice 1 Study the following cognates that appear in this chapter.

le muscle	l'hospitalisation	circulatoire
l'organisme	la réaction	cardiaque
l'exercice	l'artère	coronaire
le cholestérol	la propulsion	fatal
la graisse saturée	l'activité	congénital
la cause	la pilule	adulte
la malformation	la cortisone	chirurgical
le fœtus	l'obésité	cerébral
le symptôme	le dépôt	artériel
l'âge	le lipide	vasculaire
l'intervention	le triglycéride	mental
l'anomalie	l'examen	physique
la technique	le risque	streptococcique
la prévention	la nicotine	susceptible
la lésion	le vasoconstricteur	minime
la déficience	la thrombose	absent
le rythme	l'infarctus	paroxistique
l'inflammation	le myocarde	supplémentaire
le facteur	l'artériosclérose	alarmant
l'anxiété	l'athérosclérose	nerveux
la digitale	l'hypertension	exact
le diurétique	(artérielle)	initial
la sécrétion	l'arythmie	contraceptif
l'urine	la bradycardie	médical
le cas	la tachycardie	complet
l'anesthésique	l'extrasystole	cardio-vasculaire
l'accélération	la fibrillation	
la pulsation	auriculaire	rectifier
la gravité	la fibrillation	s'abstenir
la fatigue	ventriculaire	aggraver
la tension	l'embolie	pallier
le sédatif	la nécrose	circuler
la palpitation	l'apoplexie	varier
l'électrocardiogramme	la toxémie	contrôler
la disparition		contracter
la chance		stimuler
le choc		augmenter

Exercice 2 Complete each expression with the appropriate word(s).

1. cholesterol deposit   le dépôt de _____
2. heart rhythm   le _____ cardiaque

3. state of shock   l'état de _____
4. secretion of bile   la _____ de la bile
5. mild sedative   un léger _____
6. fetal malformation   une _____ du fœtus
7. physical activity   l'activité _____
8. congenital defect   un défaut _____
9. circulation problem   un trouble _____
10. coronary thrombosis   une thrombose _____
11. initial symptom   le symptôme _____
12. complete medical exam un examen médical _____
13. saturated fats   les graisses _____
14. chances for survival   les _____ de survie
15. circulatory system   l'appareil _____

Exercice 3   Give the word being defined.
1. de la médecine
2. des nerfs
3. du commencement
4. du cœur
5. des artères
6. des vaisseaux
7. du cerveau
8. de la chirurgie

Exercice 4   Match the word in Column A with its definition in Column B.

A	B
1. fatal	a. l'embryon dès le troisième mois de grossesse jusqu'à la naissance
2. susceptible	b. le comprimé, la tablette
3. la cause	c. le danger
4. le symptôme	d. qui cause la mort
5. le fœtus	e. excès de poids corporel
6. l'anomalie	f. capable d'attraper
7. l'accélération	g. corriger
8. la pilule	h. la source
9. l'obésité	i. éviter
10. le risque	j. phénomène qui révèle un trouble médical
11. stimuler	k. la tension
12. aggraver	l. une irrégularité ou déviation
13. rectifier	m. rendre plus grave ou pénible
14. pallier	n. augmentation de rythme
15. s'abstenir	o. remédier mais pas complètement
16. l'anxiété	p. inciter, encourager

Exercice 5   Select the appropriate word(s) to complete each statement.
1. Le tabac contient _____.
   a. des lipides   b. des artères   c. de la nicotine
2. _____ est un médicament qui s'utilise dans le traitement de quelques troubles cardiaques.
   a. La nicotine   b. La triglycéride   c. La digitale
3. _____ fait uriner le malade.
   a. Un diurétique   b. Un lipide   c. Une sécrétion
4. _____ calme l'organisme.
   a. Un médicament   b. Un sédatif   c. Une tension
5. Le battement du cœur et des artères est _____.
   a. l'accélération   b. la gravité   c. la pulsation
6. Les substances organiques appelées «graisses» sont des _____.
   a. lipides   b. triglycérides   c. sécrétions
7. L'athérosclérose est _____ de cholésterol sur la face interne des parois artérielles.
   a. la sécrétion   b. la réaction   c. le dépôt

Exercice 6   Select the term being defined.
1. l'oblitération d'un vaisseau sanguin par un caillot ou corps étranger
   a. l'infarctus   b. l'embolie   c. l'apoplexie
2. un muscle du cœur
   a. la nécrose   b. la systole   c. le myocarde
3. le mouvement de contraction du cœur
   a. la nécrose   b. la systole   c. le myocarde
4. lésion des tissus due à un trouble circulatoire causé souvent par thrombose ou par embolie
   a. l'infarctus   b. le myocarde   c. l'apoplexie
5. la formation de caillots dans un vaisseau sanguin
   a. l'infarctus   b. la nécrose   c. la thrombose
6. un coma à début brutal, une hémorragie aiguë
   a. l'apoplexie   b. la toxémie   c. la nécrose
7. une série de contractions violentes et désordonnées des fibres du muscle cardiaque
   a. l'embolie   b. la fibrillation   c. l'artériosclérose
8. le battement accéléré du cœur
   a. la tachycardie   b. l'extrasystole   c. l'embolie
9. la tension artérielle élevée
   a. la tachycardie   b. l'extrasystole   c. l'hypertension

Exercice 7   Match the English word or expression in Column A with its French equivalent in Column B.

A	B
1. heart	a. la paroi
2. blood pressure	b. le stade

  3. hardening   c. le cœur
  4. wall   d. le battement
  5. stage   e. la respiration
  6. lack   f. la tension artérielle
  7. medicine, medication   g. le caillot
  8. attack   h. le durcissement
  9. slowing   i. le ralentissement
 10. heart beat   j. le rétrécissement
 11. pulse   k. la crise cardiaque
 12. heart attack   l. le manque
 13. breathing   m. le médicament
 14. shrinking, stricture   n. la crise, l'atteinte, l'accès, l'attaque
 15. blood clot   o. le pouls
 16. to detect   p. maîtriser
 17. to bring under control   q. déceler

Exercice 8   Complete each expression with the appropriate word(s).
  1. the wall of the blood vessels   la _____ des vaisseaux sanguins
  2. normal heart beat   le _____ du cœur normal
  3. hardening of the arteries   le _____ des artères
  4. heart attack   la crise _____
  5. the initial stages of the illness les _____ initiaux de la maladie
  6. blood pressure   la tension _____
  7. a slowing of the heart beat   un _____ des battements du cœur
  8. a lack of exercise   un _____ d'exercice

Exercice 9   Complete each statement with the appropriate word(s).
  1. La _____ normale est 135/75.
  2. Le _____ est le nombre de pulsations des artères par minute.
  3. Le dépôt de cholestérol est souvent la cause d'un _____ des
     vaisseaux sanguins.
  4. Un _____ est une masse semi-solide qui se forme dans le sang.
  5. L'artériosclérose est souvent la cause d'une _____ cardiaque.
  6. La digitale est un _____ efficace pour certains troubles cardiaques.

Exercice 10   Match the English word or expression in Column A with its
French equivalent in Column B.
              A   B
  1. chest pains   a. l'insuffisance cardiaque
  2. vomiting   b. l'onde
  3. cold sweats   c. ressentir
  4. wave   d. les douleurs dans la poitrine
  5. electric shocks   e. enceinte
  6. state of mind   f. la grossesse
  7. German measles   g. les règles

8. rheumatic fever	h. les vomissements
9. to feel	i. l'articulation
10. pregnancy	j. les sueurs froides
11. pregnant	k. l'étouffement
12. menstrual period	l. les excitations électriques
13. suffocating	m. la rubéole
14. heart failure	n. la fièvre rhumatismale
15. joint	o. l'état d'esprit

Exercice 11   Complete each statement with the appropriate word(s).

1. Des _____ peuvent être un indice (une manifestation) d'une crise cardiaque.
2. Les nausées entraînent souvent les _____ et les _____.
3. Les _____électriques peuvent réanimer une personne qui a subi une crise cardiaque.
4. Une personne qui _____ des douleurs dans la poitrine doit aller immédiatement à l'hôpital.
5. La rubéole pendant la _____ peut être très dangereuse pour le fœtus.
6. Une femme _____ doit _____ de prendre du tabac et de l'alcool car ils sont dangereux pour le fœtus.
7. La fièvre rhumatismale atteint les _____.
8. Le cardiologue étudie et analyse les _____ de l'électrocardiogramme.

COMPREHENSION

Exercice 1   True or false?

1. Le cœur est un muscle puissant.
2. Le cœur a besoin d'exercice.
3. Un infarctus du myocarde est souvent fatal.
4. Récemment il y a eu beaucoup de nouvelles techniques en chirurgie coronaire.
5. La fièvre rhumatismale est assez rare.
6. La fièvre rhumatismale frappe les gens âgés.
7. Un autre terme pour la fièvre rhumatismale est le rhumatisme articulaire aigu.
8. Les symptômes de la fièvre rhumatismale sont toujours brutaux.
9. Le cœur alimente les poumons en sang.
10. L'anxiété peut aggraver beaucoup de troubles cardiaques.
11. Les arythmies cardiaques sont très fréquentes et généralement pas sérieuses.
12. L'extrasystole est toujours grave.
13. S'il y a extrasystole, les hôpitaux soumettent le cœur à des excitations électriques.
14. Durant une crise cardiaque, l'onde sur l'électrocardiogramme disparaît.

15. On ne connaît pas la cause exacte du choc.
16. Il est normal que la tension artérielle varie en fonction de l'activité physique et mentale.
17. Les symptômes de l'artériosclérose et de l'athérosclérose n'apparaissent qu'aux stades avancés de la maladie.
18. L'athérosclérose est la cause principale de la crise cardiaque.
19. L'électrocardiogramme peut déceler un trouble cardio-vasculaire.

Exercice 2   Answer.

1. Que peut causer une nourriture riche en cholestérol et graisses saturées?
2. Quand les malformations congénitales se forment-elles?
3. Pourquoi les malformations congénitales ne se détectent-elles pas (ne se décèlent-elles pas) immédiatement?
4. Qu'est-ce qui est souvent nécessaire pour rectifier une anomalie cardiaque?
5. Quels sont les symptômes de la fièvre rhumatismale?
6. Avec quoi faut-il traiter une infection streptococcique?
7. Quand une insuffisance cardiaque existe-t-elle?
8. Quel est un symptôme fréquent de l'insuffisance cardiaque?
9. Que font les diurétiques?
10. Quelle est la fréquence normale de pulsations cardiaques?
11. Qu'est-ce qui peut augmenter d'une façon normale la fréquence des pulsations?
12. Qu'entraîne la fibrillation ventriculaire?
13. Que font les excitations électriques?
14. Pendant une crise cardiaque, pourquoi le sang n'arrive-t-il pas au cœur?
15. Quels sont des signes précurseurs d'une crise cardiaque?
16. Qu'est-ce qui augmente les chances de survie d'un patient atteint d'une (frappé par une) crise cardiaque?
17. Quelle est la tension artérielle normale?
18. Pourquoi est-il important de passer un examen médical complet avec électrocardiogramme tous les ans?

Exercice 3   Complete each of the following statements.

1. Une femme enceinte doit éviter…
2. La rubéole pendant la grossesse peut causer…
3. La fièvre rhumatismale peut causer…
4. La fièvre rhumatismale est due à…
5. On traite l'insuffisance cardiaque avec…
6. On peut traiter l'extrasystole avec…
7. Pendant un état de choc le cœur n'est pas…
8. La tension artérielle toujours élevée cause…
9. Cinq facteurs qui influencent négativement l'hypertension sont…
10. Plusieurs mesures qu'on peut prendre pour diminuer le risque de maladies cardio-vasculaires sont…

Exercice 4   Identify and describe each of the following heart problems.
1. la bradycardie
2. la tachycardie
3. la tachycardie paroxistique
4. l'extrasystole
5. la fibrillation auriculaire
6. l'infarctus du myocarde
7. l'hypertension artérielle
8. l'artériosclérose
9. l'athérosclérose

Chapitre 10
LE SYSTEME DIGESTIF (I)

Les maladies de l'appareil digestif sont les plus communes après le rhume de cerveau. La technologie moderne permet d'examiner les organes de l'appareil digestif sans avoir à opérer. Les occlusions ou les perforations intestinales sont maintenant beaucoup mieux contrôlées.

L'œsophage

C'est un tube qui va de la bouche à l'estomac et par lequel passent les aliments. Les muscles situés le long de l'œsophage assurent la descente des aliments. Le mouvement ondulatoire de ces muscles est appelé «péristaltique».

L'ulcère de l'œsophage L'ulcère de l'œsophage ressemble à un ulcère gastro-duodénal. S'il n'est pas traité, il peut mener à un rétrécissement de l'œsophage. Les symptômes sont brûlures d'estomac, éructations acides, perte de l'appétit, amaigrissement et salivation. Une alimentation excluant tous mets[1] excitants ou mets épicés est recommandée. Du lait toutes les deux heures ou même toutes les heures soulage.

L'œsophagite C'est une inflammation de la paroi interne de l'œsophage. Il y a de nombreuses causes: aliments irritants, médicaments acides, suites de maladies infectieuses, vomissements. Comme pour l'ulcère de l'œsophage, le traitement est un régime alimentaire sévère et des antacides pris fréquemment.

L'hernie hiatale C'est une hernie d'une partie de l'estomac à travers le muscle du diaphragme qui joint l'œsophage et l'estomac. Les douleurs peuvent faire craindre une crise cardiaque. Elle peut être la cause d'une œsophagite. Le malade doit prendre six repas légers par jour et éviter d'avaler de l'air.

L'estomac

Les troubles digestifs sont des symptômes dus à des troubles gastro-intestinaux. Ils sont souvent liés à une tension nerveuse. La rapidité de notre vie n'est pas bonne pour la digestion. Nous mangeons trop vite, nous ne mâchons pas nos aliments, nous ne faisons pas assez d'exercice. Les brûlures d'estomac en sont le résultat. Ces douleurs qui apparaissent une heure environ après les repas peuvent être intenses et faire craindre (à tort) une angine de poitrine. Les antacides sont efficaces. La nausée, les maux de tête et les sueurs froides sont aussi le résultat de notre façon de vivre. Les flatulences sont dues à l'accumulation d'air ou de gaz

---

[1]*food*

L' APPAREIL DIGESTIF

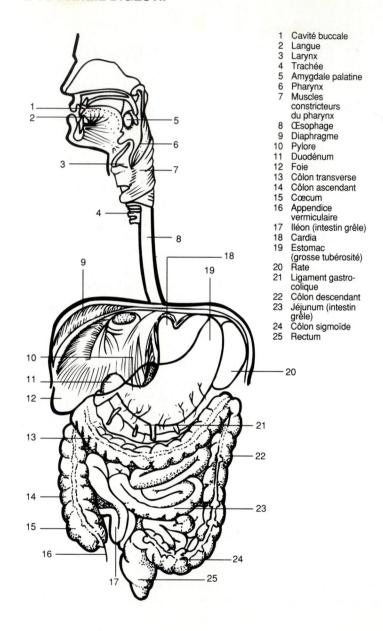

1 Cavité buccale
2 Langue
3 Larynx
4 Trachée
5 Amygdale palatine
6 Pharynx
7 Muscles
   constricteurs
   du pharynx
8 Œsophage
9 Diaphragme
10 Pylore
11 Duodénum
12 Foie
13 Côlon transverse
14 Côlon ascendant
15 Cœcum
16 Appendice
   vermiculaire
17 Iléon (intestin grêle)
18 Cardia
19 Estomac
   (grosse tubérosité)
20 Rate
21 Ligament gastro-
   colique
22 Côlon descendant
23 Jéjunum (intestin
   grêle)
24 Côlon sigmoïde
25 Rectum

L'APPAREIL DIGESTIF (annexes)

1 Canaux de Walther
2 Canal de Rivinius
   ou de Bartholin (1 et 2:
   canaux excréteurs de la
   glande sublinguale)
3 Glande sublinguale
4 Canal de Sténon (canal
   excréteur de la glande
   parotide)
5 Glande parotide
6 Maxillaire inférieur
   sectionné
7 Glande sous-maxillaire
8 Canal de Warthon (canal
   excréteur de la glande
   sous-maxillaire)
9 Ligament suspenseur
   ou falciforme
10 Lobe droit du foie
11 Vésicule biliare
12 Canal cystique
13 Lobe gauche du foie
14 Canal hépatique
15 Canal de Santorini
16 Petite caroncule
17 Canal cholédoque

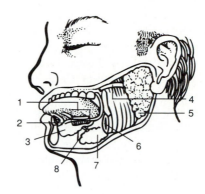

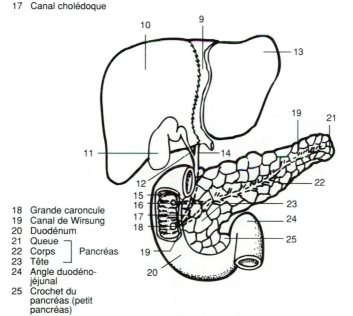

18 Grande caroncule
19 Canal de Wirsung
20 Duodénum
21 Queue ⎤
22 Corps ⎬ Pancréas
23 Tête ⎦
24 Angle duodéno-
   jéjunal
25 Crochet du
   pancréas (petit
   pancréas)

dans l'estomac ou les intestins. L'aérophagie (quand on avale de l'air) en est la raison principale. Les flatulences sortent de l'estomac par éructation et des intestins par l'émission de gaz. La meilleure façon de lutter contre la constipation est de faire de l'exercice.

La gastrite aiguë C'est une inflammation de la muqueuse de l'estomac. Elle est due en général à l'abus d'alcool ou à trop de médicaments à base d'aspirine, de goudron de houille, etc. Les mets épicés sont néfastes. Les douleurs gastriques sont intenses; il y a perte de l'appétit, des vomissements de sang et du sang dans les selles. Souvent le repos suffit à remettre le malade en forme. S'il ne peut avaler sa nourriture, on le nourrit par voie intraveineuse. Pour les gastrites érosives causées par des poisons, un lavage d'estomac est nécessaire.

L'ulcère gastro-duodénal Ce genre d'ulcère semble être une réaction de l'homme à son environnement. Il affecte ceux qui sont anxieux, phobiques ou perfectionnistes. C'est la maladie de l'agressivité. C'est une plaie sur l'estomac ou le duodénum, le début de l'intestin grêle, qui détruit la paroi. C'est l'acide chlorhydrique dans le suc gastrique qui est responsable. Ceux dont le type sanguin est O ont plus de chance d'avoir un ulcère de ce type. Les complications les plus graves sont l'hémorragie massive et la perforation. La présence de sang dans les selles indique souvent un ulcère. Comme pour tous les troubles digestifs, le traitement est un régime alimentaire léger et régulier. Il faut éviter les épices, le café, le thé, l'alcool. Et comme nous l'avons dit plus tôt, les personnes qui souffrent d'un ulcère ont intérêt à choisir une profession calme et à faire beaucoup d'exercice pour faire passer son agressivité.

La gastro-entérite aiguë Elle est due à l'inflammation de la muqueuse de l'estomac et des intestins. La cause est en général un abus d'alcool, une grippe intestinale ou une intoxication alimentaire. Elle peut être causée également par des médicaments ou par des intoxications à tous les métaux lourds tels que le cadmium ou le mercure.

Une autre forme de gastro-entérite est due à des aliments contaminés par des bactéries du groupe salmonelle. De 12 à 48 heures après le repas, il y a nausées, crampes, vomissements. Le traitement est le même que pour la gastro-entérite aiguë: le repos et une diète totale tant qu'il y a nausées et vomissements. Il ne faut jamais manger des aliments dont l'odeur n'est pas totalement fraîche ou qui sont restés trop longtemps dans le frigidaire. Il faut surtout se méfier des volailles et des œufs. Les viandes—bœuf, porc, mouton—peuvent aussi être contaminés.

Le botulisme C'est une intoxication alimentaire due à une toxine mortelle, la botuline, que l'on trouve dans les aliments qui ne sont pas frais ou qui ont été mal stérilisés lorsqu'on en a fait des conserves. On peut réduire les risques en faisant chauffer les aliments; en effet, la toxine est détruite par la chaleur: 10 minutes d'ébullition et une demi-heure de cuisson à four chaud.

ETUDE DE MOTS

Exercice 1   Study the following cognates that appear in this chapter.

le système	la complication	digestif
la technologie	la présence	intestinal
l'organe	le métal	interne
le tube	la bactérie	irritant
le muscle	la crampe	acide
la descente	la toxine	infectieux
le mouvement	la botuline	nerveux
la salivation	l'occlusion	gastrique
l'inflammation	la perforation	anxieux
la cause	l'ulcère	phobique
le traitement	l'œsophagite	massif
l'antacide	l'hernie hiatale	stérilisé
l'air	la constipation	ondulatoire
la tension	la diarrhée	péristaltique
la rapidité	le vomissement	gastro-intestinal
l'angine	l'hémorragie	gastro-duodénal
la nausée	la gastro-entérite	
l'accumulation	le botulisme	permettre
la flatulence	l'œsophage	examiner
le gaz	l'estomac	opérer
l'abus	le diaphragme	contrôler
l'alcool	les intestins	assurer
l'aspirine	la muqueuse	joindre
le poison	le duodénum	
l'acide chlorhydrique		

Exercice 2   Match the verb in Column A with its noun form in Column B.

A	B
1. accumuler	a. le traitement
2. perforer	b. l'inflammation
3. traiter	c. l'abus
4. abuser	d. la perforation
5. contrôler	e. l'opération
6. examiner	f. l'examen
7. opérer	g. l'ulcère
8. saliver	h. l'accumulation
9. enflammer	i. le contrôle
10. ulcérer	j. la salivation
11. descendre	k. la descente

Exercice 3   Select the word being defined.
1. un type de douleur
   a. les vomissements   b. la muqueuse   c. la crampe
2. difficulté à déféquer
   a. les vomissements   b. la diarrhée   c. la constipation
3. accumulation de gaz dans l'estomac ou dans les intestins
   a. la constipation   b. la flatulence   c. l'ulcère
4. sortie du sang hors des vaisseaux
   a. l'ulcère   b. l'hémorragie   c. la perforation
5. la fermeture pathologique d'un conduit souvent causée par une obstruction
   a. l'occlusion   b. la perforation   c. l'ulcère
6. l'ouverture pathologique des intestins ou de l'estomac
   a. l'occlusion   b. la perforation   c. la constipation

Exercice 4   Give the word being defined.
1. relatif à l'estomac
2. des selles liquides et fréquentes
3. une inflammation de l'œsophage
4. la façon de traiter
5. le whisky, la bière, le vin
6. relatif aux intestins
7. nerveux
8. faire une intervention chirurgicale
9. réunir, allier

Exercice 5   Complete each expression with the appropriate word(s).
1. presence of blood   la _____ de sang
2. serious complications   des _____ graves
3. hiatal hernia   une hernie _____
4. nervous tension   la _____ nerveuse
5. alcohol abuse   l'abus d'_____
6. digestive system   le système _____
7. gastro-enteritis   la gastro-_____
8. hydrochloric acid   l'_____ chlorhydrique
9. massive hemorrhage   l'_____ massive

Exercice 6   Match the English word or expression in Column A with its French equivalent in Column B.

A	B
1. liver	a. la vésicule biliaire
2. gall bladder	b. le foie
3. small intestine	c. l'éructation
4. mouth	d. le suc gastrique
5. belch	e. aigu
6. wall	f. soulager

7. strict diet
8. to chew
9. to swallow
10. to relieve
11. acute
12. coal tar
13. gastric juice
14. fast

g. le régime rigide
h. la bouche
i. le goudron de houille
j. avaler
k. mâcher
l. l'intestin grêle
m. la paroi
n. la diète

Exercice 7   Complete each statement with the appropriate word(s).

1. Il ne peut absolument rien manger. Le médecin a prescrit la _____ totale.
2. Il ne peut pas manger de mets épicés, salés, graisseux, etc. Il doit suivre un _____ rigide.
3. Il souffre de gastrite _____.
4. Il faut _____ bien nos aliments avant de les _____.
5. Les antacides _____ les _____ d'estomac.
6. Une _____ est une émission assez bruyante par la bouche des gaz accumulés dans l'estomac.
7. L'œsophage est le tube qui va de la _____ à l'estomac.
8. _____ est un petit organe musculaire qui reçoit de la bile du foie, la concentre et la sécrète (jette) dans le duodénum.

Exercice 8   Match the English word or expression in Column A with its French equivalent in Column B.

A

1. head cold
2. heartburn
3. loss of appetite
4. headache
5. cold sweats
6. stool, feces
7. outcome
8. sore
9. food poisoning
10. blood type
11. intravenously
12. pumping of one's stomach
13. shrinking
14. weight loss

B

a. la perte de l'appétit
b. le type sanguin
c. le rétrécissement
d. le rhume de cerveau
e. le lavage d'estomac
f. les brûlures d'estomac
g. la suite
h. le mal de tête
i. les sueurs froides
j. par voie intraveineuse
k. la plaie
l. la selle
m. l'intoxication alimentaire
n. l'amaigrissement

Exercice 9   Give the word being defined.

1. action de vider le contenu de l'estomac du malade
2. manque d'envie de manger
3. perte de poids

4. ce qui vient après
5. ce qui est causé par une déchirure, une brûlure ou un abcès
6. les matières fécales
7. O, A, etc.
8. ce que causent les aliments contaminés

Exercice 10   Complete each statement with the appropriate word(s).
1. Le rhume _____ est une maladie courante.
2. Une aspirine peut soulager un _____.
3. Une fièvre peut entraîner les _____.
4. Les mets épicés ou acides peuvent causer les _____ d'estomac.
5. Si l'on souffre d'une intoxication alimentaire sérieuse, il est possible qu'un _____ soit nécessaire.
6. Si le malade ne peut pas manger, il faut l'alimenter par _____.

Exercice 11   Answer.
1. Quel est votre type sanguin?
2. Vous avez été atteint(e) d'une intoxication alimentaire?
3. Vous avez eu un rhume de cerveau?
4. Vous avez souvent des maux de tête?
5. Vous avez de temps en temps une perte d'appétit?
6. Vous êtes affligé(e) de temps en temps de brûlures d'estomac?
7. Si vous avez des brûlures d'estomac, vous prenez des aspirines ou des antacides?
8. Les aspirines peuvent aggraver les brûlures d'estomac?

COMPREHENSION

Exercice 1   True or false?
1. Les maladies de l'appareil digestif sont assez communes.
2. Il faut opérer pour examiner de près les organes de l'appareil digestif.
3. De temps en temps les gens qui ont une hernie hiatale croient qu'ils ont une crise cardiaque.
4. Les troubles digestifs sont souvent liés à une tension nerveuse.
5. Les flatulences sortent de l'estomac ou des intestins.
6. La gastrite aiguë est une inflammation de la muqueuse des intestins.
7. L'abus d'alcool peut causer la gastro-entérite.
8. Les aliments contaminés par des bactéries du groupe salmonelle peuvent causer une forme de gastro-entérite.

Exercice 2   Answer.
1. Qu'est-ce qu'il y a dans l'œsophage pour assurer la descente des aliments?
2. Qu'est-ce qu'on recommande pour le traitement d'un ulcère de l'œsophage?
3. Qu'est-ce qu'une hernie hiatale?
4. De quoi les brûlures d'estomac sont-elles le résultat?

5. Qu'est-ce qu'on fait si le malade ne peut pas avaler sa nourriture?
6. Quand un lavage d'estomac est-il nécessaire?
7. Quel type de personne l'ulcère gastro-duodénal affecte-t-il?
8. Qu'est-ce qu'un ulcère gastro-duodénal?
9. Quelle est la cause de l'ulcère gastro-duodénal?

Exercice 3   Identify the following.
1. le tube par lequel passent les aliments de la bouche à l'estomac
2. une inflammation de la paroi interne de l'œsophage
3. une toxine mortelle que l'on trouve dans les aliments qui ne sont pas frais

Exercice 4   Complete each of the following statements.
1. Les symptômes d'un ulcère de l'œsophage sont…
2. Les causes de l'œsophagite sont…
3. Les flatulences sont…
4. Les causes de la gastrite aiguë sont…
5. La présence de sang dans les selles peut indiquer…
6. Les complications graves d'un ulcère gastro-duodénal sont…
7. Une intoxication alimentaire peut causer…

Chapitre 11
LE SYSTEME DIGESTIF (II)

Les intestins

Les maladies affectant les intestins sont multiples. Autrefois, elles étaient souvent mortelles. De nos jours, la plupart sont entièrement contrôlables.

L'appendicite L'appendice vermiculaire est un petit tube qui ressemble à un ver de terre[1] et qui est abouché au cæcum. Il ne semble pas avoir de fonction pour l'organisme. L'appendicite est l'inflammation de cet appendice qui, s'il perfore, peut entraîner une péritonite, une maladie qui peut être mortelle. L'appendice est en général situé du côté droit du ventre. L'appendicite débute par des douleurs dans cet endroit qui est aussi douloureux à la pression. Il y a souvent nausées et fièvre et, dans ce cas, l'intervention chirurgicale est essentielle. En effet, plus elle tarde, plus les risques de péritonite sont grands. L'appendicite affecte surtout les jeunes qui se remettent en général vite de l'opération.

La péritonite Les organes vitaux ont tous une membrane qui les protège. Le péritoine est la membrane qui protège l'abdomen. Cette membrane forme un sac étanche. Néanmoins, s'il y a perforation, des toxines, des bactéries, ou même du sang ou de l'urine peuvent pénétrer dans ce sac et causer une maladie très grave appelée «la péritonite». Les malades meurent souvent de toxémie, de déshydratation ou de choc. C'est une maladie malheureusement difficile à soigner car il faut en isoler la cause, ce qui n'est pas toujours facile. Cette maladie est très grave pour les personnes âgées qui n'y survivent généralement pas.

La constipation Elle est due en majeure partie au manque d'exercice. C'est pourquoi elle affecte principalement les personnes âgées ou les invalides. Elle est aussi causée par l'utilisation régulière de laxatifs ou de lavements. Le stress, même mineur, tel qu'un voyage, peut aussi créer cet état. Il est facile de l'éviter en ne se retenant pas d'aller à la selle, en ayant une alimentation saine et en faisant de l'exercice physique régulièrement. D'autre part, l'idée qu'ont beaucoup de gens, à savoir qu'il faut aller à la selle tous les jours, est absolument fausse et crée souvent de l'anxiété inutilement.

Le côlon irritable Après le rhume de cerveau, c'est la maladie la plus répandue chez l'homme. C'est une maladie mal connue qui frappe surtout les personnes anxieuses. Elle est due en grande partie à des troubles émotifs—divorce, mort d'un proche, etc. L'alternance de diarrhée et de constipation est fréquente, ainsi que des

---

[1] *earthworm*

douleurs dans la partie supérieure droite de l'abdomen. Des gaz s'accumulent dans l'intestin et provoque un ballonnement très inconfortable. La psychothérapie est la meilleure façon de guérir le malade. En aucun cas, il ne doit prendre des laxatifs, bien que cela le soulage temporairement.

L'occlusion intestinale Comme son nom l'indique, c'est un blocage de l'intestin grêle qui empêche le passage des matières fécales et des gaz. Les symptômes sont des crampes abdominales, des vomissements, la constipation et un ballonnement. Ces symptômes sont courants et passent souvent au bout de quelques jours. S'ils persistent, il faut agir immédiatement. Déterminer la cause précise de l'occlusion n'est pas toujours facile.

Le foie

C'est l'organe qui remplit le plus de fonctions. Il produit les agents de coagulation du sang, il contrôle la sécrétion biliaire nécessaire à l'absorption des lipides, il protège l'organisme contre toute substance chimique dangereuse, pour ne citer que quelques-unes de ses fonctions.

L'hépatite infectieuse ou hépatite A Ce n'est que récemment que le virus A a été isolé. Il se transmet d'homme à homme ou par l'intermédiaire d'eau contaminée par des déchets[2]. Il faut donc se méfier des endroits où les installations sanitaires sont défectueuses, en particulier des restaurants à la propreté douteuse. Les fruits de mer recueillis dans des eaux polluées sont aussi dangereux. C'est une maladie contagieuse qui frappe surtout les jeunes. Ceux qui en sont atteints peuvent sans le savoir la transmettre à d'autres car la période d'incubation est de 25 à 35 jours. Il peut y avoir ou ne pas y avoir de jaunisse, mais la présence de bilirubine dans le sang est un bon indicateur. La bilirubine est le produit jaune qui colore la bile.

L'hépatite sérique ou hépatite B L'hépatite B ressemble à l'hépatite A, mais elle est beaucoup plus grave et se transmet différemment. Elle est souvent due à des injections faites avec des seringues non stériles. Le virus B est très résistant: pour l'éliminer, il faut 30 minutes de stérilisation. Les transfusions sanguines sont encore la cause principale de la contamination. De nos jours, on analyse très soigneusement le sang des donneurs avant de l'utiliser. Le virus est aussi présent dans la salive et le sperme. Les symptômes sont semblables à ceux de l'hépatite A. Il y a en plus éruption d'urticaire avant l'apparition de la jaunisse. L'hépatite B est beaucoup plus grave que celle du type A car elle risque de se compliquer en cirrhose du foie.

La cirrhose du foie Cette maladie est caractérisée par des granulations roussâtres[3] du foie qui ne peut plus assurer ses multiples fonctions. La cause en est la plupart du temps l'alcoolisme. Le virus de l'hépatite B est également responsable. C'est une maladie très grave qui peut être stabilisée si la suppression de l'alcool est totale. C'est la condition essentielle de survie à cette maladie qui est encore trop souvent mortelle.

---

[2]*wastes*   [3]*reddish*

La vésicule biliaire

Cet organe emmagasine la bile que produit le foie. La bile est un liquide jaune quand il sort du foie mais qui devient vert-brun dans la vésicule biliaire. Il comprend entre autres des sels biliaires qui contribuent à l'émulsification et à la digestion des graisses.

Les calculs biliaires La présence de pierres dans la vésicule ou les voies biliaires est beaucoup plus fréquente chez les femmes que chez les hommes. L'obésité favorise cette maladie. Les causes en sont mal connues, mais on soupçonne de mauvaises habitudes alimentaires et l'obésité. Pour y remédier, les malades doivent suivre un régime alimentaire strict: pas d'aliments cuits dans la graisse, pas de sucreries et pas de légumes provoquant des flatulences—choux, haricots secs.

Le pancréas

C'est une glande située en arrière de l'estomac. Elle est à la fois exocrine et endocrine. Elle produit le suc pancréatique qui contient des enzymes agissant sur les graisses, les protéines et les amidons. Elle sécrète des hormones dont l'insuline. Une sécrétion insuffisante est la cause du diabète.

La pancréatite aiguë C'est une inflammation du pancréas qui frappe surtout les personnes qui souffrent de calculs biliaires ou d'alcoolisme. Elle apparaît également dans certaines maladies comme les oreillons, la mononucléose infectieuse et pendant la grossesse. Les formes les plus graves sont difficiles à distinguer de certaines autres maladies, telles que la crise cardiaque, la perforation dans l'ulcère gastro-intestinal ou même l'appendicite. Néanmoins, elles nécessitent une intervention chirurgicale rapide. Un pancréas qui ne fonctionne pas bien peut développer une péritonite, une complication très grave.

La pancréatite chronique Les deux pancréatites ont les mêmes causes, mais ce sont deux maladies distinctes. Dans la pancréatite chronique, les crises de pancréatite aiguë endommage le pancréas. La plupart des malades souffrent du diabète, d'autres d'alcoolisme ou d'une cirrhose du foie. C'est une maladie très grave à laquelle on ne survit généralement pas. Le traitement est difficile et la douleur est souvent insupportable. L'ablation totale ou partielle du pancréas donne des résultats inégaux. Les médecins arrivent néanmoins à soulager la douleur.

ETUDE DE MOTS

Exercice 1　Study the following cognates that appear in this chapter.

les intestins	la péritonite	la toxine
l'appendicite	la nausée	la bactérie
l'appendice	le risque	la déshydratation
le tube	les organes vitaux	le choc
la cæcum	la membrane	la constipation
l'inflammation	l'abdomen	l'exercice
le péritoine	le sac	l'invalide

le laxatif	la transfusion	émotif
le stress	le donneur	intestinal
le côlon	le virus	fécal
la diarrhée	la salive	abdominal
le gaz	le sperme	persistant
l'occlusion	l'apparition	infectieux
le blocage	la cirrhose	stérile
la matière	la granulation	résistant
le symptôme	l'alcoolisme	exocrine
la crampe	la suppression	endocrine
la coagulation	le liquide	chronique
la sécrétion	l'émulsification	total
l'absorption	l'obésité	partiel
l'hépatite	le pancréas	inégal
la période	la glande	
l'incubation	l'enzyme	s'accumuler
la jaunisse	la protéine	provoquer
la bilirubine	l'hormone	transmettre
l'indicateur	l'insuline	éliminer
la bile	le diabète	analyser
la seringue	la pancréatite	favoriser
la mononucléose		ressembler
l'ulcère		perforer
l'ablation	mortel	protéger
l'urticaire	contrôlable	pénétrer
la contamination	vermiculaire	endommager
l'injection	irritable	isoler
	inconfortable	

Exercice 2   Complete each expression with the appropriate word(s).

1. fecal matter   les matières _____
2. abdominal cramps   les crampes _____
3. infectious hepatitis   l'_____ infectieuse
4. contagious disease   une maladie _____
5. incubation period   la période d'_____
6. sterile syringe   une seringue _____
7. blood transfusion   la _____ sanguine (de sang)
8. cirrhosis of the liver   la _____ du foie
9. vital organs   les _____ vitaux
10. infectious mononucleosis la _____ infectieuse
11. total abstinence   la suppression _____

Exercice 3   Select the word being defined.

la diarrhée	un blocage	la crampe
la mononucléose	une perforation	la pancréatite
une occlusion	la péritonite	l'hépatite
la constipation	l'appendicite	

1. selles liquides et fréquentes
2. difficulté ou impossibilité de déféquer
3. une inflammation du pancréas
4. une inflammation de l'appendice
5. une espèce de douleur abdominale
6. une inflammation du foie
7. une maladie virale du système hématopoïétique
8. une fermeture pathologique d'un conduit
9. une ouverture pathologique des intestins, de l'estomac, etc.
10. une obstruction

Exercice 4   Match the word or expression in Column A with its equivalent in Column B.

A	B
1. le lipide	a. une glande qui déverse ses sécrétions dans le sang
2. la protéine	b. macromolécule contenant un grand nombre d'acides aminés
3. la bile	c. la graisse
4. la salive	d. un microbe unicellulaire
5. l'insuline	e. une glande qui rejette son produit
6. une glande endocrine	f. liquide visqueux amer sécrété par le foie et qui s'accumule dans la vésicule biliaire
7. une glande exocrine	g. un poison
8. le sperme	h. liquide clair dans la bouche
9. la toxine	i. liquide émis par les glandes reproductrices mâles
10. la bactérie	j. liquide sécrété par le pancréas employé dans le traitement du diabète

Exercice 5   Give the word being defined.

1. qui peut causer la mort
2. donner de la protection
3. entrer, percer
4. qui s'irrite facilement
5. qui dure longtemps
6. de l'abdomen
7. des intestins

8. causer, entraîner
9. celui qui donne quelque chose

Exercice 6 Match the English word or expression in Column A with its French equivalent in Column B.

A	B
1. to connect	a. se remettre
2. to begin, start	b. aboucher
3. to delay, take time	c. soulager
4. to recover, be on the mend	d. débuter
5. to relieve	e. emmagasiner
6. to store	f. tarder
7. to attack, strike	g. frapper

Exercice 7 Complete each statement with the appropriate word(s).
1. L'appendice est un petit tube qui est _____ au cæcum.
2. L'appendicite est une maladie qui _____ par des douleurs abdominales et des nausées.
3. Les jeunes qui sont _____ par une crise (attaque) d'appendicite _____ vite de l'opération.
4. Les analgésiques _____ les douleurs.
5. Plus l'opération _____, plus sont les risques de complications.
6. Le foie produit la bile et la vésicule biliaire l'_____.

Exercice 8 Match the English word or expression in Column A with its French equivalent in Column B.

A	B
1. abdomen	a. le ballonnement
2. small intestine	b. l'amidon
3. liver	c. le régime
4. gall bladder	d. le ventre
5. starch	e. aller à la selle
6. diet	f. l'intestin grêle
7. stone	g. étanche
8. distension, bloating	h. le foie
9. enema	i. le manque
10. to have a bowel movement	j. la vésicule biliaire
11. lack	k. le lavement
12. airtight, watertight	l. la pierre, le calcul

Exercice 9 Complete each statement with the appropriate word(s).
1. Celui qui a des troubles gastro-intestinaux doit suivre _____ alimentaire strict.
2. Un _____ d'exercice peut être la cause de la constipation.

3. Les végétaux, les pâtes, les graines de céréales contiennent des réserves d'_____.

4. Un sac _____ retient des fluides et des gaz et ne les laisse pas pénétrer ou s'écouler.

5. Des gaz accumulés dans l'estomac ou l'intestin peuvent provoquer un _____ qui est très inconfortable.

6. La _____ emmagasine la bile qui est produite par le foie.

7. Une fonction du _____ est celle de contrôler la sécrétion biliaire.

8. Les mauvaises habitudes alimentaires et l'obésité peuvent causer la formation de _____ dans la vésicule ou dans les voies biliaires.

9. L'intestin va de l'estomac à l'anus et se divise en deux parties: l'intestin _____ et le gros intestin ou côlon.

10. Quand on a besoin de déféquer, on ne doit pas se retenir d'_____. Cela peut causer la constipation.

COMPREHENSION

Exercice 1   True or false?

1. Il existe beaucoup de maladies des intestins.
2. De nos jours la plupart des maladies intestinales sont mortelles.
3. L'appendice est un organe dont les fonctions sont vitales.
4. Tous les organes vitaux ont une membrane qui les protège.
5. L'utilisation régulière de laxatifs et de lavements est un traitement efficace pour la constipation.
6. Il faut absolument aller à la selle tous les jours.
7. Le foie est un organe, comme l'appendice, qui a très peu de fonctions.
8. L'hépatite A ou infectieuse est très contagieuse.
9. Le pancréas est une glande exocrine et endocrine.
10. La pancréatite chronique est une maladie grave. Elle est souvent mortelle.

Exercice 2   Answer.

1. Pourquoi la plupart des patients opérés de l'appendicite se remettent-ils vite de l'opération?
2. Pourquoi la péritonite est-elle une maladie difficile à soigner?
3. Comment peut-on éviter la constipation?
4. Quelles fonctions le foie remplit-il?
5. Pourquoi le malade atteint de l'hépatite infectieuse peut-il la transmettre sans le savoir?
6. Quelle hépatite est la plus grave, l'hépatite infectieuse ou l'hépatite sérique?
7. Comment l'hépatite sérique (B) se transmet-elle?
8. Pourquoi le suc pancréatique est-il important?
9. A quelles autres maladies les symptômes de la pancréatite aiguë sont-ils semblables?

Exercice 3   Describe the following.
1. l'appendice
2. le péritoine
3. l'occlusion intestinale
4. la bilirubine
5. la cirrhose du foie
6. la bile
7. le pancréas

Exercice 4   Give the symptoms of the following diseases or disorders.
1. l'appendicite
2. la péritonite
3. le côlon irritable
4. l'occlusion intestinale

Chapitre 12
LA FEMME: APPAREIL GENITAL, GROSSESSE ET ACCOUCHEMENT

L'appareil génital de la femme

L'appareil génital de la femme est beaucoup plus complexe que celui de l'homme pour des raisons évidentes. D'autre part, les organes génitaux de la femme sont internes, donc plus fragiles. Les ovaires ont pour fonction de produire un ovule ou œuf par mois. Cet œuf va dans les trompes de Fallope et se dirige vers l'utérus. En chemin, il peut être fécondé par un spermatozoïde; dans ce cas, il ira se loger dans la cavité utérine où se développera un fœtus. S'il n'est pas fécondé, il sortira du corps avec les règles.

La ménopause

C'est l'arrêt définitif des règles qui veut dire en fait la disparition des hormones femelles. La tradition veut que la ménopause soit une expérience traumatique qui affecte la vie émotionnelle et sexuelle des femmes. Il n'en est rien. En fait, en ce qui concerne les plaisirs sexuels, beaucoup de femmes ont une recrudescence d'activité sexuelle car les mesures préventives ne sont plus nécessaires. Les troubles liés à la ménopause proviennent surtout des «idées reçues» quant à la vieillesse, surtout lorsqu'il s'agit d'une femme. Dans certains cas, un traitement hormonal est prescrit, mais avec précaution car les effets secondaires peuvent être des hémorragies et des dépressions nerveuses.

Les règles

La plupart des adolescentes ont leurs règles entre 12 et 14 ans. Il est anormal de ne pas avoir ses règles à l'âge de 16 ans. L'absence de règles peut indiquer la présence d'une tumeur, par exemple.

Le syndrome prémenstruel Pendant longtemps, on a minimisé l'importance de cette affection. Les symptômes apparaissent une semaine environ avant les règles et se manifestent par des maux de tête, une agressivité anormale et une instabilité émotionnelle. Bien que l'on reconnaisse la validité de cette affection, on ne sait pas vraiment encore comment la traiter d'une façon efficace.

L' APPAREIL GENITAL DE LA FEMME

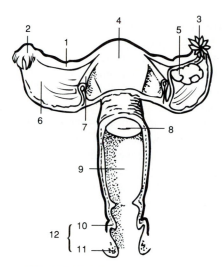

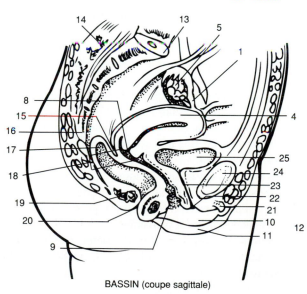

1 Trompe
2 Pavillon de la trompe
3 Franges du pavillon
4 Corps de l'utérus
5 Ovaire
6 Ligament large
7 Ligament rond
8 Col *cervix*
9 Vagin
10 Petites lèvres
11 Grandes lèvres
12 Vulve
13 Promontoire
14 Sacrum
15 Cul-de-sac de Douglas
16 Coccyx
17 Rectum
18 Culs-de-sac vaginaux
19 Sphincter anal
20 Anus
21 Clitoris
22 Méat urinaire
23 Urètre
24 Pubis
25 Vessie

ORGANES GENITAUX
(vue antérieure, vagin en coupe)

BASSIN (coupe sagittale)

La dysménorrhée ou règles douloureuses Une grande partie des femmes souffrent de règles douloureuses. Cela est souvent dû à un état d'anxiété ou à un manque d'exercice physique. Des antispasmodiques sont parfois nécessaires. Le meilleur remède est encore celui de nos grands-mères: une bouillotte[1] d'eau bien chaude sur le ventre.

Les tumeurs et les kystes

Le kyste et la tumeur de l'ovaire Il vaut mieux se débarrasser d'un kyste ovarien même bénin, car il peut se transformer en une tumeur maligne. Tout saignement suspect devrait faire l'objet d'une enquête médicale approfondie.

Le fibrome de l'utérus La grande majorité des tumeurs de l'utérus sont bénignes. Les fibromes peuvent toutefois être très gros (si gros qu'une femme peut paraître enceinte alors qu'elle ne l'est pas). Ils peuvent empêcher une grossesse ou même être la cause d'un avortement. Ils créent souvent des hémorragies pendant les règles. Une hystérectomie est alors recommandée.

Le kyste ou la tumeur bénigne du sein Certaines femmes ont tendance à avoir des kystes durs dans la partie supérieure de leurs seins. Il faut s'assurer qu'ils sont bénins. Bien qu'ils n'annoncent en aucune façon le cancer, ils devraient être examinés tous les six mois. Les tumeurs malignes du sein seront traitées dans le chapitre 15.

La grossesse

Il est rare que la grossesse se passe sans quelques légers troubles qui sont tout à fait normaux: maux de tête, nausée pendant les premiers mois, constipation, brûlures d'estomac, gaz. En aucun cas, il ne faut prendre de médicaments pour soulager un manque de confort—ni laxatif, ni calmants, ni antacides, ni même aspirine. Un régime riche en protéines, en fer et en calcium est essentiel aussi bien pour la mère que pour l'enfant qu'elle porte.

L'avortement spontané ou fausse couche Les fausses couches sont très fréquentes et surviennent la plupart du temps au cours des trois premiers mois. Elles peuvent être provoquées par des troubles glandulaires, les rayons X, des infections ou des médicaments comme les antibiotiques. On considère qu'une fois les trois mois passés, les possibilités d'avortement spontané sont minimes.

Bien que faire une fausse couche soit très souvent un choc émotionnel pour une femme enceinte, on doit considérer qu'il s'agit là d'un rejet naturel pour éliminer une grossesse ou un fœtus qui ne se développait pas bien.

La toxémie gravidique Cette maladie survient au cours des trois derniers mois de la grossesse. Elle frappe en général les femmes qui sont enceintes de leur premier enfant. C'est une maladie qui peut provoquer un accès de convulsions, le coma et, dans les cas extrêmes, la mort. Les malades atteintes de toxémie doivent rester au lit si l'accouchement est encore trop éloigné. Si possible, on déclenche l'accouchement artificiellement.

---

[1]*hot water bottle*

L'accouchement

En général, l'accouchement se passe sans problèmes. Un accouchement naturel se fait sans intervention physique ou psychique d'un médecin. Lorsque le gynécologue provoque ou contrôle l'accouchement en utilisant des médicaments ou des instruments tels que des forceps, il s'agit d'un accouchement dirigé. Le médecin peut par exemple faire une anesthésie épidurale pour éliminer les douleurs du travail. Lorsqu'il s'agit d'un accouchement par le siège, le médecin peut faire une césarienne. De nos jours, de nombreuses femmes choisissent l'accouchement sans douleur, une méthode qui nécessite une préparation psychologique et des exercices spéciaux pour supprimer la peur et soulager les douleurs de l'accouchement.

ETUDE DE MOTS

Exercice 1   Study the following cognates that appear in this chapter.

l'organe	le syndrome	interne
l'ovaire	l'agressivité	féconde
l'ovule	l'instabilité	traumatique
la trompe de Fallope	la dysménorrhée	sexuel
l'utérus	l'anxiété	préventif
le spermatozoïde	le kyste	hormonal
la cavité	le fibrome	secondaire
le fœtus	l'hystérectomie	nerveux
la ménopause	le cancer	anormal
l'hormone	le forceps	prémenstruel
l'expérience	la césarienne	ovarien
la mesure	l'adolescent	bénin (bénigne)
l'effet	la tumeur	malin (maligne)
la précaution		
l'hémorragie	génital	se développer
la dépression	naturel	féconder

Exercice 2   Complete each expression with the appropriate word(s).

1. side effects   les _____ secondaires
2. nervous tension   la _____ nerveuse
3. Fallopian tube   la trompe de _____
4. traumatic experience   une expérience _____
5. preventive measure   une _____ préventive
6. sexual activity   l'_____ sexuelle
7. sexual relations   les relations _____
8. benign tumor   une tumeur _____
9. ovarian cyst   un kyste _____

Exercice 3   Give the word being defined.

1. pas normal
2. produit de la conception avant d'arriver à terme
3. rendre fécond
4. cessation d'ovulation chez la femme
5. substance produite par une glande qui agit sur des organes
6. sortie du sang hors des vaisseaux
7. la tension nerveuse
8. cancéreux
9. ablation de l'utérus
10. formation pathologique contenant un liquide (ou parfois des éléments solides) limitée par une paroi
11. une augmentation pathologique d'une partie d'un organe causée par une prolifération cellulaire
12. pas malin

Exercice 4   Match the English word or expression in Column A with its French equivalent in Column B.

A	B
1. egg	a. le fibrome
2. female	b. la grossesse
3. menstrual period	c. le ventre
4. to impregnate	d. l'œuf
5. bleeding	e. le saignement
6. fibroid	f. la femelle
7. medical investigation	g. le sein
8. abdomen	h. l'avortement spontané, la fausse couche
9. pregnant	i. féconder
10. pregnancy	j. une enquête médicale
11. miscarriage	k. enceinte
12. breast	l. les règles
13. abortion	m. le travail
14. delivery	n. déclencher
15. to induce	o. l'accouchement
16. labor	p. l'avortement
17. breech birth	q. l'accouchement par le siège
18. natural childbirth	r. l'accouchement sans douleur

Exercice 5   Complete each statement with the appropriate word(s).

1. Les ovaires produisent un _____ par mois.
2. Si l'œuf est _____ par un spermatozoïde, un fœtus se développera.
3. Si l'œuf n'est pas _____, il sortira du corps avec les _____.
4. Le _____ excessif peut être une manifestation d'un trouble grave qui exige une _____ médicale.

5. Le _____, c'est-à-dire une tumeur faite de tissus fibreux, est toujours bénin.
6. La femme _____ va accoucher, c'est-à-dire qu'elle va avoir un bébé.
7. La _____ dure de 270 à 280 jours et se termine par l'accouchement.
8. L'_____ est l'expulsion d'un embryon ou d'un fœtus avant le moment où il devient viable.
9. La poitrine de la femme ou chacune de ses mamelles est un _____.
10. _____ se fait à peu près neuf mois après la conception.
11. Lorsqu'il s'agit d'un _____, le médecin fera souvent une césarienne.

Exercice 6   Give the word being defined.
1. l'abdomen
2. la mamelle
3. le contraire de «mâle»
4. la période entre la fécondation et l'accouchement
5. l'écoulement sanguin qui se produit chaque mois chez la femme qui n'est pas enceinte

COMPREHENSION

Exercice 1   True or false?
1. L'appareil génital de l'homme est plus complexe que celui de la femme.
2. Les organes génitaux de la femme sont internes.
3. La ménopause fait disparaître toute activité sexuelle.
4. Les traitements hormonaux peuvent entraîner des effets secondaires.
5. Un kyste ovarien bénin peut se transformer en une tumeur maligne.
6. La plupart des tumeurs de l'utérus sont bénignes.
7. La plupart des fausses couches surviennent au cours des trois derniers mois de la grossesse.
8. La toxémie gravidique a tendance à frapper les femmes qui sont enceintes de leur premier enfant.

Exercice 2   Answer.
1. Quelle est la fonction de l'ovaire?
2. Où va l'œuf?
3. Qu'est-ce qui se passe si l'œuf est fécondé?
4. Où l'embryon se loge-t-il?
5. Qu'est-ce qui se passe si l'œuf n'est pas fécondé?
6. Après la ménopause pourquoi les mesures préventives ne sont-elles plus nécessaires?
7. A quel âge la plupart des adolescentes ont-elles leurs règles?
8. Quels sont les symptômes du syndrome prémenstruel?
9. Pourquoi la femme doit-elle se débarrasser d'un kyste ovarien même s'il est bénin?

10. Quand une hystérectomie est-elle recommandée?
11. Si une femme a tendance à avoir des kystes durs sur la partie supérieure de ses seins, que faut-il déterminer immédiatement?
12. Quels sont des troubles tout à fait normaux pendant la grossesse?
13. Qu'est-ce qui peut provoquer une fausse couche?
14. Quelle est la différence entre un accouchement naturel et un accouchement dirigé?

Exercice 3   Identify each of the following.
1. la ménopause
2. la dysménorrhée
3. la fausse couche
4. la toxémie gravidique

Chapitre 13
LES OS, LES ARTICULATIONS, LES MUSCLES

Les os†

L'ostéomyélite Cette maladie est due à une bactérie staphylococcique. Elle affecte surtout les enfants. C'est une maladie grave qui peut entraîner un empoisonnement du sang et la mort. L'os se nécrose; chez l'enfant, cela peut causer un retard de croissance et des déformations osseuses. Le traitement aux antibiotiques doit être très rapide car les séquestres osseux sont difficiles à combattre par les antibiotiques. Les séquestres sont des fragments osseux qui se détachent de l'os lorsqu'il y a infection. De nos jours, l'ostéomyélite ne cause plus le nombre de morts qu'elle causait jadis, mais c'est toujours une complication possible lorsqu'il y a fracture ouverte ou blessure par accident.

La maladie de Paget C'est une maladie dont la cause est inconnue. Elle frappe les personnes âgées de 30 ans ou plus. Elle attaque les os des membres inférieurs, du bassin, de la colonne vertébrale et du crâne. La maladie progresse très lentement—20 ou 30 ans. On ne sait comment la traiter. L'exercice physique réussit à retarder l'invalidité.

La déviation de la colonne vertébrale Les déviations de la colonne vertébrale sont multiples. La plus courante est la scoliose qui est une déviation latérale. Il y a de nombreuses causes: le rachitisme, la poliomyélite. Mais bien souvent on ignore totalement la cause. Les déviations de la colonne vertébrale sont traitables si elles sont dépistées tôt. Un traitement de kinésithérapie et quelquefois le port d'un corset réussissent à rectifier la déviation.

La luxation de l'épaule Arrive en général après un accident mais peut revenir périodiquement lorsqu'on fait un certain mouvement comme laver sa baignoire. Il n'y a pas grand chose à faire, si ce n'est déterminer les mouvements à ne pas faire pour éviter les mouvements qui provoquent la dislocation.

La luxation congénitale de la hanche L'os de la cuisse est sorti de la cavité articulaire de la hanche. Il s'agit d'une hanche ou des deux. La luxation congénitale de la hanche est cinq fois plus fréquente chez les filles que chez les garçons. C'est souvent la hanche gauche qui est atteinte. Autrefois on ne s'en apercevait que lorsque l'enfant essayait de marcher et tombait. Il était alors un peu

---

†Voir le chapitre 1 pour une illustration d'un squelette humain.

tard pour rectifier le défaut et le malade restait boiteux pour le reste de sa vie. De nos jours, on examine les nouveaux-nés immédiatement pour déterminer s'il y a luxation et la réduire.

Les articulations

L'arthrose Cette maladie est due au vieillissement. L'arthrose arrive après la cinquantaine. Elle atteint surtout les femmes après la ménopause. Contrairement à ce que de nombreuses personnes pensent, l'exercice est essentiel pour maintenir les articulations en bon état. Il faut également perdre du poids pour limiter le poids que doivent supporter les articulations. Les techniques modernes rendent le remplacement de certaines articulations facile: la hanche, le genou, la main et les doigts. Néanmoins, l'exercice physique réussit toujours à arranger les choses.

Les bursites C'est une inflammation d'une bourse séreuse. Ce sont des poches qui séparent la peau des os, les os des tendons, etc. Elle affecte l'épaule, le genou ou la hanche. Il y a peu de chose que l'on puisse faire pour soulager une bursite. Un sédatif et de la glace sont le traitement le plus efficace.

Les muscles[†]

Le lumbago C'est un symptôme très fréquent qui peut être très douloureux. Les causes sont très diverses: tension nerveuse, manque d'exercice physique, grossesse, arthrite, hernie discale. Elle arrive, la plupart du temps, après que la personne fait un effort en soulevant un objet lourd. Quelquefois, la personne ne peut même plus se relever. Le repos, les massages et l'exercice physique modéré soulagent. Les mouvements de décontraction musculaires, surtout si l'on a une occupation assise, sont recommandés.

Le torticolis Cette affection très courante est en général due à une mauvaise position durant le sommeil ou à un effort inhabituel. La chaleur sous forme de compresses ou de douche chaude soulage la douleur.

Le coup du lapin On appelle ainsi un choc brutal sur la nuque, provenant souvent d'un freinage brusque en voiture. En général bénin, il peut néanmoins avoir des complications graves telles que des lésions intracrâniennes. Encore une fois, la chaleur et les massages soulagent la douleur.

La lésion du ménisque du genou Le genou est l'une des articulations les plus fragiles de l'organisme. Les ménisques ou cartilages entre le fémur et le tibia se déchirent facilement et peuvent provoquer un blocage du genou. De nombreux athlètes souffrent de cette affection et une intervention chirurgicale est alors nécessaire.

L'entorse de la cheville Les ligaments se déchirent et prennent très longtemps à se cicatriser. On dit souvent qu'une entorse est plus grave qu'une fracture. Une entorse même bénigne est souvent très douloureuse et la tuméfaction est importante. S'il y a déchirure ligamentaire, il faut mettre un plâtre pour éviter toute récurrence.

[†] Voir le chapitre 1 pour une illustration des muscles.

ETUDE DE MOTS

Exercice 1   Study the following cognates that appear in this chapter.

le séquestre	le sédatif	vertébral
l'ostéomyélite	le lumbago	invalide
la bactérie	le symptôme	essentiel
l'empoisonnement	l'arthrite	nerveux
la déformation	l'hernie discale	physique
le traitement aux	l'objet	discal
antibiotiques	le massage	musculaire
le fragment	le mouvement	latéral
l'injection	l'occupation	traitable
la complication	la déviation	fragile
la fracture	la scoliose	modéré
la colonne vertébrale	le rachitisme	multiple
l'invalidité	la poliomyélite	séreux
l'arthrose	le corset	ligamentaire
la ménopause	le torticolis	
l'exercice	la compresse	affecter
le retard	la cavité	se détacher
la technique	le cartilage	progresser
le remplacement	le fémur	retarder
la bursite	le tibia	maintenir
la bourse *(bursa)*	le ligament	rectifier
le tendon	la tuméfaction	
le muscle		

Exercice 2   Complete each expression with the appropriate word(s).

1. spinal column   la _____ vertébrale
2. herniated disk   l'hernie _____
3. blood poisoning   l'_____ du sang
4. growth retardation   le _____ de croissance
5. treatment with antibiotics le traitement aux _____
6. bone fragments   les _____ osseux
7. moderate physical exercise l'exercice _____ modéré
8. muscle (muscular) relaxation la décontraction _____
9. torn ligament   la déchirure _____
10. heavy object   l'_____ lourd

Exercice 3   Match the definition in Column A with the word it defines in Column B.

A	B
1. le contraire de «mental»	a. le sédatif
2. nécessaire	b. le symptôme

3. ce qui soulage la tension
   nerveuse
4. ce qui indique une maladie
5. des muscles
6. des ligaments
7. du côté
8. qu'on peut traiter
9. corriger
10. exercice, activité, changement
    de position

c. traitable
d. physique
e. le mouvement
f. essentiel
g. latéral
h. musculaire
i. ligamentaire
j. rectifier

Exercice 4   Match the English word in Column A with its French equivalent in Column B.

A	B
1. bone	a. le membre
2. limb	b. le ménisque
3. joint	c. le crâne
4. cartilage	d. la cuisse
5. pelvis	e. l'os
6. skull	f. le genou
7. hip	g. l'articulation
8. knee	h. la poche
9. shoulder	i. le bassin
10. thigh	j. la hanche
11. pocket	k. la marche
12. walk, gait	l. l'épaule

Exercice 5   Give the word being defined.
1. partie dure et solide qui forme la charpente (le squelette) du corps de l'homme
2. lien non rigide qui unit deux ou plusieurs os
3. lame de cartilage située entre les os de certaines articulations telles que le genou
4. le bras, la jambe, etc.
5. partie de la jambe—de la hanche au genou
6. région où le membre inférieur est joint au tronc
7. partie du corps où la partie inférieure de la jambe s'attache à la cuisse
8. la cavité osseuse contenant l'encéphale
9. partie du corps entre le bras et le cou

Exercice 6   Match the English word or expression in Column A with its French equivalent in Column B.

A	B
1. dislocation	a. la luxation de l'épaule
2. sprain	b. se cicatriser

3. whiplash   c. frapper
4. dislocated shoulder   d. réduire
5. torn ligament   e. le coup du lapin
6. to tear, rip   f. la luxation
7. to attack, strike   g. dépister
8. to lift   h. l'entorse
9. to get up   i. la déchirure ligamentaire
10. to detect   j. soulever
11. to set (a bone), reduce   k. se déchirer
    (a fracture)   l. se relever
12. to scar, heal   m. se nécroser
13. to become necrotic   n. le torticolis
14. stiff neck

Exercice 7   Complete each statement with the appropriate word(s).
1. Une _____ peut être plus douloureux qu'une fracture.
2. La _____ est le déplacement d'un os ou d'une articulation.
3. La _____ est assez commune chez les athlètes.
4. L'arthrose _____ atteint surtout les personnes âgées.
5. Le _____ est causé souvent par un freinage brusque en automobile.
6. Si l'on peut _____ certaines maladies tôt elles seront traitables. Si elles ont progressé avant d'être détectées elles ne sont plus traitables.
7. Il faut _____ un objet lourd avec soin.
8. De temps en temps il est impossible de se _____ après avoir soulevé un objet lourd ou avoir fait un effort inhabituel.
9. La _____ est toujours douloureuse et ennuyeuse mais presque jamais sérieuse.
10. Il faut _____ une fracture et la mettre dans le plâtre.

Exercice 8   Match the English word in Column A with its French equivalent in Column B.

A	B
1. newborn	a. le vieillissement
2. aging	b. le plâtre
3. defect	c. le nouveau-né
4. lame	d. boiteux
5. cast	e. le défaut

Exercice 9   Complete each statement with the appropriate word(s).
1. On doit examiner de près un _____ pour voir s'il existe un _____ congénital.
2. L'arthrose n'affecte pas les enfants. Elle est due au _____.
3. Un individu qui marche en inclinant le corps plus d'un côté que de l'autre est _____.
4. Le chirurgien-orthopédiste réduira la fracture et la remettra dans le _____.

COMPREHENSION

Exercice 1   True or false?

1. L'ostéomyélite est due au vieillissement.
2. La maladie de Paget est une maladie traitable.
3. L'arthrose atteint plus les hommes que les femmes.
4. De nos jours il est possible de remplacer certaines articulations telles que la hanche, le genou, etc.
5. La scoliose est la plus courante des déviations de la colonne vertébrale.
6. Le torticolis affecte le genou.
7. La luxation congénitale de la hanche afflige plus les filles que les garçons.
8. Le moment de rectifier la luxation congénitale de la hanche est le moment où l'enfant essaie de marcher.

Exercice 2   Answer.

1. Que peut causer la nécrose de l'os chez l'enfant?
2. Qu'est-ce qui peut retarder l'invalidité causée par la maladie de Paget?
3. A quel âge l'arthrose arrive-t-elle?
4. Quels membres les bursites attaquent-elles?
5. Quelles sont les causes du lumbago?
6. Quand les déviations de la colonne vertébrale sont-elles traitables?
7. Qu'est-ce qu'on peut essayer de faire pour éviter la récurrence d'une luxation de l'épaule?
8. Autrefois, quand la luxation congénitale de la hanche se manifestait-elle?
9. De nos jours qu'est-ce qu'on fait pour dépister la luxation congénitale de la hanche?
10. Que sont les ménisques?
11. Qui souffre de la lésion du ménisque du genou?
12. Pourquoi une entorse peut-elle être plus grave qu'une fracture?

Exercice 3   Give the term being described.

1. une maladie grave qui peut entraîner un empoisonnement du sang et la mort
2. les fragments osseux qui se détachent de l'os lorsqu'il existe infection
3. une déviation latérale de la colonne vertébrale
4. un choc brutal sur la nuque
5. l'os de la cuisse est sorti de la cavité articulaire de la hanche
6. l'une des articulations les plus fragiles de l'organisme
7. une déchirure des ligaments de la cheville

Chapitre 14
LES REINS ET L'APPAREIL GENITO-URINAIRE

Les reins

Les reins sont placés de part et d'autre de la colonne vertébrale, sous la cage thoracique. Ils extraient du sang les déchets comme l'urée et l'acide urique, et gardent les substances utiles à l'organisme comme le sodium ou le potassium. Ils purifient plus d'une tonne de sang par jour!

La néphrite C'est une inflammation des reins déclenchée par le germe du streptocoque présent dans la gorge, par exemple. Le germe provoque la maladie, mais ne se trouve pas dans les reins. La néphrite frappe le plus souvent les jeunes enfants ou les adolescents. C'est une maladie qui peut devenir très grave et qui doit être traitée par des grandes doses d'antibiotiques. Elle nécessite l'hospitalisation en cas de complications qui peuvent être fatales.

L'infection du rein C'est une inflammation bactérienne des reins. De nombreuses maladies entraînent cette sorte d'infection: le diabète, la tuberculose ou les calculs rénaux. Cette maladie frappe souvent les jeunes femmes surtout si elles sont enceintes ou ont une infection gynécologique. Les femmes doivent faire spécialement attention à leur hygiène génito-urinaire pour éviter cette infection. Pendant cette maladie, les mictions sont fréquentes et douloureuses, mais l'urine est peu abondante. Dans les cas les plus graves, il y a anurie, c'est-à-dire une rétention totale d'urine. Même après la guérison, le patient doit avoir des examens de contrôle pour s'assurer que l'infection n'est pas devenu chronique.

Les calculs rénaux C'est une affection courante, surtout chez les hommes. La grosseur des calculs va de celle d'un grain de sable[1] à celle d'une balle de ping-pong. La plupart des calculs sont difficilement solubles. Les calculs doivent être évacués par les reins, l'uretère, la vessie et l'urètre ou nécessitent une intervention chirurgicale. Le passage de calculs s'accompagne de douleurs très vives. Et malheureusement, l'expulsion d'un calcul ne signifie pas la guérison. Très souvent, d'autres calculs suivent ou sont sur le point de se former.

L'urémie Cette maladie est due à un mauvais fonctionnement des reins qui n'arrivent plus à éliminer les déchets, en particulier l'urée, qui restent dans le sang.

---

[1]*sand*

L' APPAREIL URINAIRE

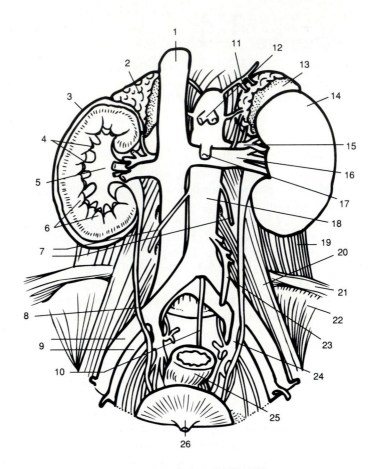

RAPPORTS DU SYSTEME URINAIRE
(vue antérieure)

1 Veine cave inférieure	11 A. diaphragmatique inférieure	18 Aorte
2 Capsule surrénale droite	12 Tronc cœliaque	19 Muscle carré des lombes
3 Rein droit (coupe frontale)	13 Capsule surrénale gauche	20 Muscle psoas
4 Calices	14 Rein gauche (vue externe)	21 Crête iliaque
5 Bassinet	15 Artère rénale gauche	22 Muscle iliaque
6 Pyramides de Malpighi	16 Veine rénale gauche	23 A. mésentérique inférieure
7 Artères spermatiques	17 Artère mésentérique supérieure	24 A. hypogastrique
8 Uretère droit		25 Rectum
9 Artère et veine iliaques		26 Vessie
10 Artère sacrée moyenne		

Les complications de l'urémie sont souvent fatales: l'œdème pulmonaire, l'hypertension, l'hémorragie gastro-intestinale, l'insuffisance cardiaque. Le traitement est compliqué par les suites de l'urémie telles que l'hypertension ou la déshydratation. Dans les cas traitables, l'utilisation du rein artificiel maintient le malade en vie jusqu'à ce que ses reins puissent refonctionner normalement. Dans les cas les plus graves, une greffe du rein peut être envisagée.

La vessie

Les calculs de la vessie Des calculs rénaux peuvent passer dans la vessie et y rester. Très souvent, ils sont expulsés naturellement. Néanmoins, il faut quelquefois introduire une sonde dans la vessie en passant par l'urètre pour extraire un calcul récalcitrant.

La cystite C'est une inflammation de la vessie qui peut être soit descendante—des reins à la vessie, soit ascendante—de l'urètre à la vessie. La cystite frappe souvent les femmes et, en particulier, les femmes enceintes. Non seulement les mictions sont fréquentes et douloureuses, mais elles sont souvent improductives. Le traitement aux sulfamides ou aux antibiotiques est efficace. Le traitement doit être scrupuleusement suivi, même si les symptômes ont disparu, pour éviter que la cystite ne devienne chronique.

La prostate

La prostate est une glande qui sécrète le liquide prostatique qui protège les spermatozoïdes dans le milieu vaginal. Ce liquide nourrit également les spermatozoïdes qui se dirigent vers l'ovule.

La prostatite Cette inflammation de la prostate entraîne aussi celle de l'urètre. Elle est due à une infection telle qu'une sinusite, une angine ou une infection dentaire. Le traitement aux antibiotiques est efficace, mais doit être immédiat car la septicémie ou empoisonnement du sang est une complication possible.

L'adénome de la prostate Après 50 ans, cette maladie frappe un homme sur trois et après 60 ans, elle frappe un homme sur deux. C'est une tumeur bénigne qui n'est jamais maligne. Elle se trouve surtout chez les hommes dont les occupations professionnelles les forcent à se retenir d'uriner—pilotes, chauffeurs de camion. L'adénome de la prostate peut provoquer des calculs dans les reins, la vessie ou l'uretère. Le plus dangereux dans la rétention urinaire causée par l'adénome est le risque de lésion de la vessie. L'urine doit être évacuée par sondage. Si l'adénome est trop gros, une intervention chirurgicale est nécessaire.

Les testicules

L'ectopie testiculaire L'un des testicules, ou les deux, ne sont pas descendus et restent bloqués entre l'abdomen et le scrotum. L'absence de testicules peut provoquer la stérilité. Les mêmes symptômes peuvent être temporaires, il faut donc être sûr qu'il s'agit d'une ectopie permanente. Très souvent, le testicule redescend dans le scrotum à la puberté, mais il vaut mieux ne pas attendre. Comme traitement, on donne des hormones mâles dès l'âge de 4 ans. Cela provoque en général la descente du testicule dans sa bourse. Sinon, on a recours à une intervention chirurgicale.

L' APPAREIL GENITAL DE L'HOMME

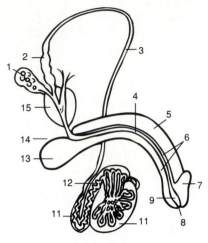

ORGANES GENITAUX (coupe sagittale)

1 Vésicule séminale
2 Ampoule du canal déférent
3 Canal déférent
4 Urètre
5 Corps caverneux
6 Corps spongieux
7 Gland
8 Méat urinaire
9 Fosse naviculaire
10 Testicule
11 Canal épididymaire
12 Epididyme
13 Bulbe
14 Glande de Cooper
15 Prostate
16 Cul-de-sac de Douglas
17 Rectum
18 Sphincter externe
19 Anus
20 Sphincter externe de l'urètre
21 Scrotum
22 Prépuce
23 Cordon spermatique
24 Bulbo-caverneux
25 Veine dorsale de la verge
26 Pubis
27 Muscle grand droit
28 Vessie

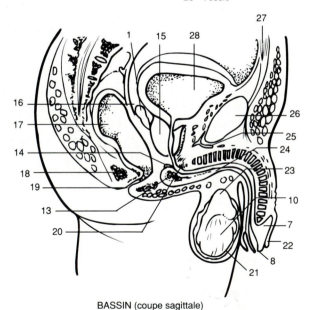

BASSIN (coupe sagittale)

L'orchite C'est une inflammation du testicule. Elle est due à un coup, une infection ou aux oreillons[2]. Elle peut causer la stérilité. Elle s'accompagne de douleurs vives, de frissons et de fièvre. Si l'orchite n'est pas causée par les oreillons, des antibiotiques et du repos amènent une guérison relativement rapide. Si elle est causée par les oreillons, on fait des injections de sérum ou d'immunoglobuline. Il est bon pour les adolescents mâles de contracter les oreillons avant la puberté, c'est-à-dire avant que les oreillons ne puissent attaquer les gonades.

---

[2] *mumps*

ETUDE DE MOTS

Exercice 1 Study the following cognates that appear in this chapter.

la cage thoracique	la prostatite	génito-urinaire
l'abdomen	la septicémie	thoracique
l'urètre	la tumeur	pulmonaire
l'uretère	la lésion	artificiel
la prostate	l'ectopie	vaginal
la glande	la néphrite	bénin (bénigne)
le testicule	le diabète	malin (maligne)
le scrotum (la bourse)	la tuberculose	temporaire
la gonade	l'anurie	permanent
l'urée	le passage	mâle
le sulfamide	l'expulsion	femelle
le spermatozoïde	la descente	urique
l'hormone	le fonctionnement	présent
le sérum	le liquide	abondant
l'immunoglobuline	la stérilité	gynécologique
l'acide	la puberté	total
le sodium	l'adolescent	chronique
le potassium	l'inflammation	soluble
le streptocoque	le germe	fatal
l'urine	la dose	bactérien
l'urémie	l'hospitalisation	
l'œdème	la complication	
l'hypertension	la rétention	extraire
l'hémorragie		sécréter
l'insuffisance cardiaque		protéger
la déshydratation		purifier
la cystite		provoquer
		nécessiter

Exercice 2   Match the verb in Column A with its noun form in Column B.

A	B
1. descendre	a. la rétention
2. fonctionner	b. l'extraction, l'extrait
3. inflammer	c. la descente
4. hospitaliser	d. la purification
5. retenir	e. le fonctionnement
6. extraire	f. l'inflammation
7. sécréter	g. l'hospitalisation
8. purifier	h. la sécrétion

Exercice 3   Complete each expression with the appropriate word(s).

1. retention of urine   la rétention d'_____
2. uric acid   l'_____ urique
3. thoracic cage   la _____ thoracique
4. genito-urinary disease   une maladie _____
5. bacterial infection   une _____ bactérienne
6. male hormones   les hormones _____
7. artificial kidney (kidney machine) le rein _____
8. chronic cystitis   la cystite _____
9. total retention   la _____ totale
10. benign tumor   la _____ bénigne
11. pulmonary edema   l'œdème _____
12. ectopia of the testicles l'_____ testiculaire

Exercice 4   Select the appropriate word(s) to complete each statement.

1. L'_____ est un liquide.
   a. urine   b. os   c. urètre
2. La rétention totale de l'urine est _____.
   a. la cystite   b. l'anurie   c. la déshydratation
3. _____ arrive pendant l'adolescence.
   a. L'hospitalisation   b. Le fonctionnement   c. La puberté
4. _____ de l'urine est une fonction de l'appareil génito-urinaire.
   a. La descente   b. L'expulsion   c. La rétention
5. Le sac qui renferme les testicules est _____.
   a. la prostate   b. le scrotum (la bourse)   c. l'hormone mâle
6. Les reins _____ l'acide urique du sang.
   a. sécrètent   b. extraient   c. produisent
7. La prostate est un corps glanduleux qui _____ une grande partie du liquide spermatique.
   a. extrait   b. purifie   c. sécrète
8. _____ est une tension artérielle toujours élevée.
   a. L'hypertension   b. L'œdème pulmonaire   c. La septicémie

9. _____ est le canal qui conduit l'urine de la vessie.
   a. Le testicule   b. L'urémie   c. L'urètre
10. Le sodium _____ l'hypertension.
    a. nécessite   b. provoque   c. purifie

Exercice 5   Give the word being defined.
   1. le contraire de «absent»
   2. le contraire de «partiel»
   3. une plaie, contusion, tumeur
   4. qui progresse lentement et qui dure longtemps
   5. le contraire de «contaminer»
   6. le contraire de «femelle»
   7. des poumons
   8. de toujours
   9. le contraire de «permanent»
   10. qui entraîne inévitablement la mort

Exercice 6   Match the English word or expression in Column A with its French equivalent in Column B.

A	B
1. kidney	a. la vessie
2. bladder	b. le rein
3. wastes	c. l'empoisonnement du sang
4. kidney stone	d. les frissons
5. urination	e. la miction
6. kidney transplant	f. la sonde, le sondage
7. blood poisoning	g. déclencher
8. checkup	h. la greffe du rein
9. chills	i. l'examinen de contrôle
10. probe, probing, catheter	j. le calcul rénal
11. to set off, trigger, cause	k. les déchets
12. to keep alive	l. maintenir en vie

Exercice 7   Complete each statement with the appropriate word(s).
   1. Les _____ se trouvent de chaque côté de la colonne vertébrale sous la cage thoracique.
   2. Les reins extraient du sang les _____ comme l'urée et l'acide urique.
   3. _____ est la poche abdominale où s'accumule l'urine.
   4. Les _____ peuvent se former dans la vessie, les reins, la vésicule biliaire, etc.
   5. _____ est une fonction normale de l'organisme mais s'il existe des infections comme la cystite, par exemple, les _____ peuvent être fréquentes et douloureuses.

6. Après la guérison de certaines maladies, le patient doit avoir des
_____ pour s'assurer qu'il n'y a pas de récurrence ou que l'infection
n'est pas devenue chronique.

7. Il est souvent nécessaire de faire un _____ pour évacuer les calculs
rénaux.

8. La fièvre est souvent accompagnée de _____.

9. Certaines infections _____ toute une série de complications.

10. L'urémie est une maladie grave qui déclenche souvent des complications
fatales. Dans les cas traitables il est nécessaire d'utiliser un rein
_____ pour _____ le malade en vie jusqu'à ce que ses reins
puissent refonctionner.

COMPREHENSION

Exercice 1   True or false?

1. Le germe du streptocoque se trouve dans les reins et provoque la néphrite.
2. Le passage des calculs est très douloureux.
3. L'expulsion d'un calcul signifie la guérison; c'est-à-dire qu'il n'existe plus
de calculs.
4. L'urémie est due à un mauvais fonctionnement de la vessie.
5. Un rein artificiel peut guérir un malade atteint d'urémie.
6. De nos jours une greffe du rein est une possibilité dans les cas les plus
graves de maladies rénales.
7. Les calculs qui se forment dans les reins peuvent passer dans la vessie et y
rester.
8. L'adénome de la prostate est une tumeur qui est presque toujours maligne.
9. Si l'adénome devient trop gros on doit l'opérer.
10. L'ectopie testiculaire peut provoquer la stérilité.
11. Il vaut mieux ne pas traiter l'ectopie testiculaire et attendre la puberté
quand le testicule redescendra dans le scrotum.

Exercice 2   Answer.

1. Où les reins sont-ils placés?
2. Quelle est leur fonction?
3. Qui la néphrite frappe-t-elle le plus souvent?
4. Comment la néphrite est-elle traitée?
5. Quelle est une cause d'une infection rénale?
6. Après un accès d'anurie, pourquoi le patient doit-il avoir des examens de
contrôle?
7. Comment les calculs rénaux doivent-ils être évacués?
8. Quelles sont des complications de l'urémie?
9. Quand faut-il introduire une sonde dans la vessie?
10. Quel est un traitement efficace pour la cystite?

11. Qu'est-ce que la prostate?
12. Pourquoi est-il mieux pour les adolescents de contracter les oreillons avant la puberté?

Exercice 3   Identify the following.
1. l'anurie
2. les calculs rénaux
3. l'urémie
4. la cystite
5. la prostatite
6. l'ectopie testiculaire
7. l'orchite

Chapitre 15
LE CANCER

Un cancer est une tumeur maligne formée par la multiplication anarchique de cellules dans l'organisme. La plupart des tumeurs ne sont pas malignes; elles sont bénignes et sans conséquence. Mais certaines peuvent devenir malignes et donc cancéreuses. Le tissu cancéreux est formé par des divisions cellulaires anormales. Ce tissu envahit[1] alors les tissus voisins. Puis, des cellules se détachent de la tumeur, pénètrent dans les vaisseaux sanguins ou lymphatiques et vont former d'autres tumeurs, les métastases. Cette description est commune à la plupart des types de cancer qui sont par ailleurs bien différents les uns des autres. De même, chaque cancer spécifique comme le cancer du poumon, du sein, etc., peut avoir plusieurs formes. Le cancer frappe en général les personnes d'âge moyen ou âgées. Il n'est pas fréquent chez les enfants et les jeunes. Chez les femmes, il apparaît souvent entre 20 et 40 ans; chez les hommes, après 50 ans. Des cancers spécifiques sont plus fréquents dans certains pays que dans d'autres: la leucémie aux Etats-Unis, le cancer de l'estomac au Japon, le cancer du sein aux Pays-Bas, le cancer du poumon en Ecosse. Israël a le taux le plus bas de cancer de l'utérus. Dans tous les cas de cancer, une détection précoce est de première importance car beaucoup de cancers peuvent être guéris s'ils sont découverts à temps.

Le cancer du sein

C'est le cancer qui frappe les femmes le plus souvent dans les pays industrialisés. Il se trouve souvent chez les femmes dont la mère a eu ce cancer ainsi que chez les femmes célibataires[2] ou sans enfants. Le traitement est d'abord chirurgical: ablation de la tumeur ou du sein entier et des ganglions lymphatiques (mastectomie radicale) suivie d'une radiothérapie pour détruire toutes cellules cancéreuses qui se trouveraient encore dans l'organisme. Dans les cas les plus graves on fait appel à la chimiothérapie. La radiographie du sein ou mammographie permet de détecter le cancer avant même qu'on ne puisse sentir[3] une tumeur au toucher. Des examens médicaux fréquents sont également importants.

Le cancer de l'ovaire

C'est un cancer difficile à dépister car les tumeurs de l'ovaire ne créent des symptômes qu'une fois qu'elles ont atteint une taille[4] importante. Il faut remarquer que la plupart des tumeurs de l'ovaire sont bénignes, même si les symptômes sont

---

[1]*invades*   [2]*single*   [3]*feel*   [4]*size*

les mêmes que pour les tumeurs malignes. On opère pour enlever l'utérus, les trompes de Fallope et les ovaires. La radiothérapie ou la chimiothérapie sont ensuite utilisées.

Le cancer de la prostate

Ce type de cancer affecte les hommes de plus de 60 ans. Il crée les mêmes symptômes que l'adénome de la prostate (voir le chapitre 14); il faut donc un examen médical approfondi pour déterminer de quelle maladie il s'agit. Dans la plupart des cas on opère pour enlever la prostate. L'opération est suivie par la chimiothérapie.

Le cancer du poumon

Il ne fait aucun doute que le tabac est la cause principale du cancer du poumon, et de ce fait, il est relativement facile à éviter. Une autre cause plus difficile à éviter est la pollution de l'atmosphère dans les grandes villes. Le cancer du poumon est difficile à traiter car beaucoup de cas sont inopérables. L'intervention chirurgicale peut être une pneumonectomie (l'ablation du poumon) ou une lobectomie (l'ablation d'un lobe du poumon). La radiothérapie et la chimiothérapie sont utilisées, surtout dans les cas qui sont inopérables. Comme pour les autres types de cancer, une détection précoce augmente les chances de survie.

Le cancer de la peau

C'est le type de cancer le plus commun et le plus guérissable. Une des raisons est qu'il se manifeste très visiblement sur la peau dès le début et peut donc être traité à temps. Il existe néanmoins un type de cancer cutané qui est très grave, c'est le mélanome malin. C'est une maladie souvent fatale en raison de la rapidité avec laquelle se forment les métastases.

Le cancer du cerveau

La pression qu'exerce la tumeur sur le cerveau provoque des troubles graves qui affectent la plupart des fonctions vitales: faiblesse musculaire, troubles de coordination, de comportement, même changement de personnalité. Toute intervention chirurgicale sur le cerveau est évidemment délicate, mais grâce aux progrès des techniques chirurgicales, l'ablation d'une tumeur du cerveau est de plus en plus facile. Radiothérapie et chimiothérapie suivent l'intervention. C'est une des formes de cancer qui affecte les enfants. Il est la cause de 25% des morts dues au cancer avant l'âge de 15 ans.

La leucémie

C'est le type de cancer le plus fréquent chez les enfants. Il se manifeste par une augmentation du nombre des globules blancs dans le sang et une réduction des autres éléments constitutifs du sang. Il y a plusieurs sortes de leucémies selon le type des globules blancs en cause: leucémie monoblastique, lymphoïde ou myéloïde. La leucémie aiguë frappe surtout les enfants et la leucémie chronique frappe surtout les personnes âgées de plus de 50 ans. C'est en examinant la moelle osseuse que l'on peut déterminer avec certitude s'il y a leucémie ou pas. Le traitement de la leucémie a fait d'énormes progrès au cours de ces dernières années grâce à de nouvelles thérapies chimiques. Les chances de survie se sont améliorées et certains parlent même de guérison possible.

ETUDE DE MOTS

Exercice 1   Study the following cognates that appear in this chapter.

le cancer	la pneumonectomie	différent
la tumeur	la lobectomie	spécifique
la multiplication	la chance	chirurgical
la cellule	le mélanome	entier
l'organisme	la rapidité	médical
le tissu	le trouble	inopérable
la division	la coordination	visiblement
la métastase	le changement	délicat
le type	la personnalité	constitutif
l'estomac	la forme	monoblastique
l'utérus	l'augmentation	lymphoïde
la détection	la réduction	myéloïde
la mastectomie	l'élément	
le ganglion		former
la radiothérapie	malin (maligne)	détacher
la chimiothérapie	bénin (bénigne)	pénétrer
la mammographie	anarchique	détruire
l'examen	cancéreux	détecter
l'ovaire	cellulaire	opérer
le symptôme	anormal	se manifester
les trompes de Fallope	lymphatique	

Exercice 2   Complete each expression with the appropriate word(s).

1. benign tumor — la tumeur _____
2. cancerous tumor — la _____ cancéreuse
3. malignant tumor — la tumeur _____
4. cancerous cells — les _____ cancéreuses
5. cancerous tissue — le _____ cancéreux
6. cell division — la _____ cellulaire
7. abnormal cell divisions — les divisions _____ anormales
8. type of cancer — le _____ de cancer
9. early detection — la _____ précoce
10. surgical intervention — l'_____ chirurgicale
11. radical mastectomy — la mastectomie _____
12. lymph(atic) glands — les ganglions _____
13. malignant melanoma — le _____ malin
14. thorough medical exam — l'examen _____ approfondi

15. chances of survival   les _____ de survie
16. a skin cancer   un _____ cutané
17. coordination problems   les troubles de _____
18. personality change   le changement de _____
19. constituent elements   les _____ constitutifs

Exercice 3   Match the word in Column A with its opposite in Column B.

A	B
1. la division	a. inopérable
2. normal	b. attacher
3. bénin	c. anormal
4. partiel	d. la multiplication
5. opérable	e. la réduction
6. l'augmentation	f. malin
7. détacher	g. méthodique
8. anarchique	h. entier

Exercice 4   Give the word being defined.

1. relatif aux cellules
2. entrer, percer, imprégner
3. l'ensemble des cellules ayant la même structure et la même fonction
4. séparer, éloigner
5. total, complet, radical
6. l'apparition dans l'organisme d'un phénomène pathologique déjà présent ailleurs (quelque part d'autre)
7. dépister, découvrir
8. faire une intervention chirurgicale
9. la vitesse
10. de la peau

Exercice 5   Match the English word or expression in Column A with its French equivalent in Column B.

A	B
1. lung	a. frapper
2. breast	b. enlever
3. skin	c. dépister
4. blood vessels	d. l'ablation
5. brain	e. le globule
6. bone marrow	f. les vaisseaux sanguins
7. leukemia	g. la leucémie
8. excision, removal	h. la moelle osseuse
9. to afflict, attack	i. le début
10. to detect	j. la faiblesse
11. to take out, remove	k. la guérison
12. corpuscle, cell	l. la peau

13. weakness   m. le sein
14. cure   n. le cerveau
15. beginning, onset   o. le poumon

Exercice 6   Complete each statement with the appropriate word(s).
1. L'_____ du sein est une mastectomie.
2. Le chirurgien va _____ la tumeur cancéreuse.
3. Le cancer de la prostate _____ les vieux et la leucémie _____ surtout les jeunes.
4. De nos jours il existe une _____ pour beaucoup de types de cancer.
5. Les chances de survie sont meilleures si l'on _____ le cancer au _____, avant toute métastase.
6. Beaucoup de maladies entraînent la _____, la fièvre et les frissons.
7. Une augmentation du nombre des _____ blancs dans le sang et une réduction d'autres éléments constitutifs du sang peuvent être la manifestation d'une condition dangereuse.
8. La _____ est un liquide riche en graisse qui est situé dans un canal au centre des os.

Exercice 7   Give the word being defined.
1. le principal organe de l'appareil respiratoire
2. le centre nerveux encéphalique situé dans la boîte crânienne
3. glande mammaire; la poitrine de la femme
4. organe qui recouvre le corps de l'homme

COMPREHENSION

Exercice 1   Select the appropriate word(s) to complete each statement.
1. Un cancer est une tumeur (maligne / bénigne).
2. Une tumeur maligne est formée par la (multiplication / réduction) anarchique de cellules dans l'organisme.
3. La plupart des tumeurs chez les hommes et les femmes sont (malignes / bénignes).
4. Le tissu cancéreux est formé par des (divisions / coordinations) cellulaires (normales / anormales).
5. Les cellules cancéreuses (se détachent de / s'attachent à) la tumeur.
6. Ces cellules (pénètrent / dépistent) dans les vaisseaux sanguins.
7. Les autres tumeurs que ces cellules forment sont les (kystes / métastases).
8. On emploie la (radiothérapie / radiographie) pour détruire les cellules cancéreuses dans l'organisme.
9. La plupart des tumeurs de l'ovaire sont (bénignes / malignes).
10. Le cancer de la peau est le (plus / moins) guérissable.
11. Le cancer du cerveau affecte plutôt les (jeunes / vieux).
12. La leucémie (aiguë / chronique) frappe surtout les jeunes.

Exercice 2   True or false?

1. La plupart des cancers sont semblables.
2. Le cancer frappe en général les jeunes.
3. Tous les pays ont les mêmes cancers au même taux à peu près.
4. Le cancer du sein se trouve souvent chez les femmes dont la mère a eu ce cancer.
5. Très peu de femmes célibataires ont le cancer du sein.
6. La mammographie permet de détecter le cancer même avant qu'on ne puisse sentir une tumeur au toucher.
7. Le cancer de la prostate affecte les hommes de plus de 60 ans et provoque les mêmes symptômes que l'adénome de la prostate.
8. La radiothérapie et la chimiothérapie sont utilisées pour le traitement du cancer du poumon inopérable.
9. Même de nos jours il est impossible de traiter le cancer du cerveau.
10. La leucémie est le type de cancer le plus fréquent chez les enfants.

Exercice 3   Answer.

1. Dans tous les cas de cancer, qu'est-ce qui est de première importance?
2. Qu'est-ce qu'une mastectomie radicale?
3. De quoi la mastectomie est-elle souvent suivie?
4. Pourquoi le cancer de l'ovaire est-il difficile à dépister?
5. Qu'est-ce qu'on enlève s'il y a cancer de l'ovaire?
6. Qu'est-ce qu'on utilise comme traitement après l'intervention chirurgicale?
7. Quelle est la cause principale du cancer du poumon?
8. Pourquoi le cancer du poumon est-il difficile à traiter?
9. Quelle est la différence entre une pneumonectomie et une lobectomie?
10. Quel est un cancer cutané très grave?
11. Comment la leucémie se manifeste-t-elle?
12. Que faut-il examiner pour déterminer avec certitude l'existence de la leucémie?

Chapitre 16
LES MALADIES MENTALES

Les maladies mentales sont multiples et sont très souvent liées à des troubles physiques. De nos jours, les psychologues et les psychiatres reconnaissent l'interdépendance de l'esprit et du corps parce qu'une maladie mentale peut prendre la forme d'une maladie physique et vice versa.

Le stress

Notre vie moderne, avec toutes les formes de pression qui s'exercent sur l'individu, crée un climat qui engendre le stress. Les causes du stress varient en fonction de l'âge des individus. Lorsqu'ils sont jeunes, les causes du stress sont le mariage, les relations parents-enfants, les problèmes financiers. Vers la cinquantaine, ce sont plutôt les relations avec leurs partenaires dans la vie et leurs relations avec leurs propres enfants qui sont en train de devenir des adultes. Il y a de nombreuses façons de faire face au stress. La plus simple est de commencer par identifier le problème qui cause le stress, puis de faire des exercices de relaxation physique qui contribueront à réduire les réactions néfastes[1] du stress. Dans les cas extrêmes, on prescrit des calmants pour réduire l'état d'anxiété.

Les névroses

Ce sont des affections qui montrent un mauvais fonctionnement du système nerveux sans qu'il y ait lésion anatomique, ni altération de la personnalité. Les principales névroses sont l'anxiété, l'asthénie ou affaiblissement de l'état général, les obsessions, les phobies et l'hystérie. On prescrit souvent des benzodiazépines qui ont des propriétés anxiolytiques.

Les troubles du caractère

Ils sont nombreux. Les principaux sont les suivants. La paranoïa associe l'orgueil, la méfiance, un faux jugement, une tendance à des interprétations qui engendrent un délire et des réactions agressives. La schizoïdie fait ressortir l'émotivité, la timidité et le repli sur soi-même. L'histrionisme fait que le malade affecte un comportement théâtral et excessif. Le narcissisme est caractérisé par un manque de bon sens et d'autocritique conduisant à un amour morbide de sa propre personne. La dépendance, comme son nom l'indique, est caractérisée par une passivité, un manque de confiance en soi qui fait que le malade ne peut prendre aucune décision.

---

[1] *harmful*

Dans la plupart des cas des interventions psychologiques sont efficaces si elles ont lieu d'abord en groupe. Une thérapie individuelle à long terme peut être nécessaire.

La schizophrénie

Cette maladie s'appelait autrefois «la démence précoce» parce qu'elle touche surtout les jeunes. Le malade s'isole du monde et rompt le contact avec la réalité en se réfugiant dans un monde à lui en un état d'autisme. Les traitements modernes neuroleptiques et la psychothérapie ont grandement augmenté les chances de guérison.

La psychose maniaco-dépressive

Cette psychose est caractérisée par une alternance d'excitation et de dépression. Ce sont des troubles d'humeur tels que la manie ou la mélancolie. Dans le cas du malade maniaco-dépressif, il s'agit d'un trouble bipolaire où la manie et la dépression font partie du même trouble. Pendant longtemps on a considéré que les maniaco-dépressifs étaient schizophréniques. Grâce à la découverte du lithium, on voit maintenant que ce sont deux troubles différents. Le lithium réduit la sévérité des accès dans 80% des cas.

La maladie d'Alzheimer

Appelée ainsi après le neurologue allemand du même nom, c'est une maladie très fréquente chez les personnes âgées. Elle se caractérise par une démence très importante avec gros troubles de mémoire et totale désorientation dans le temps et l'espace. En quelques années, il y a amaigrissement extrême et aggravation de l'état général qui mène à la mort.

On peut dire que le 20e siècle a vraiment été la période qui a vu des progrès remarquables dans le traitement de toutes les maladies mentales.

ETUDE DE MOTS

Exercice 1   Study the following cognates that appear in this chapter.

la maladie mentale	l'état d'anxiété	la paranoïa
les troubles physiques	la névrose	le délire
le psychologue	le fonctionnement	la réaction
le psychiatre	le système	la schizoïdie
l'interdépendance	la lésion	l'émotivité
le stress	l'altération	la timidité
les formes de pression	la personnalité	l'histrionisme
l'individu	l'asthénie	le narcissisme
le climat	l'obsession	la dépendance
la cause	la phobie	la passivité
l'âge	l'hystérie	l'intervention
le problème	la benzodiazépine	le groupe
l'exercice	la propriété	la thérapie
la relaxation	le caractère	la schizophrénie

la démence   psychologique   bipolaire
l'autisme   psychique   schizophrénique
la psychothérapie   simple
la psychose   nerveux   exercer
la manie   anatomique   créer
la mélancolie   anxiolytique   engendrer
le lithium   agressif   varier
le neurologue   passif   commencer
la dépression   théâtral   identifier
la mémoire   excessif   contribuer
la désorientation   individuel   réduire
                    en groupe   associer
mental   précoce   s'isoler
physique   neuroleptique   se réfugier
multiple   maniaco-dépressif

Exercice 2   Complete each expression with the appropriate word(s).
1. mental illness   la maladie _____
2. physical problems   les troubles _____
3. psychological problems   les troubles _____
4. nervous tension   la _____ nerveuse
5. personal stress   le _____ personnel
6. types of pressure   les formes de _____
7. physical relaxation   la _____ physique
8. to reduce anxiety   réduire l'_____
9. state of anxiety   l'état d'_____
10. state of depression   l'état de _____
11. nervous system   le système _____
12. aggressive reaction   une _____ agressive
13. psychological intervention   l'_____ psychologique
14. group therapy   la thérapie en _____
15. individual therapy   la _____ individuelle
16. manic-depressive psychosis   la _____ maniaco-dépressive
17. memory loss   la perte de _____
18. total disorientation   la _____ totale

Exercice 3   Select the term being defined.
l'obsession   la timidité   le narcissisme
la phobie   l'asthénie   la dépression
l'hystérie   le délire   la démence
la passivité   l'anxiété   l'autisme

1. une idée absurde dont le sujet peut être conscient de son caractère morbide
2. une peur instinctive; une crainte déraisonnable à l'égard d'un objet ou d'une
    situation ou d'une personne. Le sujet reconnaît le caractère injustifié de sa
    crainte mais il est incapable de s'en débarrasser.

3. une très vive excitation qui approche du délire
4. une grande agitation causée par les émotions, les passions; un trouble psychique manifesté par la persistance d'idées n'ayant rien à voir avec la réalité
5. l'état de fatigue sans raison physique ou cause organique
6. caractère de celui qui manque de confiance
7. l'amour exclusif de sa propre personne
8. l'apathie, l'inertie, la nature de celui qui est passif
9. état pathologique de souffrance marqué par le pessimisme et un manque d'enthousiasme pour la vie
10. affaiblissement ou détérioration intellectuelle totale, progressive et irréversible
11. grande inquiétude, angoisse
12. repli pathologique sur son monde intérieur; une perte de contact absolue avec la réalité, l'impossibilité d'avoir un contact avec les autres

Exercice 4   Match the word or expression in Column A with its definition in Column B.

A	B
1. d'une seule personne	a. le trait, la manière, la personnalité
2. anxiolytique	b. un genre de médicaments qui peuvent réduire les psychoses
3. le caractère	c. le changement
4. l'altération	d. mettre ensemble, réunir
5. morbide	e. individuel
6. excessif	f. pas sain, dépravé
7. s'isoler	g. une idée fixe, une obsession
8. neuroleptique	h. qui diminue (réduit) le degré d'anxiété
9. associer	i. se séparer des autres
10. la manie	j. de trop, exagéré

Exercice 5   Match the word or expression in Column A with its French equivalent in Column B.

A	B
1. pride	a. l'accès
2. distrust	b. le manque de confiance
3. withdrawal into oneself	c. la méfiance
4. behavior	d. le monde à soi
5. lack of confidence	e. l'orgueil
6. one's own world	f. le comportement
7. attack	g. un manque de bon sens
8. tranquilizer	h. le repli sur soi-même
9. a lack of common sense	i. le calmant

Exercice 6 Complete each statement with the appropriate word(s).
1. Tout le monde doit avoir de l'_____ et de la _____ en soi à un point raisonnable.
2. La _____ est marquée par une disposition à soupçonner toujours le mal dans les autres.
3. Un _____ indique que l'individu n'est pas sûr de ses possibilités.
4. Le malade qui souffre de l'autisme ne vit que dans _____ complètement isolé des autres.
5. Tout le monde souffre de temps en temps d'un _____ d'anxiété.
6. Les gens sont souvent jugés par leur _____.
7. Il fait toujours des bêtises, des choses stupides, idiotes. Il a un _____.
8. On prescrit des _____ pour certaines maladies mentales.

COMPREHENSION

Exercice 1 True or false?
1. Les maladies mentales ne sont presque jamais liées à des troubles physiques.
2. L'âge n'a rien à voir avec les causes du stress dans notre société. Elles sont toujours les mêmes.
3. Dans les cas extrêmes de stress, le médecin prescrira des calmants pour réduire l'état d'anxiété du patient.
4. La schizophrénie est appelée aussi «la démence précoce».
5. Même de nos jours il est impossible de guérir la schizophrénie.
6. La manie est un exemple d'une psychose maniaco-dépressive.
7. Les maniaco-dépressifs sont schizophréniques.
8. La maladie d'Alzheimer se caractérise par de gros troubles de mémoire et une totale désorientation dans le temps et l'espace.

Exercice 2 Answer.
1. Quelle interdépendance les psychologues et les psychiatres reconnaissent-ils?
2. Quelles sont des choses qui peuvent causer le stress?
3. Pour faire face au stress, qu'est-ce qu'il faut faire pour commencer?
4. Qu'est-ce que la névrose?
5. Qu'est-ce que l'asthénie?
6. Pourquoi prescrit-on des benzodiazépines pour traiter les névroses?
7. Que touche la schizophrénie?

Exercice 3 Complete each statement with the appropriate word(s).
1. Les principales névroses sont _____, _____, _____, _____ et _____.
2. Les principaux troubles du caractère sont _____, _____, _____, _____ et _____.
3. On traite la psychose maniaco-dépressive au _____.

Exercice 4   Describe or define each of the following terms.

1. la paranoïa
2. la schizoïdie
3. l'histrionisme
4. le narcissisme
5. la dépendance
6. la psychose maniaco-dépressive
7. la maladie d'Alzheimer

Deuxième partie

LES SOINS MEDICAUX

Chapitre 17
LA SANTE: COMMENT LA PRESERVER

Il y a longtemps que les hommes se préoccupent de préserver leur santé. Déjà au 5e siècle avant Jésus-Christ, Hérodote décrit les mesures prises par les Egyptiens: hygiène corporelle, bains fréquents, vêtements simples. Mais ce sont les Hébreux et les Grecs qui ont attaché le plus d'importance à l'hygiène, donc à la santé. Ce sont eux qui ont compris que santé corporelle, santé mentale et hygiène aussi bien personnelle que communautaire étaient étroitement liées. Le jour de repos hebdomadaire des Hébreux était une mesure qui veillait à la santé autant qu'à la religion; de même, l'interdiction de manger du porc. Quant aux Grecs, ils mettaient l'accent sur l'exercice, les sports, la santé du corps, ainsi que la propreté et la diététique.

L'hygiène corporelle

De nos jours, surtout dans les pays industrialisés, l'hygiène corporelle est presque devenue une obsession. La publicité nous offre des centaines de marques de savon, de dentifrice, de désodorisant. Nous prenons des douches ou des bains tous les jours, nous essayons à tout prix d'arrêter la transpiration, autant de mesures qui ne sont pas forcément saines. Nous allons souvent trop loin dans notre recherche de la propreté par excellence et risquons même quelquefois de détruire les défenses naturelles du corps humain. Il est évident que la propreté du corps est essentielle au maintien de la santé. Mais il ne faut pas oublier les dents. L'hygiène dentaire est très importante: tous les enfants savent qu'il faut se laver les dents après chaque repas. On devrait également leur apprendre à utiliser le fil à dents et à se brosser les dents verticalement à partir de la gencive.

L'alimentation

S'il est vrai que de nos jours il est rare de trouver des cas de scorbut ou de béribéri (des maladies dues à des déficiences alimentaires), il n'en reste pas moins qu'un grand nombre de gens qui manquent d'un ou de plusieurs aliments. D'autre part, si l'on accepte la relation entre l'obésité, la maladie et la longévité, il est incontestable que l'alimentation joue un rôle très important dans la préservation de la santé. Le nombre de calories dont une personne a besoin dépend de son métabolisme et de son degré d'activité physique. L'âge, le sexe, la taille et les conditions climatiques sont aussi des facteurs. On considère généralement qu'un homme de 25 ans, de taille moyenne et actif physiquement a besoin de 2 900 calories par jour.

Les protéines (viandes, poissons et œufs) Elles sont particulièrement importantes pendant les périodes de croissance, c'est-à-dire pour les enfants et les adolescents, ainsi que pour les femmes enceintes.

Les glucides (sucres) Ce sont les aliments les moins chers. Ils sont la source d'énergie la plus efficace pour le corps humain. Ils constituent souvent la moitié d'un régime normal.

Les lipides (graisses) Ils sont aussi une source appréciable d'énergie. Aux Etats-Unis, la consommation de lipides tend à être plus élevée que dans d'autres pays. Il est généralement accepté que les personnes ayant un taux de cholestérol élevé peuvent le faire baisser en suivant un régime pauvre en lipides.

Les minéraux De nombreux minéraux sont essentiels pour le corps humain. Le calcium, par exemple, est absolument nécessaire pour les os et les dents. Il est particulièrement important en période de grossesse. Le fer est essentiel pour le sang. Les femmes surtout en ont besoin parce qu'elles perdent du sang pendant la menstruation.

Les vitamines Les vitamines sont indispensables au bon fonctionnement de l'organisme. Elles agissent comme des catalyseurs permettant de nombreuses réactions biologiques. Il y a les vitamines solubles dans l'eau (C et B) et les vitamines solubles dans la graisse (A et D).

La vitamine A (végétaux, graisses animales, huiles de foie de poisson) joue un rôle important dans la vision, la croissance et la cicatrisation des plaies. La vitamine C (végétaux, fruits) joue un rôle important dans le métabolisme et favorise la résistance aux infections. La vitamine D (poissons) est la vitamine de la croissance. Elle est indispensable aux nouveaux-nés. La peau, sous l'action des rayons ultraviolets solaires, fabrique de la vitamine D. Les vitamines B (céréales, légumes, levure[1]) jouent un rôle important dans le fonctionnement du foie et des cellules nerveuses.

D'une façon générale, il faut avoir une alimentation équilibrée et variée tout au long de l'année.

L'exercice et la récréation

Se maintenir en bonne forme physique est devenue l'occupation préférée de beaucoup d'entre nous. La bicyclette est revenue à la mode, on fait du jogging, de l'aérobic. Les fabricants d'articles de sport font fortune. Le nombre d'étudiants qui participent à des sports universitaires a plus que quadruplé depuis les années 60. Il n'y a pas de doute, l'exercice physique permet de se maintenir en forme, donc de garder la santé. De plus en plus, les médecins recommandent de faire de l'exercice à leurs malades atteints de troubles cardiaques, par exemple. Même chose pour l'arthrite. Et pourtant, d'après une enquête au niveau national, plus de la moitié des adultes américains ne font jamais d'exercice. On comprend souvent mal dans les

---

[1]*yeast*

couches[2] moins instruites de la société à quel point l'exercice physique peut améliorer la santé et donc la qualité de la vie. Un tiers des enfants américains et 62% des adultes sont trop gros.

La récréation est une activité de loisir qui ne dépend pas forcément d'efforts physiques. Grâce à la récréation, la vie devient plus agréable, ce qui crée une santé mentale, sociale et physique. En brisant la morne routine de l'existence quotidienne, la récréation apporte à l'individu un sens d'accomplissement en même temps que de la joie de vivre. Seule, la récréation ne peut garantir la santé, mais associée à d'autres facteurs affectant la santé, elle peut contribuer à améliorer grandement la santé mentale des individus, donc leur santé en général.

---

[2]*strata*

ETUDE DE MOTS

Exercice 1   Study the following cognates that appear in this chapter.

la mesure	la qualité	humain
l'hygiène	l'existence	actif
le porc	le minéral	indispensable
l'exercice	le calcium	biologique
les sports	la vitamine	soluble
la diététique	le végétal	animal
l'obsession	le fruit	solaire
le désodorisant	la vision	nerveux
les défenses naturelles	la menstruation	social
la déficience	la résistance	
l'obésité	l'infection	attacher
la longévité	les rayons ultraviolets	risquer
la calorie	la cellule	considérer
le métabolisme	la récréation	favoriser
le degré	la bicyclette	garantir
l'activité physique	le jogging	affecter
l'âge		contribuer
le sexe	fréquent	participer
le facteur	mental	quadrupler
la protéine	personnel	recommander
la période	physique	
l'adolescent	communautaire	

Exercice 2   Complete each expression with the appropriate word(s).
1. mental health   la santé _____
2. physical health   la santé _____
3. dental hygiene   _____ dentaire

4. personal hygiene   _____ personnelle
5. body hygiene   _____ corporelle
6. physical exercise   l'exercice _____
7. natural defenses   les défenses _____
8. human body   le corps _____
9. physical activity   l'activité _____
10. vitamin deficiency   une _____ de vitamines
11. source of energy   la source d'_____
12. cholesterol level   le taux de _____
13. biological reaction   une réaction _____
14. animal fats   les graisses _____
15. resistance to infections la résistance aux _____
16. ultraviolet rays   les rayons _____
17. solar rays   les _____ solaires
18. sense of accomplishment un sens d'_____
19. quality of life   la _____ de la vie

Exercice 3   Fill out personally.
    Nom: _____
    Age: _____
    Sexe: Masculin (mâle) _____ Féminin (femelle) _____
    Taille: grande _____ moyenne _____ petite _____

Exercice 4   True or false?
    1. Les fruits contiennent des vitamines.
    2. Un organisme a des cellules.
    3. L'exercice physique est important pour se maintenir en bonne santé.
    4. Le corps humain a des défenses naturelles contre les infections bactériennes et virales.
    5. Un bon régime inclut des vitamines, des glucides, des minéraux, des protéines et des graisses.

Exercice 5   Select the appropriate word(s) to complete each statement.
    1. On doit _____ aux sports.
       a. participer   b. fonctionner   c. recommander
    2. _____ de vitamines peut être un problème sérieux.
       a. Un degré   b. Une période   c. Une déficience
    3. Un taux élevé de _____ peut être dangereux.
       a. cholestérol   b. protéine   c. cellules
    4. Si l'on a un taux élevé de cholestérol on risque _____.
       a. l'énergie   b. l'obésité   c. des troubles coronaires
    5. Quelques individus ont des _____ négatives contre les médicaments.
       a. défenses   b. catalyseurs   c. réactions

Exercice 6   Match the word or expression in Column A with its opposite in Column B.

A	B
1. actif	a. un enfant
2. un adulte	b. indispensable
3. soluble	c. passif
4. pas nécessaire	d. personnel
5. physique	e. insoluble
6. communautaire	f. mental

Exercice 7   Match the word or expression in Column A with its French equivalent in Column B.

A	B
1. health	a. sain
2. illness, disease	b. le médecin
3. cleanliness	c. l'alimentation, les aliments
4. healthful, healthy	d. la santé
5. food	e. la maladie
6. diet	f. la transpiration
7. height, build	g. le régime
8. bone	h. la propreté
9. growth	i. le jour de repos
10. blood	j. la taille
11. perspiration	k. la croissance
12. skin	l. l'os
13. doctor	m. la peau
14. day of rest	n. le sang

Exercice 8   Complete each statement with the appropriate word(s).

1. Un bon _____ est essentiel au maintien de la santé.
2. La _____ du corps est également essentielle pour se maintenir en bonne santé.
3. L'_____, c'est-à-dire ce que nous mangeons, joue un rôle important dans la préservation de la santé.
4. Un homme de _____ moyenne a besoin d'à peu près 2 900 calories par jour.
5. Le calcium est nécessaire surtout pour les _____ et aussi pour la _____.
6. Quand il fait chaud je _____.
7. Dimanche est un jour de _____.
8. Le _____ circule dans les veines et les artères.
9. La _____ recouvre le corps des humains et des animaux.
10. Il veut perdre des kilos. Il va suivre un _____.
11. Le béribéri est une _____ rare de nos jours.
12. Si l'on est malade il faut téléphoner au _____.

Exercice 9   Give the word being defined.
1. les fruits, les légumes (végétaux), la viande, le poisson
2. un liquide rouge qui circule dans les veines et les artères
3. un jour où l'on ne travaille pas
4. l'acte de devenir plus grand
5. qualité d'être propre
6. une règle observée dans l'alimentation
7. ce qui recouvre le corps humain
8. partie dure et solide du corps humain et des animaux vertébrés
9. le contraire de «malade»
10. une altération dans la santé

Exercice 10   Match the English word or expression in Column A with its French equivalent in Column B.

A	B
1. tooth	a. le savon
2. toothpaste	b. la dent
3. gum	c. le dentifrice
4. dental floss	d. le fil à dents
5. dental hygiene	e. le bain
6. soap	f. la gencive
7. shower	g. l'hygiène dentaire
8. bath	h. la douche

Exercice 11   Complete each statement with the appropriate word(s).
1. Camay et Ivory sont des marques de _____.
2. Crest est une marque de _____.
3. Pour pratiquer l'hygiène dentaire il faut employer du _____ et le
_____.
4. Il ne veut pas prendre de bain. Il préfère prendre _____.

Exercice 12   Match the English word or expression in Column A with its French equivalent in Column B.

A	B
1. pregnant	a. améliorer
2. pregnancy	b. se préoccuper
3. healing	c. la grossesse
4. wound, sore	d. l'huile de foie de morue
5. newborn	e. enceinte
6. to stay in shape	f. briser la morne routine
7. to improve	g. gros
8. to break the monotony	h. la cicatrisation
9. food	i. les aliments
10. fats	j. le poisson
11. fat, overweight	k. le fer

12. fish	l. la plaie
13. to lower	m. les graisses
14. iron	n. le nouveau-né
15. cod liver oil	o. se maintenir en forme
16. to worry	p. baisser

Exercice 13   Complete each statement with the appropriate word(s).

1. Le porc, le bœuf, etc., contiennent des _____ animales.
2. Si l'on veut _____ le taux de cholestérol, on ne doit pas manger trop de viande.
3. Le sole est un _____. Les _____ contiennent la vitamine D.
4. Madame Laserre est _____. Elle va accoucher *(deliver, give birth)* au mois de juin.
5. Pour se maintenir en _____, il faut faire des exercices physiques.
6. La récréation peut _____ la morne routine.
7. La _____ d'une plaie d'un individu sain est très rapide.

Exercice 14   Put the following in the correct chronological order.

1. le vieux ou la vieille
2. l'enfant
3. le bébé
4. l'adolescent
5. d'un certain âge
6. le nouveau-né
7. l'adulte

COMPREHENSION

Exercice 1   True or false?

1. Les hommes ne se préoccupent de préserver leur santé que récemment.
2. Les Grecs de l'antiquité considéraient l'exercice, les sports, la santé, la diététique très importants.
3. Essayer toujours d'arrêter la transpiration est une mesure saine.
4. Dans les pays industrialisés il existe beaucoup de maladies dues à des déficiences alimentaires.
5. Un individu qui a un taux de cholestérol élevé peut le faire baisser en consommant moins de lipides ou graisses animales.
6. L'obésité n'existe pas aux Etats-Unis.

Exercice 2   Answer.

1. Vous prenez une douche ou un bain tous les jours?
2. Vous vous lavez (brossez) les dents après chaque repas?
3. Vous utilisez le fil à dents au moins quatre fois par semaine?
4. Vous vous brossez les dents verticalement à partir de la gencive?
5. Quel âge avez-vous?

6. Quelle est votre taille?
7. Vous consommez à peu près combien de calories par jour?
8. Votre régime est équilibré en protéines, glucides, vitamines et minéraux?
9. Vous aimez vous maintenir en forme?
10. Que faites-vous pour vous maintenir en forme?

Exercice 3   Tell what food items or elements are necessary for the following.
1. la croissance
2. l'énergie
3. les os
4. les dents
5. le sang
6. la vision
7. la cicatrisation des plaies
8. le métabolisme
9. la résistance aux infections
10. le foie
11. les cellules nerveuses

Chapitre 18
LA PREVENTION
DES MALADIES

Les maladies transmissibles

Le taux de mortalité dû à des maladies transmissibles a fortement baissé pendant les 50 dernières années. En 1900, il était d'à peu près un tiers aux Etats-Unis. De nos jours, moins d'une mort sur dix est attribuable à cette cause. Ce n'est malheursement pas le même cas dans de nombreux autres pays du monde. Dans des pays moins développés, l'espérance de vie est la moitié de ce qu'elle est aux Etats-Unis. En Inde, le choléra est toujours endémique. La fièvre typhoïde et la dysenterie sont fréquents au Mexique et au Japon. On trouve même encore la variole, la peste et la fièvre jaune. Il est intéressant de noter que la cause principale de la mortalité n'est pas les maladies cardiaques, mais la malaria. Aux Etats-Unis, la plupart des maladies transmissibles ne sévissent plus. Néanmoins la tuberculose et la syphilis sont encore relativement fréquentes et certaines maladies virales telles que le SIDA (Syndrome d'Immuno-Déficience Acquise) sont devenues un problème très grave. Les maladies qui sont encore très fréquentes sont les rhumes, la rougeole et les angines streptococciques.

Une des techniques de prévention des maladies transmissibles est d'isoler la source de la maladie. Ce n'est pas une technique très efficace car dans de nombreux cas, le porteur est déjà contagieux pendant la période d'incubation, mais aucun des symptômes ne s'est manifesté. On peut aussi agir sur l'environnement. Par exemple, la pasteurisation du lait a permis d'éliminer de nombreuses maladies. L'assainissement des marais[1] a détruit les moustiques porteurs de maladies.

Mais la façon la plus efficace de se protéger contre les maladies transmissibles, c'est l'immunisation. L'immunisation est très efficace pour des maladies comme la variole, la diphtérie, la coqueluche, la rougeole, le tétanos, la poliomyélite et la rubéole. La poliomyélite est l'exemple le plus frappant de l'efficacité de l'immunisation. De 1950 à 1954, on comptait 39 000 cas par an. En 1984, il y en a eu 7! L'immunisation est également efficace dans le cas de la grippe, la typhoïde, le choléra et la tuberculose.

Une prévention secondaire mais néanmoins très importante est de prévenir toutes complications chez les malades atteints de maladies transmissibles. Cette tâche a été grandement facilitée par l'emploi d'une grande variété d'antibiotiques.

---

[1]*drainage of marshlands*

La tuberculose Même de nos jours, la tuberculose reste une maladie transmissible assez répandue. Elle sévit surtout dans les endroits où le niveau de vie est bas. La tuberculose est la cause la plus importante d'incapacité physique et même de mort. C'est pour cette raison que les services de la santé publique font un grand effort de dépistage, de traitement pour éviter que cette maladie ne se répande. Le meilleur moyen d'enrayer la tuberculose est d'améliorer les conditions de vie: alimentation, logement, etc. D'une façon plus immédiate, le dépistage s'effectue par des radiographies prises régulièrement dans les endroits de grande incidence. Enfin, bien qu'il y ait désaccord quant à son efficacité, il semble que le vaccin anti-tuberculeux BCG soit une protection contre la maladie.

Les maladies vénériennes Les maladies vénériennes (leur nom vient de Vénus, la déesse de l'Amour) sont des maladies sexuellement transmises. La pénicilline a permis de combattre le grand mal vénérien qu'était la syphilis. Néanmoins, il existe un nombre d'autres maladies vénériennes telles que la gonococcie ou blennorragie, l'infection par *Chlamydia trachomatis* et l'herpès génital. L'hépatite virale, qui se transmet ordinairement par voie sanguine (injection avec une seringue mal stérilisée), peut se transmettre aussi par la salive et le sperme. La meilleure arme contre les maladies vénériennes est encore la prévention basée sur l'hygiène, le dépistage et le traitement de tous les partis concernés. Une bonne hygiène corporelle est très importante. L'utilisation de préservatifs, spermicides et antiseptiques vaginaux font aussi partie de la prévention.

Tout comme la tuberculose, les maladies vénériennes sont très suivies par les agences de la santé publique. Le dépistage de ceux qui ont contracté une MST (maladie sexuellement transmissible) et de leurs partenaires est particulièrement important pour s'assurer qu'ils seront tous traités.

Le SIDA (syndrome d'immuno-déficience acquise) Le SIDA est une infection grave provoquée par le virus de l'immuno-déficience humaine (VIH). C'est le fléau des 10 dernières années. En 1981, on comptait cinq cas aux Etats-Unis. Il y en a maintenant des millions. Ce virus attaque l'immunité naturelle. Le SIDA n'est pas contagieux comme le rhume ou la grippe. Il est contagieux dans les circonstances suivantes: les relations sexuelles avec des personnes atteintes par le virus, l'utilisation de seringues entre toxicomanes, les transfusions de sang contaminé par le virus, la contamination du fœtus par une mère atteinte du virus.

La grande majorité des porteurs du virus ne sont pas malades et ne présentent aucun signe de maladie. On les appelle «porteurs sains». Ils ignorent même généralement qu'ils ont été contaminés. Ils peuvent rester sains toute leur vie, mais ils sont contaminants pour les autres. La seule façon de déterminer si l'on est porteur ou pas est d'avoir une prise de sang et de voir si l'on est séropositif ou séronégatif. Etre séropositif indique que l'on est porteur du virus. La transmission se fait surtout par l'intermédiaire du sang et du sperme. C'est pourquoi les toxicomanes qui échangent des seringues sont pratiquement sûrs d'attraper le SIDA car la transmission de sang à sang est la plus directe.

La meilleure façon d'éviter d'attraper le virus est d'utiliser des préservatifs (des condoms) pendant les rapports sexuels quand on ne sait pas si son partenaire est infecté ou pas. La transmission du virus se fait aussi bien de l'homme à la femme que de la femme à l'homme; il suffit d'une fois pour être contaminé. Quant aux toxicomanes, partager une seringue est une façon certaine d'attraper le virus. C'est donc à chacun de se protéger contre le SIDA.

Les maladies chroniques

Ce sont des maladies qui se développent lentement et durent longtemps. En général, ce sont surtout des maladies qui viennent avec l'âge, telles que les maladies cardiaques, le cancer, le diabète, l'arthrite, le glaucome. Or, de nos jours, grâce aux progrès de la médecine, on vit de plus en plus longtemps. Plus de 11% de la population des Etats-Unis est âgée de 65 ans ou plus. En 1900 c'était de 4%. On estime que 40% de la population souffre de maladies chroniques.

Pendant longtemps on a considéré que les maladies chroniques étaient inévitables. Les progrès de la médecine font que l'on peut enrayer beaucoup de ces maladies. Néanmoins ces maladies subsistent. On estime que 50% des femmes de plus de 65 ans ont de l'arthrite, plus de 10% des personnes de cet âge ont le diabète. Bien que le test Papanicolaou (Pap) permette de dépister le cancer du cervix, beaucoup de femmes ne sont pas testées régulièrement.

Plusieurs facteurs affectent le problème des maladies chroniques. Un des plus importants est le niveau de vie. Les maladies chroniques sont responsables d'incapacité physique et même de mort dans les milieux pauvres à un plus haut degré que dans les milieux aisés. L'alimentation est un autre facteur important. Les maladies dues aux carences alimentaires sont bien connues, mais le problème de l'obésité n'est certainement pas à négliger. L'obésité provoque des troubles cardiaques et aggrave le diabète. Quant au tabac, le lien entre le tabac et le cancer du poumon est établi depuis déjà quelque temps. Mais de plus en plus on lie le tabac avec les troubles cardio-vasculaires et respiratoires.

Il est évident que la prévention des maladies chroniques ne se fait pas par immunisation comme pour les maladies transmissibles. Néanmoins, le dépistage tout au début de la maladie permet d'enrayer son développement. C'est pourquoi un examen médical annuel dès l'âge de 40 ans est à recommander.

Les maladies cardio-vasculaires Les maladies du cœur et des vaisseaux sanguins est la première cause de décès et d'incapacité physique aux Etats-Unis. A l'heure actuelle, 50% environ des décès sont dus à des troubles cardiaques. En 1900, ce n'était que de 20%. Cette augmentation est due au fait que les personnes âgées sont plus nombreuses. En fait, il y a une baisse du taux de décès dus aux rhumatismes cardiaques. Il n'en est pas de même pour l'artériosclérose et l'hypertension. En fait, le nombre de décès par infarctus a augmenté. Par contre, le nombre de victimes d'attaques d'apoplexie a diminué de 60% depuis 1950.

L'artériosclérose et l'hypertension sont très communes chez les personnes de plus de 40 ans. On ne connaît pas encore bien les facteurs étnologiques qui interviennent dans le développement de ces deux maladies. Tout ce qu'on sait, c'est que pour l'artériosclérose, on trouve des dépôts de graisses, dont le cholestérol, dans les vaisseaux affectés. De plus, les personnes souffrant de maladies des artères coronaires ont un taux de cholestérol élevé. On espère donc d'enrayer l'artériosclérose en faisant baisser le taux de cholestérol.

D'autre part, l'hypertension et le tabac prédisposent les malades aux troubles coronaires. L'obésité joue également un rôle important. Les malades atteints de ces deux maladies doivent suivre un régime alimentaire strict sans sel et faire de l'exercice. Ils doivent évidemment surveiller leur poids et arrêter de fumer. Ces précautions assurent dans la plupart des cas une vie plus longue et souvent plus heureuse.

Le cancer Le cancer est maintenant la deuxième cause de décès aux Etats-Unis. Le sujet est traité dans le chapitre 15.

Les maladies respiratoires chroniques Ce sont la bronchite, l'emphysème pulmonaire et l'asthme. Bien que les décès dus à la pneumonie et la tuberculose aient diminué ces dernières 50 années, ceux dus à la bronchite et l'emphysème ont augmenté. La raison est que les malades qui jadis mouraient de tuberculose ou de pneumonie, survivent maintenant tout en ayant des troubles respiratoires. La prévention de base est d'éviter tout contact avec de l'air pollué que ce soit par la fumée de tabac ou d'autres sources.

L'arthrite On estime que plus de 24 millions de personnes sont affectées aux Etats-Unis et que 25% d'entre elles sont incapacitées physiquement. La prévention est difficile. On croit de plus en plus que l'exercice physique enraye le développement de la maladie.

Le diabète Environ 5% de la population est atteinte de diabète. Les femmes ont deux fois plus de chance de l'avoir que les hommes. Le diabète est également plus fréquent chez les gens pauvres, les gens obèses. La maladie se développe rapidement avec l'âge. Néanmoins, grâce à l'insuline l'espérance de vie a été prolongée.

Les enfants de deux diabétiques sont presque sûrs d'avoir le diabète. On arrive à contrôler le diabète en surveillant son poids et en suivant un régime alimentaire. Néanmoins le dépistage du diabète est très important surtout chez les individus qui ont des cas de diabète dans leur famille.

La perte de la vue Le glaucome est une condition qui commence en général vers l'âge de 40 ans, sans que le malade s'en aperçoive. S'il n'est pas découvert à temps, il peut causer la cécité. Donc encore une fois, le dépistage est de première importance.

La perte de l'ouïe La surdité chez l'enfant peut être causée par la rubéole pendant la grossesse. Toute infection de l'oreille doit être immédiatement traitée. Des programmes de dépistage dès l'école primaire permettent de découvrir de nombreux cas de surdité. De nombreux enfants peuvent ainsi vivre une vie pratiquement normale, grâce à l'aide d'appareils acoustiques.

ETUDE DE MOTS

Exercice 1 Study the following cognates that appear in this chapter.

le choléra	la complication	transmissible
la fièvre typhoïde	la variété	attribuable
la dysenterie	l'antibiotique	endémique
la malaria	l'incapacité	cardiaque
la tuberculose	le traitement	viral
la diphtérie	l'incidence	grave
le tétanos	le vaccin	contagieux
la poliomyélite	la pénicilline	secondaire
la rubéole	l'injection	spécifique
la grippe	la seringue	vénérien
la syphilis	le spermicide	sexuel
la gonococcie	l'antiseptique	vaginal
l'herpès génital	le partenaire	naturel
la blennorragie	le virus	séropositif
l'hépatite	l'immunité	séronégatif
le SIDA	les relations sexuelles	chronique
le cancer	la transfusion	inévitable
le diabète	le fœtus	cardio-vasculaire
l'arthrite	le sperme	respiratoire
le glaucome	le progrès	coronaire
le rhumatisme	le facteur	strict
l'artériosclérose	l'obésité	sexuellement
l'hypertension	le test Pap	
l'apoplexie	la victime	manifester
la bronchite	l'attaque	éliminer
l'emphysème pulmonaire	le dépôt	faciliter
la cause	le cholestérol	combattre
le problème	l'artère	stériliser
la prévention	la précaution	contracter
la technique	l'insuline	traiter
la source	la transmission	attaquer
la période d'incubation		développer
le symptôme		aggraver
la pasteurisation		prédisposer
l'immunisation		isoler

Exercice 2   Assign one or more of the following categories to each illness.

a. une maladie cardio-vasculaire   d. une maladie vénérienne
b. une maladie pulmonaire   e. une maladie transmissible
c. une maladie des os   f. une maladie chronique

1. l'hypertension
2. la bronchite
3. l'arthrite
4. la syphilis
5. la poliomyélite
6. l'emphysème
7. le diabète
8. le choléra
9. la tuberculose
10. le rhumatisme
11. l'herpès génital
12. la typhoïde

Exercice 3   Match the verb in Column A with its noun form in Column B.

A	B
1. immuniser	a. l'attaque
2. compliquer	b. la transmission
3. transmettre	c. le développement
4. respirer	d. la prédisposition
5. traiter	e. l'immunisation, l'immunité
6. attaquer	f. la respiration
7. développer	g. le dépôt
8. prédisposer	h. la complication
9. déposer	i. le traitement

Exercice 4   Give an adjectival form of each of the following words.

1. la transmission, transmettre
2. la respiration, respirer
3. attribuer
4. le virus
5. le sexe
6. éviter

Exercice 5   Complete each statement with the appropriate word(s).

1. Deux _____ de la grippe sont la fièvre et le mal de gorge *(sore throat)*.
2. Pour _____ une maladie il faut en découvrir la _____ et éliminer sa _____.
3. Les maladies vénériennes sont transmissibles par les relations _____.

4. Il faut utiliser une _____ stérilisée pour faire une injection (piqûre).

5. Il existe un _____ contre la poliomyélite. Malheureusement il n'y a pas de _____ contre le SIDA.

6. Toutes les maladies ont une différente période d'_____.

7. La _____ n'est pas efficace contre les maladies virales.

8. La pénicilline est un _____.

Exercice 6   Choose the appropriate word from the list to complete the paragraph.

> contractée   isoler   éliminer
> développer   attaquer   combattre

Une nouvelle maladie s'est manifestée. Une dizaine de personnes l'ont déjà _____. Pour _____ ou _____ cette maladie il faut en découvrir la cause, _____ la source et _____ le virus pour _____ un vaccin.

Exercice 7   Give the word being defined.
1. qui peut se transmettre
2. qui continue toujours
3. du cœur
4. sérieux
5. façon de traiter une maladie
6. lieu d'origine
7. rigide
8. qu'on ne peut pas éviter
9. causée par un virus
10. se dit d'une maladie permanente dans une région ou pays déterminé

Exercice 8   Complete each expression with the appropriate word(s).
1. cholesterol level   le taux de _____
2. cholesterol deposit   le _____ de cholestérol
3. blocked artery   une _____ bloquée
4. Pap test   le _____ Pap
5. blood transfusion   une _____ de sang
6. serious complications   de graves _____
7. sterilized syringe   une _____ stérilisée
8. strict diet   un régime _____
9. respiratory ailment   une maladie _____
10. natural causes   des _____ naturelles
11. venereal disease   une maladie _____
12. incubation period   la période d'_____
13. viral infection   une _____ virale
14. secondary infection   une infection _____

Exercice 9   Match the English word or expression in Column A with its French equivalent in Column B.

A	B
1. disease, illness	a. enrayer
2. mortality rate	b. le niveau de vie
3. death	c. sévir
4. life expectancy	d. la maladie
5. standard of living	e. répandre
6. public health services	f. une angine
7. medical exam	g. la mort, le décès
8. to be rife	h. l'examen médical
9. to detect, detection	i. les vaisseaux sanguins
10. to spread	j. l'espérance de vie
11. to check, stem, eradicate	k. dépister, le dépistage
12. to catch	l. attraper
13. tonsillitis, sore throat	m. un rhume
14. cold	n. le taux de mortalité
15. blood vessels	o. le porteur
16. carrier	p. les services de la santé publique

Exercice 10   True or false?

1. Le rhume est une maladie fréquente.
2. L'angine est une maladie grave.
3. Le porteur d'une maladie transmissible est souvent contagieux sans le savoir.
4. De nos jours une maladie qui sévit est le SIDA.
5. Les maladies transmissibles sévissent dans les pays où le niveau de vie est élevé (la vie est plus aisée).
6. Pour prévenir des maladies on recommande un examen médical tous les cinq ans dès l'âge de cinquante ans.
7. Il faut dépister une maladie pour éviter qu'elle ne répande.
8. Il est très difficile d'attraper un rhume.
9. C'est dangereux si le taux de cholestérol dans les vaisseaux sanguins est trop bas.
10. L'espérance de vie est supérieure dans les pays moins développés.

Exercice 11   Match the English word or expression in Column A with its French equivalent in Column B.

A	B
1. small pox	a. la variole
2. yellow fever	b. la fièvre jaune
3. measles	c. la rougeole
4. whooping cough	d. la coqueluche

5. sexually transmitted diseases
6. plague, scourge
7. transmitted through the blood
8. contraceptive, condom, prophylactic
9. X rays
10. drug user·
11. blood sample
12. deficiency, lack

e. la carence
f. transmis par voie sanguine
g. le préservatif
h. le fléau
i. le toxicomane
j. la prise de sang
k. les radiographies
l. les maladies sexuellement transmises

Exercice 12   Complete each statement with the appropriate word(s).
1. Deux maladies des enfants sont _____ et _____.
2. La syphilis est une maladie _____.
3. Pour déterminer si on est séropositif ou séronégatif il faut faire une

_____.
4. Le _____ abuse les drogues.
5. Les _____ des poumons prises régulièrement peuvent dépister la tuberculose.
6. Pour éviter le SIDA il faut utiliser des _____ pendant les rapports sexuels quand on ne sait pas si le (la) partenaire est infecté(e) ou pas.

Exercice 13 Match the English word or expression in Column A with its French equivalent in Column B.

A
1. lung
2. heart
3. weight
4. sight loss
5. blindness
6. hearing loss
7. deafness
8. hearing aid
9. pregnancy
10. cervix

B
a. la perte de la vue
b. la perte de l'ouïe
c. le poumon
d. le cœur
e. l'appareil acoustique
f. la cécité
g. la grossesse
h. le poids
i. la surdité
j. le col de l'utérus

Exercice 14   Complete each statement with the appropriate word(s).
1. _____ et _____ sont des organes vitaux.
2. Si le glaucome n'est pas dépisté, il peut causer _____.
3. On peut contrôler le diabète et l'hypertension en surveillant le _____. L'obésité aggrave ces deux conditions.
4. La surdité chez l'enfant peut être causée pendant la _____ de sa mère.
5. Les appareils acoustiques aident les gens qui ont une perte _____.

Exercice 15   Match the item in Column A with a related item in Column B.

A	B
1. le cœur	a. les vaisseaux sanguins
2. les poumons	b. une seringue
3. la cécité	c. le décès
4. la grossesse	d. une crise cardiaque
5. le cholestérol	e. le poids
6. l'herpès génital	f. la bronchite
7. une injection	g. enrayer
8. la précaution	h. l'espérance de vie
9. l'obésité	i. une maladie vénérienne
10. éliminer	j. la perte de la vue
11. une transfusion	k. enceinte
12. l'âge	l. la prévention
13. la mort	m. le sang

COMPREHENSION

Exercice 1   True or false?
1. Actuellement beaucoup des morts aux Etats-Unis sont attribuables à des maladies transmissibles.
2. Pendant la période d'incubation d'une maladie transmissible, le porteur contagieux manifeste toujours des symptômes de sa maladie.
3. Même de nos jours la tuberculose est une maladie assez répandue aux Etats-Unis.
4. La pénicilline a permis de combattre efficacement la syphilis.
5. La plupart des maladies chroniques viennent avec l'âge.
6. La prévention des maladies chroniques se fait par immunisation.
7. Les personnes qui souffrent de maladies respiratoires ou pulmonaires ont toujours un taux de cholestérol élevé.
8. La prévention de l'arthrite est très facile.
9. Le glaucome peut causer la surdité s'il n'est pas dépisté.
10. Grâce à des appareils acoustiques beaucoup de gens qui souffrent d'une perte de l'ouïe peuvent vivre normalement.

Exercice 2   Answer.
1. Où les maladies transmissibles continuent-elles à sévir?
2. Pourquoi n'est-il pas toujours facile d'isoler la source d'une maladie?
3. Quelle est la façon la plus efficace de se protéger contre les maladies transmissibles?
4. Quelle est une façon efficace de dépister la tuberculose?
5. Que sont les maladies vénériennes?
6. Comment l'hépatite virale se transmet-elle?
7. Quel est le fléau des 10 dernières années?

8. Dans quelles circonstances le SIDA est-il contagieux?
9. De nos jours pourquoi vit-on de plus en plus longtemps?
10. Quelle maladie le test Pap permet-il de dépister?
11. Pourquoi un examen médical annuel dès l'âge de 40 ans est-il à recommander?
12. Quelle est la première cause de décès ou d'incapacité aux Etats-Unis?
13. Et quelle est la deuxième cause?
14. Qu'est-ce qui a prolongé l'espérance de vie des diabétiques?
15. Que peut-on faire pour contrôler le diabète?

Exercice 3   Identify.
1. quatre maladies transmissibles
2. trois maladies vénériennes
3. quatre maladies contre lesquelles il existe une immunisation
4. trois façons d'essayer de prévenir les maladies vénériennes
5. quatre maladies chroniques
6. trois maladies causées ou aggravées par le tabac
7. trois maladies aggravées par l'obésité
8. trois facteurs qui prédisposent les personnes aux troubles coronaires
9. trois maladies respiratoires ou pulmonaires

Chapitre 19
GESTION D'UN ETABLISSEMENT DE SOINS POLYVALENTS

La gestion d'un établissement de soins polyvalents est assurée par un conseil d'administration. C'est le conseil d'administration qui détermine les lignes de conduite à adopter et prend les décisions nécessaires. L'exécution est la tâche de l'administrateur général. Ce genre d'organisation a fait ses preuves bien des fois, surtout lorsqu'il s'agit de décisions en matière de droit.

Le conseil d'administration

Les fondés de pouvoir du conseil d'administration sont élus et comprennent un président, un vice-président, un secrétaire et un trésorier. Le nombre de membres varie considérablement. Les comités permanents sont généralement le comité exécutif, le comité commun de conférence, le comité des finances, le comité professionnel et le comité des bâtiments.

Le comité exécutif a le pouvoir d'agir à la place du conseil quand celui-ci ne siège pas. Cela facilite grandement l'élaboration d'une ligne de conduite car il serait difficile la plupart du temps de réunir rapidement le nombre requis de membres. Il passe également en revue les points à l'ordre du jour et en font un rapport avant de les soumettre au conseil.

Le comité commun de conférence est formé des membres du conseil d'administration et des fondés de pouvoir du personnel médical. C'est ce comité qui assure la communication entre l'administration et les médecins. Il se compose d'un administrateur et d'un nombre égal de membres du conseil d'administration et de médecins.

Le comité professionnel veille à la qualité des soins administrés aux malades. Il passe en revue les services professionnels de l'établissement ainsi que la sélection de nouveaux médecins.

Des comités spéciaux sont souvent créés pour accomplir une tâche spécifique. Ils rendent compte de leurs conclusions au conseil d'administration.

La composition du conseil d'administration dépend du genre d'établissement et de la communauté qu'il dessert. Il est important que la communauté toute entière soit représentée, c'est-à-dire tous les groupes socio-économiques et ethniques. Jadis on choisissait les personnalités en vue de la communauté. Maintenant la représentation est plus équitable.

Les avis sont partagés quant à la présence de médecins au sein du[1] conseil d'administration. Les adversaires estiment que le comité commun de conférence suffit à apporter la contribution médicale nécessaire dont a besoin le conseil. Mais l'Association Américaine des Médecins et d'autres groupes médicaux se sont déclarés officiellement en faveur de la présence d'au moins un médecin dans le conseil d'administration.

Les administrateurs

Gérer un établissement hospitalier est une tâche fort complexe et exige une grande variété de talents et une solide expérience. En effet, l'administrateur (ou directeur) est responsable de la formation d'une équipe efficace réunissant des médecins, des infirmiers, des pharmaciens, des diététiciens, des intendants, des ingénieurs et toutes autres personnes qui créent un environnement adéquat pour les malades.

Pendant longtemps, les administrateurs des services de soins médicaux n'avaient aucune formation déterminée, ni même de diplôme universitaire. De nos jours, il est possible d'obtenir un diplôme en gestion des soins médicaux. Dans certains cas, les études durent deux ans, dans d'autre cas, les postulants doivent faire une année de résidence en tant qu'administrateur. La plupart des établissements, surtout les plus grands, recrutent leur personnel administratif parmi ceux qui ont ce genre de diplôme.

Dans les grands établissements, les administrateurs supervisent et coordonnent les activités de plus de 30 services hautement spécialisés dont les fonctions sont soit administratives, médicales ou de soutien. L'administrateur a donc de nombreux assistants à qui il délègue son autorité et certaines de ses responsabilités.

Les responsabilités de l'administrateur vont de la coordination des services professionnels envers le malade, la formation d'une équipe de gestion efficace, à la création de nouveaux programmes pour satisfaire les besoins de la communauté.

Un administrateur dynamique ne limite pas ses activités à son seul établissement. Il participe aux activités d'organisations professionnelles au niveau national ou local et contribue ainsi à l'élaboration du programme national en matière de soins médicaux.

---

[1]*within*

ETUDE DE MOTS

Exercice 1   Study the following cognates that appear in this chapter.

l'établissement	le membre	la qualité
l'exécution	les finances	la sélection
l'administrateur	le personnel médical	le service
l'organisation	la communication	le communauté
le comité	l'administration	le groupe

la personnalité	l'assistant(e)	responsable
la présence	l'autorité	adéquat
la variété		de résidence
la responsabilité	en revue	administratif
le talent	permanent	spécialisé
le conseil	exécutif	
l'adversaire	professionnel	varier
la formation	spécifique	faciliter
le pharmacien	équitable	accomplir
le diététicien	médical	recruter
l'ingénieur	hospitalier	superviser
l'environnement	complexe	coordonner
le diplôme	solide	déléguer
l'activité		

Exercice 2 Match the verb in Column A with its noun form in Column B.

A	B
1. établir	a. le recrutement
2. administrer	b. l'établissement
3. communiquer	c. l'accomplissement
4. accomplir	d. la supervision, le superviseur
5. recruter	e. l'assistance, l'assistant
6. superviser	f. l'administration, l'administrateur
7. assister	g. l'exécution, l'exécutif
8. exécuter	h. la communication
9. conseiller	i. le conseil
10. coordonner	j. la coordination, le coordinateur

Exercice 3 Match the word in Column A with its definition in Column B.

A	B
1. varier	a. les affaires fiscales ou monétaires
2. permanent	b. difficile, compliqué
3. hospitalier	c. le groupe
4. équitable	d. juste
5. complexe	e. pour toujours, fixe
6. faciliter	f. précis
7. les finances	g. fluctuer
8. le comité	h. rendre facile
9. spécifique	i. de l'hôpital
10. adéquat	j. convenable

Exercice 4 Complete each expression with the appropriate word(s).

1. committee members   les membres du _____
2. medical personnel   le personnel _____
3. executive group   le _____ exécutif

4. administrative council   le _____ d'administration
5. permanent committee   le comité _____
6. professional services   les _____ professionnels
7. medical groups   les _____ médicaux
8. hospital establishment   l'établissement _____
9. administrative personnel   le _____ administratif
10. hospital administrator   l'_____ hospitalier (de
         l'hôpital)

Exercice 5   Match the English word or expression in Column A with its French equivalent in Column B.

A	B
1. multicare facility, general hospital	a. de soutien
	b. le genre
2. health care management	c. un établissement de soins polyvalents
3. patient	d. une équipe
4. nurse	e. veiller à
5. financial manager	f. la gestion en soins médicaux
6. team	g. un intendant
7. type	h. l'infirmier, l'infirmière
8. support	i. le (la) malade
9. to oversee, see to	

Exercice 6   Select the appropriate word(s) to complete each statement.

1. L'hôpital d'une grande ville est presque toujours _____.
   a. une petite clinique   b. un établissement de soins polyvalents
   c. une grande équipe
2. _____ médicale comprend des médecins, des médecins spécialistes, des infirmiers, des techniciens, etc.
   a. Un intendant   b. Un genre   c. Une équipe
3. Les _____ sont hospitalisés.
   a. infirmiers   b. intendants   c. malades
4. Les _____ aident les médecins, les malades et les familles des malades.
   a. intendants   b. infirmiers   c. malades
5. Chaque établissement de soins médicaux polyvalents a un comité médical professionnel qui _____ à la qualité des soins médicaux.
   a. veille   b. établit   c. soutient
6. L'administrateur d'un grand établissement de soins polyvalents doit être diplômé en _____.
   a. l'hôpital   b. gestion en soins médicaux   c. médecine
7. Chaque service principal de l'hôpital a des services _____.
   a. de soutien   b. de gestion   c. d'établissement
8. C'est _____ qui est chargé des finances.
   a. l'infirmier   b. l'intendant   c. le genre

Exercice 7   Give the word being defined.
1. le type, l'espèce, la sorte
2. un groupe de personnes travaillant à la même tâche
3. le fonctionnaire chargé de l'administration des affaires financières
4. personne qui sous la direction des médecins soigne les malades à l'hôpital
5. exercer une garde, s'occuper de

Exercice 8   Match the English word or expression in Column A with its French equivalent in Column B.

A	B
1. management	a. rendre compte
2. Board of Directors	b. le fondé de pouvoir
3. policy, way of operating	c. la ligne de conduite
4. governing member, officer	d. gérer
5. joint conference committee	e. élire, élu
6. (meeting) agenda	f. soumettre
7. to elect, elected	g. le conseil d'administration
8. to account for	h. faire un rapport
9. to make a report, give an account	i. la gestion, la direction, l'administration
10. to submit, present	j. l'ordre du jour
11. to manage	k. passer en revue
12. to review	l. le comité commun de conférence
13. to sit, meet	m. siéger

Exercice 9   Complete each statement with the appropriate word(s).
1. La gestion d'un établissement de soins polyvalents est assurée par

   _____.
2. Les _____ sont chargés de prendre des décisions sur la gestion et le fonctionnement de l'hôpital.
3. Les officiers (le président, le vice-président, le secrétaire et le trésorier) sont _____ par tous les membres du conseil.
4. Le comité exécutif a le pouvoir d'agir à la place du conseil quand le conseil ne _____ pas.
5. Le chef du département ou service de chirurgie va _____ de la condition des salles d'opération au conseil d'administration.
6. Il va _____ son plan d'expansion du service de chirurgie au comité exécutif.
7. _____ un établissement hospitalier est une tâche complexe. C'est la tâche de l'administrateur général qui de nos jours est presque toujours diplômé en gestion des soins médicaux.

Exercice 10   Match the definition in Column A with the word it defines in Column B.

A	B
1. diriger, administrer	a. soumettre
2. examiner tour à tour	b. rendre compte
3. proposer au jugement en cherchant l'approbation	c. gérer
	d. passer en revue
4. la liste des choses qu'on discutera pendant la réunion	e. l'ordre du jour
	f. le fondé de pouvoir
5. celui qui peut agir à la place d'autre	
6. expliquer pourquoi, donner la raison d'être	

COMPREHENSION

Exercice 1   Answer.
1. Qui assure la gestion d'un établissement de soins polyvalents?
2. Quelles sont les responsabilités du conseil d'administration d'un hôpital?
3. Qui a la tâche d'exécuter les décisions du conseil d'administration?
4. Qui a le pouvoir d'agir à la place du conseil d'administration?
5. De qui le comité commun de conférence se compose-t-il?
6. Quelles sont deux responsabilités importantes du comité professionnel?
7. Que supervisent les administrateurs des établissements de soins polyvalents?
8. Que fait un administrateur dynamique?

Exercice 2   True or false?
1. Le conseil d'administration d'un établissement de soins polyvalents se compose toujours de cinq membres.
2. C'est le comité des finances qui assure la communication entre l'administration et les médecins.
3. Les fondés de pouvoir du conseil d'administration sont des employés salariés de l'hôpital.
4. Il n'y a que des médecins dans le comité commun de conférence.
5. Il est important que toute la communauté que dessert l'hôpital soit représentée dans le conseil d'administration.
6. Il y a toujours au moins un médecin dans le conseil d'administration.
7. Les administrateurs des services de soins médicaux ont une formation déterminée et spécialisée depuis longtemps.
8. De nos jours tous les administrateurs hospitaliers sont diplômés en gestion des soins médicaux.

Médecin / malade

La plupart des malades ne mettent pas en cause les compétences de leur médecin. A tort ou à raison, ils estiment que puisqu'il est médecin, il est compétent. Mais ils le jugeront selon les critères suivants: S'intéresse-t-il vraiment à ses malades? Etudie-t-il le problème en profondeur? Est-il bienveillant, compatissant? Explique-t-il clairement la nature de la maladie et comment la soigner?

De plus en plus, les facultés de médecine mettent l'accent sur la communication entre le médecin et le malade. Il y a communication réelle lorsque le récepteur reçoit le message de la façon dont l'émetteur l'a envoyé. De nombreux chercheurs s'accordent à dire que le facteur le plus important lorsqu'il s'agit de communication est la crédibilité envers l'émetteur. Le manque de crédibilité existe lorsque les médecins n'arrivent pas à montrer qu'ils sont concernés, qu'ils ont l'intérêt de leur malade et de sa famille à cœur.

La communication est un phénomène complexe, irréversible; toute action, tout événement a un aspect communicatif dès qu'ils sont perçus par un être humain. Cette perception change l'information que cette personne possède et donc l'influence.

La communication verbale est la plus évidente. Les mots sont très importants et si le médecin utilise un jargon professionnel que le malade ne comprend pas, il n'y aura pas de communication possible. Le médecin ne devrait pas demander à un malade «Vous avez compris?» qui le met sur la défensive et l'intimide, mais «Qu'est-ce que vous avez compris?» Une atmosphère détendue qui permet au malade de poser des questions s'il n'a pas compris est hautement désirable. Bien des médecins qui ne sont pas très sûrs d'eux-mêmes se cachent derrière leur rôle et leur jargon professionnel. Comme pour tout, c'est la qualité de la conversation qui importe, non la quantité.

La communication non verbale est également très importante. Les gestes, par exemple. Il y en a à peu près 100 000 qui ont une signification pour des individus dans le monde entier: des expressions du visage, des positions du corps, des mouvements des bras, jambes, mains, doigts.

Le ton de la voix renforce le message que l'on envoie.

Il faut être conscient des zones de territoire. Les zones de mouvement s'élargissent à mesure que les zones d'intimité se rétrécissent. Par exemple, une distance de 6 à 18 *inches* est trop courte pour un homme américain, alors qu'elle ne gêne aucunement une Américaine.

Le regard est important pour un médecin. La plupart des Américains ont appris dès leur enfance qu'il ne faut pas regarder fixement quelqu'un. Néanmoins, un médecin doit fixer son malade tout comme il doit envahir sa zone de territoire, son intimité.

Le toucher et l'écoute contribuent à la communication. Les mains d'un médecin peuvent communiquer au malade leur compassion, leur désir de l'aider. Quant à l'écoute, il n'y a pas de communication réelle si les interlocuteurs ne s'écoutent pas. Au cours de l'interview médicale, le médecin doit écouter son malade et interpréter ce qu'il dit… et ce qu'il ne dit pas.

Infirmier / malade / famille

S'occuper d'un malade exige une attention soutenue 24 heures sur 24. C'est l'entière responsabilité des infirmiers. Comme ils sont là tout au long de la journée—et de la nuit—ils sont sensibles au moindre changement physique du malade, au moindre mot silencieux: une grimace de douleur, un accès de toux, un repas laissé intact. Les infirmiers pèsent[1], trient[2], organisent ces indices. Ce sont eux qui décident si un indice est important, s'ils indiquent qu'une surveillance accrue est de mise ou s'il faut agir immédiatement.

La présence constante des infirmiers fait qu'une relation étroite se développe entre l'infirmière, le malade et la famille. Il se crée une telle atmosphère de confiance que le malade en vient souvent à faire des confidences à une infirmière, par exemple, qu'il ne ferait jamais à quelqu'un d'autre. C'est la nuit que les anxiétés sont à leur plus haut point mais la présence rassurante des infirmiers réussit souvent à les faire baisser.

Toute profession a un code éthique qui reflète les valeurs de la société. Un individu commence sa carrière en ayant déjà un système de valeurs personnel résultant de son milieu culturel et religieux. Des dilemmes se posent lorsque les valeurs de cet individu entrent en conflit avec celles de la profession ou de la société. Pour certains infirmiers, la vie doit être préservée à tout prix. Pour d'autres, seuls comptent les désirs du malade et de sa famille. Certains infirmiers se bornent à être de simples observateurs, sans jamais questionner ou donner leur avis lorsqu'il s'agit de décisions morales affectant le malade. D'autres défendent les droits du malade et de sa famille.

Les préoccupations d'ordre moral sont très importantes dans la profession d'infirmier où des décisions critiques sont prises tous les jours. Il s'agit littéralement de vie ou de mort, de décider si l'on va exaucer les souhaits de ce malade qui souffre d'une façon inhumaine, et débrancher l'appareil respiratoire qui le maintient en vie. Il y a aussi le cas des infirmiers qui veulent préserver la vie à tout prix et se heurtent à leurs collègues lorsqu'ils ne respectent pas l'accord tacite de ne pas utiliser de mesures extraordinaires pour maintenir en vie un nouveau-né dont les chances de survie sont pratiquement nulles. Il y a les infirmiers catholiques qui finissent par accepter le principe que toute femme enceinte a le droit de savoir que l'avortement est un choix possible.

---

[1]*weighs* [2]*sorts*

Les infirmiers ont des dilemmes tous les jours de leur vie professionnelle. Mais c'est le SIDA, plus que toute autre maladie, qui les a forcés à faire face à leurs croyances et aussi à leurs craintes; non seulement leurs craintes d'être infectés par une maladie dont on connaît malheureusement encore peu de choses, mais leur attitude personnelle envers les homosexuels et les drogués. Certains infirmiers refusent carrément de soigner des malades atteints du SIDA. Beaucoup d'autres se dévouent et les soignent envers et contre tout.

On peut dire que les infirmiers investissent dans la vie des autres personnes, mais au prix d'un sacrifice. Le malade ou sa famille peuvent ne pas apprécier leurs efforts et même leur être hostile. Toute relation que les infirmiers développent avec leurs malades est passagère et mène inévitablement à une perte affective pour eux. Et pourtant leur profession veut que ce soit un éternel recommencement.

ETUDE DE MOTS

Exercice 1   Study the following cognates that appear in this chapter.

la compétence	le désir	irréversible
le critère	l'interview	désirable
le problème	l'attention	moral
la nature	le changement	tacite
la communication	la grimace	hostile
la crédibilité	la présence	sensible
l'intérêt	la relation	physique
le phénomène	la confiance	silencieux
l'événement	la confidence	intact
l'aspect	l'anxiété	constant
la perception	la profession	éthique
l'information	le code	
le jargon	l'individu	juger
la défensive	le dilemme	percevoir
l'atmosphère	le conflit	intimider
la question	le cas	renforcer
la qualité	les mesures	apprécier
la quantité	extraordinaires	refuser
le geste	la chance	communiquer
l'expression	l'effort	interpréter
le ton de la voix	le drogué	refléter
le message	l'homosexuel	préserver
le sacrifice		questionner
la zone	compétent	défendre
le mouvement	réel	maintenir en vie
le toucher	concerné	accepter
la compassion	complexe	

Exercice 2   Match the word or expression in Column A with its equivalent in Column B.

A	B
1. compétent	a. demander
2. juger	b. les renseignements
3. poser une question	c. l'idée
4. complexe	d. capable, expert
5. posséder	e. vrai, pas faux, pas fictif
6. l'information	f. estimer
7. l'individu	g. le problème
8. réel	h. avoir
9. la perception	i. compliqué, pas simple
10. le dilemme	j. une personne
11. irréversible	k. incapable d'être changé

Exercice 3   Select the appropriate word to complete each statement.

1. Il faut faire _____ à ce que le médecin dit.
   a. attention   b. compassion   c. confiance
2. Il est désirable que le malade ait beaucoup de _____ en son médecin et ses infirmiers.
   a. compassion   b. confidence   c. confiance
3. Le malade fera souvent des _____ à l'infirmière ou l'infirmier qui est avec lui tout au long de la journée.
   a. confiances   b. confidences   c. perceptions
4. Chaque profession a son propre _____.
   a. gestion   b. phénomène   c. jargon
5. Il faut que le médecin _____ ce que le malade dit—et ce qu'il ne dit pas.
   a. interprète   b. communique   c. renforce
6. La _____ non verbale se compose du regard, du toucher, des gestes, du ton de la voix, etc.
   a. perception   b. communication   c. compassion
7. Un _____ physique du malade peut indiquer que l'infirmier ou le médecin doit agir immédiatement.
   a. geste   b. code   c. changement
8. La _____ est souvent plus importante que la quantité.
   a. défense   b. crédibilité   c. qualité

Exercice 4   Complete each expression with the appropriate word(s).

1. the chances of survival   les _____ de survie
2. artificial respirator   l'appareil _____
3. extraordinary measures   des _____ extraordinaires
4. the nature of the illness   la _____ de la maladie
5. a lack of credibility   un manque de _____
6. human being   un être _____

7. to put on the defensive   mettre sur la _____
8. professional jargon   le _____ professionnel
9. medical interview (consultation)   une _____ médicale
10. a grimace of pain   une _____ de douleur
11. reassuring presence   une _____ rassurante
12. a code of ethics   le _____ éthique
13. societal values   les valeurs de la _____
14. moral decisions   les _____ morales
15. nursing profession   la _____ d'infirmière

Exercice 5   Match the verb in Column A with its noun form in Column B.

A	B
1. juger	a. la perception
2. communiquer	b. la confidence
3. croire	c. la défense
4. percevoir	d. le jugement, le juge
5. informer	e. le désir
6. toucher	f. l'observation, l'observateur
7. désirer	g. la communication
8. interpréter	h. l'interprétation, l'interprète
9. confier	i. la croyance
10. observer	j. l'information, l'informateur
11. défendre	k. le toucher

Exercice 6   Match the English word or expression in Column A with its French equivalent in Column B.

A	B
1. doctor	a. la surveillance accrue
2. patient	b. l'interlocuteur
3. medical school	c. la préoccupation
4. to care for, treat	d. la vie
5. researcher	e. le médecin
6. speaker	f. la crainte
7. look, expression	g. la mort, le décès
8. listening	h. la survie
9. indication, sign, clue	i. le chercheur
10. closer watching	j. de mise
11. life	k. l'écoute
12. death	l. la croyance
13. survival	m. un indice
14. wishes, desires	n. le malade
15. worry	o. les souhaits
16. fear	p. soigner
17. belief	q. le regard
18. suitable	r. la faculté de médecine

Exercice 7   Complete each statement with the appropriate word(s).
1. Le _____ soigne les malades.
2. Les _____ sont hospitalisés.
3. Le médecin et les infirmières _____ les malades.
4. Le médecin _____ les malades et les maladies.
5. Ce _____ d'horreur indique (est un indice de) la crainte.
6. La _____ est une préoccupation des personnes qui sont gravement malades.
7. Le _____ fait des recherches.
8. Tout le monde a ses _____ religieuses et culturelles.
9. La personne avec qui on parle est _____.
10. Un médecin est diplômé d'une _____.
11. De nos jours les chances de _____ après une opération sont très bonnes.

Exercice 8   Match the English word or expression in Column A with its French equivalent in Column B.

A	B
1. body	a. le manque
2. arm	b. bienveillant
3. leg	c. l'appareil respiratoire
4. hand	d. débrancher
5. finger	e. le corps
6. lack	f. la main
7. benevolent	g. se borner
8. compassionate	h. le bras
9. pain	i. la douleur
10. a fit of coughing	j. la jambe
11. to grant (a request)	k. un accès de toux
12. to limit oneself	l. l'avortement
13. respirator	m. le doigt
14. to unplug	n. enceinte
15. principle	o. compatissant
16. abortion	p. exaucer
17. pregnant	q. se dévouer
18. to devote oneself	r. le principe

Exercice 9   Complete each statement with the appropriate word(s).
1. Tout bon médecin ou infirmier doit être un individu _____ et

   _____.
2. Le médecin ne doit jamais montrer un _____ d'intérêt envers ses malades.
3. Une grimace est souvent un indice de _____.
4. Elle va être mère. Elle va accoucher. Elle est _____.

5. Il a un gros rhume. Il a eu un accès de _____. Il dormait et la _____ l'a réveillé.
6. Décider si l'on va _____ l'appareil respiratoire qui maintient en vie une personne qui souffre d'une façon inhumaine est une question éthique et morale.
7. Le droit d'une femme enceinte de choisir un _____ est une autre question éthique et morale.
8. Chaque main a cinq _____.

Exercice 10   State each of the following terms in a different way.
1. On doit *respecter* les souhaits du malade et de sa famille.
2. Le malade a besoin d'une *plus grande* surveillance.
3. Certains infirmiers *se contentent d*'être de simples observateurs.
4. Il faut exaucer *les désirs* du malade.
5. Elle *se consacre entièrement* à son travail.
6. C'est *un signe* de douleur.

Exercice 11   Give the word being defined.
1. l'expression sur le visage
2. traiter
3. celui qui fait des recherches
4. celui qui soigne les malades
5. celui qui est hospitalisé
6. une inquiétude, un souci
7. ce qu'on croit
8. un signe
9. le contraire de «la mort»
10. celui avec qui on parle
11. se consacrer, avoir beaucoup de dévotion
12. se restreindre, se limiter

COMPREHENSION

Exercice 1   True or false?
1. Les malades questionnent (mettent en cause) toujours les compétences de leur médecin.
2. Dans la communication le récepteur reçoit le message et l'émetteur l'envoie.
3. Il est désirable que le récepteur ne reçoive pas le message de la même façon que l'émetteur l'envoie.
4. On conseille aux médecins d'utiliser toujours un jargon professionnel en communiquant avec leurs malades.
5. La communication non verbale est aussi importante que la communication verbale.
6. Le médecin ne doit jamais toucher son malade.

7. Au cours d'une interview médicale, il est extrêmement important que le médecin écoute son malade et interprète ce qu'il dit.
8. Au cours d'une interview médicale, ce que le malade ne dit pas n'a aucune importance.
9. Un infirmier ou une infirmière doit être sensible et compatissant(e).
10. Heureusement les malades et leurs familles apprécient toujours les efforts de l'infirmière.

Exercice 2   Answer.
1. De nos jours, qu'est-ce que les facultés de médecine considèrent comme une partie importante de la formation professionnelle du médecin?
2. Quel facteur est très important pour réaliser la communication réelle?
3. Quand le médecin crée-t-il un manque de crédibilité?
4. Pourquoi le médecin ne devrait-il pas demander à un malade «Vous avez compris?»
5. Que doit-il demander?
6. Qui a presque l'entière responsabilité de s'occuper d'un malade hospitalisé?
7. Pourquoi le malade fera-t-il souvent des confidences à l'infirmière?
8. Quand les anxiétés du malade sont-elles à leur plus haut point?
9. Pourquoi y a-t-il des infirmiers qui refusent de soigner des malades atteints du SIDA?

Exercice 3   Identify.
1. trois critères importants pour juger les compétences d'un médecin
2. quatre exemples de communication non verbale
3. trois indices qui peuvent indiquer un changement physique du malade

Exercice 4   Discuss the following controversial issues.
1. La vie doit être préservée à tout prix.
   ou
   Ce qui compte, ce sont les souhaits du malade et de sa famille.

2. L'infirmier doit donner son avis sur des décisions morales qui affectent le malade.
   ou
   L'infirmier doit être une simple observateur et il ne doit ni questionner quoi que ce soit ni donner son avis.

3. En décidant si l'on va débrancher l'appareil respiratoire qui maintient le malade en vie, on doit suivre les souhaits du malade.
   ou
   On ne doit pas les suivre.

Chapitre 21
LES SERVICES HOSPITALIERS

De nos jours les médecins jouissent d'un nombre de services fournis par les hôpitaux, parmi lesquels on peut citer le laboratoire et les services de radiologie, ergothérapie, rééducation physique, encéphalographie et électrocardiographie.

Le laboratoire

Le développement du laboratoire médical reflète les énormes progrès réalisés récemment en médecine. De nouvelles méthodes de procéder et un nouveau matériel ont ajouté une dimension inestimable au diagnostic, pronostic et traitement des maladies.

Le laboratoire emploie des méthodes et des instruments très précis pour l'examen de tissus, sécrétions et excrétions afin de diagnostiquer une maladie ou déterminer la cause d'une maladie. En général on divise le laboratoire en deux fonctions: le laboratoire clinique et le laboratoire anatomique. Le laboratoire anatomique est souvent placé à proximité de la morgue. Le directeur du laboratoire est un docteur en médecine, spécialiste en pathologie. Il dirige une équipe de techniciens qui font toutes les expériences ou analyses nécessaires. Les techniciens sont souvent aidés par des assistants de laboratoire.

Le laboratoire clinique étudie l'urine, le sang, les contenus gastriques, les bactéries, les parasites et les modifications chimiques dans le corps pour aider à formuler le pronostic. Le laboratoire anatomique étudie les tissus, soit à l'œil nu, soit au microscope. Les autopsies, qui déterminent la cause d'un décès, se font dans le laboratoire anatomique.

Le laboratoire moderne comprend plusieurs sections. L'hématologie est une branche de la médecine qui se consacre à l'étude et au traitement des maladies du sang et des organes formateurs de sang. Le laboratoire fait tous les tests hématologiques qui sont très précieux pour arriver à un diagnostic. La section chimie effectue des analyses qualitatives et quantitatives sur les liquides organiques et toute autre substance physiologique, telles que les protéines, les glucides et les lipides. L'analyse d'urine est de nos jours très commune. Aucun examen médical n'est complet sans ce test. La section bactériologie est chargé de la culture, l'isolation et l'identification des bactéries et autres micro-organismes et leurs toxines qui peuvent être présents dans le corps humain. La sérologie étudie les sérums et leurs propriétés. Ces tests sont essentiels pour l'immunologie. La section hystologie prépare les tissus pour procéder à l'étude de leur structure et des cellules qui les composent. La cytologie est une partie relativement récente du laboratoire. Elle étudie la cellule vivante sous tous ses aspects.

Le service de radiologie

Ce service s'occupe de l'utilisation des rayonnements ionisants pour le diagnostic et le traitement des maladies et des rayons X pour le diagnostic des maladies. Un radiologue est un médecin qui s'est spécialisé dans l'utilisation de l'énergie radiante, les isotopes radioactifs, le radium, le césium et le cobalt et également dans l'utilisation de matériel à rayons X à haute tension pour le traitement de diverses maladies, en particulier le cancer et différents types de tumeurs. Le personnel technique comprend des techniciens spécialistes en rayons X, en radiations et en médecine nucléaire.

Pratiquement tous les malades qui sont soignés dans un hôpital passent par le service de radiologie à un moment ou à un autre que ce soit pour un diagnostic ou pour un traitement. Nous avons tous eu des radios prises soit de nos poumons, soit de l'un de nos membres.

Le service d'ergothérapie

Cest un service de thérapeutique occupationnelle où l'on pratique un traitement de rééducation des invalides ou des infirmes en leur faisant faire du travail physique adapté à leurs possibilités et devant éventuellement leur permettre de se réinsérer dans la vie sociale. On évalue également les besoins intellectuels des malades et met à leur disposition des programmes sur les arts, la musique ou tout autre intérêt qu'ils pourraient avoir.

Le thérapeute s'intéresse aussi bien à l'état mental qu'à l'état physique de ses malades. Nombreux sont ceux qui supportent mal d'être alités, séparés de leur famille, oisifs[1]. La rapidité de leur guérison dépend en grande partie d'un bon état mental.

Le service de rééducation physique

C'est là que le malade réapprend à utiliser une de ses fonctions qui a été lésée par un accident. A la tête de ce service, il peut y avoir un médecin spécialiste de la médecine physique et de la rééducation, ou un kinésithérapeute. Les formes de thérapeutique sont très variées; il y a évidemment les massages et l'exercice, mais aussi l'utilisation de l'eau, la chaleur, les micro-ondes et les ultrasons, les rayons ultraviolets.

Il faut enfin mentionner les grands progrès réalisés dans le domaine des prothèses médicales et autres aides orthopédiques. Les spécialistes construisent leurs prothèses sur mesure en utilisant une grande variété de matériaux pour donner à l'invalide le plus de mobilité et de confort possible.

---

[1] *idle*

Les services d'encéphalographie et d'électrocardiographie

Deux autres outils très utiles pour arriver à un diagnostic sont l'électroencéphalogramme et l'électrocardiogramme. L'électroencéphalogramme est le tracé obtenu quand on enregistre l'activité électrique du cerveau en appliquant des électrodes sur le cuir chevelu. L'électrocardiogramme est le tracé obtenu quand on enregistre les phénomènes électriques qui se produisent au cours de la révolution cardiaque. Ce tracé est ensuite interprété par un médecin, en général un cardiologue qui fait part de ses conclusions au médecin du malade.

Enfin, outre les services administratifs, les établissements hospitaliers ont une pharmacie où les pharmaciens distribuent les médicaments nécessaires. Ils ont aussi un service de diététique où le diététicien compose les régimes alimentaires qui s'imposent et un service d'assistance sociale où les assistantes sociales aident les malades à réintégrer la société.

ETUDE DE MOTS

Exercice 1   Study the following cognates that appear in this chapter.

la pathologie	l'orthopédie	le laboratoire
l'hématologie	l'encéphalographie	le développement
la bactériologie	l'électroencéphalogramme	le progrès
la sérologie	l'électrocardiographie	la médecine
l'immunologie	l'électrocardiogramme	la méthode
l'hystologie	l'activité électrique	le matériel
la cytologie	l'électrode	la dimension
la radiologie	le cardiologue	le diagnostic
l'oncologie	la cardiologie	le pronostic
les rayons X	la pharmacie	le traitement
les rayonnements	le pharmacien	l'instrument
ionisants	le tissu	la cause
les isotopes radioactifs	la sécrétion	la fonction
le radium	l'excrétion	la morgue
le césium	l'urine	le docteur
le cobalt	la bactérie	le technicien
la radiation	le parasite	l'assistant de
la médecine nucléaire	les liquides organiques	laboratoire
l'ergothérapie	les micro-organismes	la modification
la thérapeutique	la toxine	le microscope
occupationnelle	le sérum	l'autopsie
le (la) thérapeute	la cellule	la section
la thérapeutique	le cancer	l'isolation
les micro-ondes	la tumeur	l'identification
les ultrasons	l'analyse	la structure
les rayons ultraviolets	la culture	la rééducation
la prothèse	le service	l'invalide

l'état mental	chimique	précis
l'état physique	biologique	spécialiste
le massage	physiologique	
l'exercice	qualitatif	procéder
	quantitatif	diagnostiquer
clinique	médical	déterminer
anatomique	énorme	supporter

Exercice 2   Match the item in Column A with a related item in Column B.

A	**B**
1. les rayons X	a. l'encéphalographie
2. le cancer	b. la radiologie
3. le sang	c. l'orthopédie
4. une fracture compliquée	d. la thérapeutique
5. le cœur	e. l'oncologie
6. le cerveau	f. la pharmacie
7. l'urine	g. l'hématologie
8. la cellule	h. l'électrocardiogramme
9. les médicaments	i. la cytologie
10. le massage	j. la sérologie
11. le sérum	k. la pathologie
12. cause et évolution des malades	l. l'urologie

Exercice 3   Give the word being defined.
1. examen et dissection d'un cadavre pour déterminer les causes de la mort
2. l'identification d'une maladie par ses symptômes
3. jugement sur l'évolution d'une maladie, ce que le malade doit espérer
4. local où l'on fait des recherches scientifiques et des analyses biologiques
5. endroit à l'hôpital où l'on dépose les cadavres
6. instrument d'optique qu'on emploie pour regarder les objets très petits
7. une personne frappée d'incapacité
8. la manière de soigner un malade ou une maladie
9. le médecin

Exercice 4   Give the noun form for each of the following verbs.
1. identifier
2. isoler
3. modifier
4. causer
5. traiter
6. diagnostiquer
7. développer
8. pronostiquer

Exercice 5   Give the adjectival form for each of the following words.

1. l'anatomie
2. la chimie
3. la biologie
4. la psychologie
5. la pathologie
6. l'immunologie
7. la physiologie

Exercice 6   Match the English word or expression in Column A with its French equivalent in Column B.

A	B
1. team	a. la guérison
2. experiment	b. l'expérience
3. heart	c. alité
4. lung	d. l'équipe
5. brain	e. le cerveau
6. gastric contents	f. léser
7. living cell	g. le cœur
8. blood-forming organs	h. les contenus gastriques
9. cure	i. à l'œil nu
10. to the naked eye	j. le cuir chevelu
11. to treat, care for	k. la chaleur
12. to injure	l. la cellule vivante
13. heat	m. soigner
14. confined to bed	n. les organes formateurs de sang
15. plotting, graphing	o. le poumon
16. scalp	p. le tracé
17. social worker	q. l'assistant social

Exercice 7   Complete each statement with the appropriate word(s).

1. Il est impossible de le voir _____. Il faut le regarder au microscope.
2. Le malade doit garder le lit. Il est _____.
3. Le corps humain comprend beaucoup de _____ vivantes.
4. Les _____ et le _____ sont des organes vitaux.
5. De nos jours on peut _____ et guérir beaucoup de maladies que jadis il était impossible de guérir.
6. Il a toujours mal à l'estomac. Le spécialiste en gastro-entérologie veut faire faire une analyse des _____.

Exercice 8   Match the word or expression in Column A with its opposite in Column B.

A	B
1. une cellule morte	a. la cause
2. guérir	b. être alité

3. la guérison
4. à l'œil nu
5. être mobile

c. une cellule vivante
d. au microscope
e. léser

Exercice 9   Complete each expression with the appropriate word(s).
1. laboratory functions   les fonctions du _____
2. a team of technicians   une _____ de techniciens
3. laboratory assistant   un assistant de _____
4. urinalysis   une analyse d'_____
5. radiology department   le service de _____
6. orthopedic aids   les aides _____
7. a branch of medicine   une branche de la _____

COMPREHENSION

Exercice 1   Answer.
1. Qu'est-ce qu'on fait dans le laboratoire d'un hôpital?
2. Quelle est la différence entre le laboratoire clinique et le laboratoire anatomique?
3. Qu'est-ce que l'hématologie?
4. De quoi le service de thérapeutique occupationnelle s'occupe-t-il?
5. Quelles sont plusieurs formes de thérapeutique?
6. Que fait l'assistant social?
7. Où met-on les électrodes quand on fait un électroencéphalogramme?
8. Qu'est-ce qu'un électrocardiogramme?

Exercice 2   True or false?
1. Les analyses effectuées au laboratoire de l'hôpital sont souvent nécessaires pour le diagnostic des maladies et la détermination de la cause des maladies.
2. La section chimie du laboratoire fait des analyses qualitatives et quantitatives sur les liquides organiques.
3. L'ergothérapie utilise des rayonnements ionisants pour le diagnostic et le traitement des maladies.
4. La plupart des gens s'adaptent bien à être alitées.
5. Un bon état mental facilite et accélère la guérison.

Exercice 3   Tell what is being defined.
1. la branche de la médecine qui se consacre à l'étude et au traitement des maladies du sang
2. l'étude des sérums et leurs propriétés
3. l'étude de la structure et de la composition des tissus et des cellules
4. une addition artificielle qui remplace un organe enlevé en partie ou en totalité

Chapitre 22
OPERATION ET
RETABLISSEMENT

A notre époque, la plupart des soins sont prodigués dans le cabinet du médecin et non à l'hôpital. Néanmoins, lorsqu'il s'agit d'une opération chirurgicale, c'est à l'hôpital que l'on va.

Avant une opération

Avant toute opération, le chirurgien explique au malade la nature de l'opération. Il lui explique aussi les risques qu'il peut y avoir et quels peuvent être les différents résultats de l'opération. Le malade doit ensuite signer une autorisation. Ce formulaire peut être long et compliqué, mais il est très important de le lire avec attention avant de le signer. Si certains points ne sont pas clairs, le malade doit en demander l'explication à son médecin.

Le matin de l'opération le malade reste à jeun—on ne lui donne ni nourriture ni boisson. La raison est que si l'estomac n'est pas vide, l'anesthésie peut provoquer des vomissements pendant l'opération, ce qui est très dangereux. Si l'opération porte sur une partie du corps ayant des poils (ou des cheveux), on les rase. On habille ensuite le malade dans une chemise propre pour éviter tous risques d'infection. Une heure environ avant l'opération on lui fait une piqûre pour le rendre somnolent. L'anesthésie est faite dans la salle d'opération.

Pendant l'opération

Dans la salle d'opération, le chirurgien-chef dirige une équipe de chirurgiens. C'est lui qui est responsable de toutes les décisions importantes. Il est assisté d'un chirurgien assistant qui lui aussi opère. L'interne en chirurgie assiste à l'opération et obtient ainsi de l'expérience. L'assistant en chirurgie donne les instruments aux médecins pendant l'opération et assure le bon fonctionnement de l'équipe. L'anesthésiologiste est un médecin qui donne les anesthésiques et qui est spécialiste dans le traitement de condition de choc, le maintien des fonctions vitales et le soulagement de la douleur postopératoire. L'infirmière qui circule dans la salle d'opération aide les médecins et l'équipe toute entière.

Une fois l'opération terminée, la plaie ou l'incision est recousue avec des points de sutures ou des pinces.

LA SALLE D'OPERATION

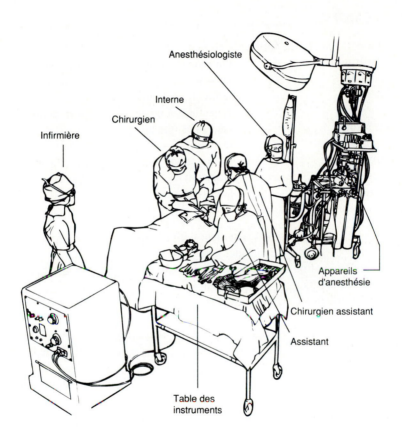

Anesthésiologiste

Interne

Chirurgien

Infirmière

Appareils d'anesthésie

Chirurgien assistant

Assistant

Table des instruments

Après l'opération

L'opéré est ensuite transporté dans la salle de rétablissement où il reste pendant une durée de temps allant de 30 minutes à 2 heures, selon la gravité de l'opération. On surveille de près son réveil et si tout va bien, il est transféré dans un lit normal. Si l'opéré est très malade ou si l'opération était très grave, l'opéré peut être transféré au service de réanimation.

ETUDE DE MOTS

Exercice 1   Study the following cognates that appear in this chapter.

l'opération	l'interne (le résident)	différent
l'hôpital	l'instrument	compliqué
la nature	le fonctionnement	clair
le risque	l'anesthésiologiste	postopératoire
le résultat	l'anesthésique	
l'autorisation	le choc	signer
l'explication	les fonctions vitales	provoquer
l'estomac	l'incision	opérer
l'anesthésie	la gravité	
l'injection		

Exercice 2   Complete each statement with the appropriate word(s).
1. On va _____ le malade. Il va subir une opération.
2. Avant l'opération le chirurgien lui explique la _____ de l'opération et les différents _____ possibles.
3. Le chirurgien lui explique aussi les _____ qu'il peut y avoir (encourir).
4. Avant l'opération le malade _____ une autorisation.
5. De temps en temps l'autorisation est _____ et le malade ne la comprend pas.
6. S'il ne la comprend pas il doit demander au médecin ou au chirurgien une _____.
7. Les opérations s'effectuent à l'_____.

Exercice 3   Match the word in Column A with its definition in Column B.

A	B
1. postopératoire	a. une piqûre
2. un anesthésique	b. après l'opération
3. une injection	c. une intervention chirurgicale
4. une opération	d. ce que l'anesthésiologiste administre durant l'opération

Exercice 4   Complete each expression with the appropriate word(s).
1. risk of infection   le risque d'_____
2. operating room   la salle d'_____

3. surgical resident   l'_____ en chirurgie
4. surgical assistant   un _____ en chirurgie
5. assisting surgeon   un chirurgien _____
6. chief surgeon   le _____-chef
7. vital functions   les fonctions _____

Exercice 5   Match the English word or expression in Column A with its equivalent in Column B.

A	B
1. operating room	a. chirurgical
2. chief surgeon	b. la plaie
3. surgery	c. la salle d'opération
4. surgical	d. les pinces
5. sewn up	e. le chirurgien-chef
6. sutures	f. le service de réanimation
7. clips, staples	g. la chirurgie
8. wound	h. recousu
9. recovery	i. les points de suture
10. intensive care	j. le rétablissement

Exercice 6   Complete each statement with the appropriate word(s).

1. Pendant une opération majeure le _____ a plusieurs assistants en _____ et des chirurgiens _____.
2. La _____ est la discipline médicale qui consiste à faire des modifications sur un corps vivant.
3. Il existe beaucoup de procédés _____.
4. Après l'opération la plaie est _____.
5. La plaie est recousue avec des _____ ou des _____.
6. Après l'opération le malade est transféré à la salle de _____.
7. Si l'opéré est gravement malade on le transfère au service de _____ après l'opération.

Exercice 7   Match the word or expression in Column A with its French equivalent in Column B.

A	B
1. to give an injection	a. somnolent
2. to fast	b. la douleur
3. vomiting	c. faire une piqûre
4. to shave	d. raser
5. body hair	e. le formulaire
6. sleepy, tranquilized	f. rester à jeun
7. empty	g. soulager, le soulagement
8. form	h. les vomissements
9. doctor's office	i. les poils
10. to relieve, relief	j. vide

11. pain   k. le maintien
12. maintenance   l. le cabinet du médecin

Exercice 8   Complete each statement with the appropriate word(s).
1. Avant une opération le malade ou un membre de sa famille doit lire et
   signer un _____.
2. Peu de temps avant l'opération on fait au malade une _____ pour le
   rendre _____.
3. On ne donne pas de nourriture au malade qui va être opéré. Le matin de
   l'opération le malade reste _____.
4. Durant l'opération il faut que le malade ait l'estomac _____. C'est
   pour ça qu'il faut rester _____ avant l'opération.
5. Il faut que l'estomac soit vide car les _____ pendant une opération
   sont extrêmement dangereux.
6. Si la partie du corps qu'on va opérer a des _____, il faut les raser.
7. Il est assez rare que l'opéré n'ait pas de _____ postopératoire.
8. On peut administrer des calmants ou des analgésiques pour _____ la
   douleur postopératoire.
9. Le _____ des fonctions vitales durant l'opération est très important.
10. De temps en temps le médecin peut faire des opérations chirurgicales
    mineures (des procédés chirurgicaux mineurs) dans son _____.

COMPREHENSION

Exercice 1   Answer.
1. De nos jours, où la plupart des soins médicaux ont-ils lieu?
2. Quand faut-il aller à l'hôpital?
3. Avant toute opération, qu'est-ce que le chirurgien explique au malade?
4. Qu'est-ce que le malade doit savoir?
5. Que doit-il lire et signer?
6. Quand le malade reste-t-il à jeun?
7. Pourquoi faut-il rester à jeun?
8. Quand faut-il raser le malade avant une opération?
9. Pourquoi fait-on une piqûre au malade?
10. Quand lui fait-on la piqûre?
11. Qui dirige l'équipe des chirurgiens?
12. Qui assiste le chirurgien-chef?
13. Qui donne les instruments chirurgicaux aux médecins pendant l'opération?
14. Qui surveille le maintien des fonctions vitales durant l'opération?
15. Quelles sont les autres responsabilités de l'anesthésiologiste?
16. Quand l'incision est-elle recousue?
17. Avec quoi est-elle recousue?

Chapitre 23
LES URGENCES

La salle des urgences

Ce n'est pas tous les hôpitaux qui ont une salle des urgences. C'est pourquoi ceux qui en ont une, s'occupent d'une grande partie de la communauté qu'ils servent et sont donc relativement débordés[1] de travail. D'une façon générale, les soins dispensés en salle des urgences sont plus chers. De plus, le traitement en salle des urgences n'est pas suivi par le même médecin. Les malades les plus gravement atteints ou blessés ont priorité; il arrive donc que l'attente soit longue. Récemment, des centres des urgences spécialisés ont été créés dans certains hôpitaux. Il s'agit de centres pour les brûlures, les accidents, les troubles cardiaques, le trauma, etc.

Le service de réanimation

Après une opération majeure ou pendant une maladie très grave, le malade peut avoir besoin de l'aide de certains appareils pour pouvoir respirer, par exemple, ou d'un apport d'oxygène. Il peut également avoir besoin d'une surveillance électronique continue de sa tension artérielle, de son rythme cardiaque ou d'autres fonctions vitales. Tous les appareils nécessaires à la réanimation se trouvent concentrés dans le service de réanimation et le malade est suivi de très près par des médecins et des infirmières spécialistes de réanimation. Le malade reste dans ce service pendant quelques jours seulement avant d'être transféré dans un lit normal.

Le service de réanimation a souvent une console centrale qui permet de surveiller tous les malades en même temps. Un système d'alarme incorporé dans chaque appareil prévient le personnel en cas d'urgence. De plus, la partie supérieure des cloisons internes est faite en verre, ce qui permet aux médecins et aux infirmières de voir tout ce qui se passe dans le service.

Les services de secourisme

Les accidents sont la quatrième cause de décès aux Etats-Unis. Les grands hôpitaux qui ont une salle des urgences ont un service d'ambulances et de secouristes entraînés spécialement pour donner les premiers soins aux accidentés ou malades graves. Puisque la vie de l'accidenté dépend souvent des soins administrés pendant les quelques minutes qui suivent l'accident, l'organisation

---

[1]*overwhelmed*

LE SERVICE DE REANIMATION

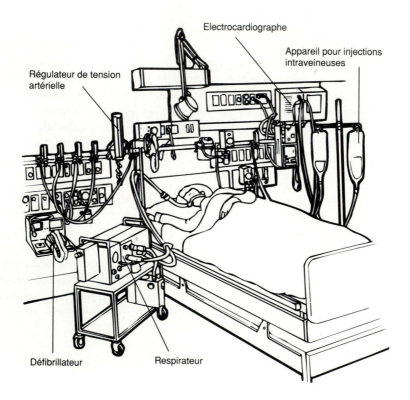

Electrocardiographe

Appareil pour injections
intraveineuses

Régulateur de tension
artérielle

Défibrillateur

Respirateur

d'un système de premiers soins avec personnel compétent est de première importance. Or c'est la responsabilité de chaque communauté. En effet, aux Etats-Unis, excepté dans les grandes villes, la plupart des services d'urgence sont formés de volontaires qui ont suivi des cours de secourisme tels que ceux donnés par la Croix-Rouge. Le bon fonctionnement du service de secourisme (voitures d'ambulance, chauffeurs, secouristes) est d'importance vitale pour toute communauté.

ETUDE DE MOTS

Exercice 1   Study the following cognates that appear in this chapter.

la communauté	le rythme cardiaque	disposé
le traitement	les fonctions vitales	dispensé
la priorité	la console	spécialisé
le centre	le système	continu
l'accident	l'alarme	central
les troubles cardiaques	le personnel	incorporé
l'opération	l'ambulance	entraîné
la surveillance	la responsabilité	administré
électronique	le volontaire	compétent

Exercice 2   Match the word in Column A with its definition in Column B.

A	B
1. dispensé	a. préparé
2. entraîné	b. mêlé, intégré
3. administré	c. distribué
4. concentré	d. rassemblé en un même point
5. transféré	e. donné, introduit dans un organisme
6. incorporé	f. passé d'un lieu dans un autre

Exercice 3   Give the word being defined.
1. capable, qualifié
2. ayant la formation professionnelle nécessaire
3. le rythme du cœur
4. une intervention chirurgicale
5. l'établissement
6. qui continue
7. importance préférentielle
8. manière de soigner un malade
9. celui qui fait quelque chose ou rend un service sans y être obligé
10. la respiration, par exemple

Exercice 4   Complete each expression with the appropriate word(s).
1. ambulance service   le _____ d'ambulances
2. community responsibility   la responsabilité de la _____

3. cardiac problems   les troubles _____
4. central console   la console _____
5. burn center   un _____ pour les brûlures
6. vital functions   les _____ vitales
7. electronic surveillance   la surveillance _____
8. alarm system   le système d'_____
9. hospital personnel   le _____ hospitalier
10. heart rhythm   le _____ cardiaque

Exercice 5   Match the English word or expression in Column A with its French equivalent in Column B.

A	B
1. emergency room	a. la Croix-Rouge
2. intensive care unit	b. l'accidenté
3. machine, apparatus	c. la salle des urgences
4. first aid	d. la cloison
5. paramedic	e. le service de réanimation
6. Red Cross	f. les services d'urgence
7. emergency service	g. l'appareil
8. burn	h. prévenir
9. accident victim	i. le secourisme, les premiers soins
10. blood pressure	j. blessé
11. injured	k. le secouriste
12. affected, impaired	l. atteint
13. to breathe	m. la brûlure
14. to warn	n. l'attente
15. partition	o. respirer
16. wait	p. la tension artérielle
17. oxygen	q. un apport d'oxygène
18. closely monitored	r. suivi de très près

Exercice 6   Complete each statement with the appropriate word(s).
1. La plupart des accidentés sont admis à l'hôpital dans la _____.
2. On transporte les accidentés à l'hôpital dans une _____.
3. Les services d'_____ ont des ambulances.
4. Les _____ sont entraînés spécialement pour donner les premiers soins aux accidentés.
5. Malheureusement l'_____ dans beaucoup des salles des urgences des hôpitaux des grandes villes peut être longue.
6. _____ est la victime d'un accident.
7. Elle a été _____ dans un accident de voiture.
8. Le malade ne peut pas _____ sans un apport d'oxygène.
9. Il a la _____ élevée—145/90.

10. Il y a un système d'alarme pour _____ l'infirmière d'un changement du rythme cardiaque du malade.
11. Ceux qui sont gravement malades sont transférés au service _____.
12. Tous les _____ nécessaires à la réanimation sont concentrés dans le service de réanimation.
13. Dans le service de réanimation le malade est _____ par des médecins et des infirmières spécialistes.
14. Elle a eu des _____ d'acide.

COMPREHENSION

Exercice 1   True or false?
1. Tous les hôpitaux ont une salle des urgences.
2. Les soins dispensés en salle des urgences sont chers.
3. Le traitement en salle des urgences est presque toujours suivi par le même médecin qui a donné les premiers soins.
4. Dans la salle des urgences il y a une console centrale qui permet aux infirmiers de surveiller tous les malades en même temps.
5. Dans le service de réanimation il y a des appareils qui permettent la surveillance électronique continue des fonctions vitales des malades.
6. La plupart des malades restent longtemps dans le service de réanimation.
7. De nos jours presque tous les hôpitaux (établissements de soins polyvalents) ont des centres pour les brûlures et le trauma.
8. Les accidents sont la première cause de décès aux Etats-Unis.
9. La vie de l'accidenté dépend souvent des soins administrés pendant les quelques minutes qui suivent l'accident.
10. Aux Etats-Unis la plupart des secouristes sont des employés de l'hôpital entraînés spécialement pour donner les premiers soins.

Exercice 2   Answer.
1. Qui a priorité dans la salle des urgences?
2. Où le malade est-il transporté après une opération majeure?
3. Qu'est-ce qui est concentré dans le service de réanimation?
4. Comment le malade y est-il suivi?
5. Quand le malade est-il transféré dans un lit normal?
6. Quelle est la fonction du système d'alarme incorporé dans les appareils du service de réanimation?
7. Pourquoi la partie supérieure des cloisons internes est-elle faite en verre?
8. En quoi les secouristes sont-ils entraînés?
9. Pourquoi les soins administrés aux accidentés par les secouristes sont-ils tellement importants?
10. Aux Etats-Unis, de qui la plupart des services d'urgence sont-ils formés?

Chapitre 24
SOINS POUR LES MALADES HOSPITALISES

Le rôle des infirmières

La plupart du personnel soignant professionnel sont des infirmières diplômées. C'est une profession dominée par les femmes (il n'y a que 3% d'hommes mais c'est un chiffre qui commence à augmenter). Au haut de l'échelle, il y a les infirmières diplômées spécialistes en l'un des 13 domaines des soins de base, allant de la gériatrie à l'obstétrique. De plus en plus d'infirmières se spécialisent. Elles s'occupent surtout des domaines boudés[1] par les médecins tels que l'obstétrique. Leurs honoraires sont généralement plus bas que ceux des médecins. Ces infirmières travaillent également en dehors des hôpitaux, en général en association avec un ou plusieurs médecins.

Les hôpitaux emploient 68% des infirmières diplômées. C'est là que la plupart des gens entrent en contact avec les soins infirmiers, mais peu savent comment avoir accès à ces soins une fois qu'ils sont renvoyés chez eux. Le rôle de l'infirmière diplômée est de veiller à ce que le malade soit soigné correctement, qu'il s'agisse des médicaments ou de son régime alimentaire. Elle accomplit les tâches telles que le contrôle des médicaments (cachets de somnifère, calmants, etc.); elle fait des piqûres, des prises de sang, mais elle agit surtout comme liaison entre le malade et le médecin en relayant au médecin les questions ou inquiétudes du malade. Elle conseille le malade sur les mesures à prendre lorsqu'il aura quitté l'hôpital. Pour les tâches plus courantes telles que prendre la température, prendre la tension, passer ou vider les bassins, faire les lits, ce sont les aides-infirmières et les filles (garçons) de salle qui s'en chargent.

Un des rôles de l'infirmière diplômée qui est souvent méconnu est sa connaissance en matière de ressources disponibles pour le patient qui rentre chez lui. Elle peut mettre à sa disposition toute une série de renseignements précieux, le conseiller sur la marche à suivre pour guérir totalement le plus vite possible.

Les soins des malades en phase terminale

La plupart des malades en phase terminale préfèrent savoir la vérité sur leur condition et les médecins, en général, estiment que c'est leur devoir de dire au malade ce qu'il veut savoir. Quelquefois la famille du malade s'oppose à ce qu'on

---

[1] *avoided, ignored*

lui dise la vérité. Néanmoins, de nombreux mourants savent, ou du moins se doutent bien, qu'ils ont une maladie mortelle.

En général, un mourant indiquera clairement ce qu'il veut savoir. Les infirmières sont là pour répondre à ses questions et le rassurer. Il est souvent plus facile pour les mourants de parler de leur mort imminente avec des infirmières qu'avec des membres de leur famille. Malheureusement, le personnel soignant des hôpitaux est souvent trop occupé pour prendre le temps de réconforter les malades en phase terminale. Certains hôpitaux ont essayé de faire face à ce problème en formant des membres de leur personnel spécialement pour les soins des malades en phase terminale. D'autres hôpitaux encouragent la visite de différents clergés.

Les hôpitaux se concentrent plus sur la guérison des malades gravement atteints que sur les soins prodigués aux mourants. Si ceux-ci ne peuvent être chez eux, ils peuvent finir leurs jours doucement dans un hospice pour malades incurables. Ces hospices sont des services relativement petits, généralement associés à des hôpitaux. Ils sont de plus en plus nombreux.

Dans un hospice, on ne s'embarrasse pas de soins routiniers tels que de prendre la température ou le pouls. Tous les efforts convergent à soulager la douleur physique ou tout autre problème, tout en réconfortant le malade et sa famille. On pourrait penser que de voir d'autres mourir autour de soi serait déprimant[2] pour les malades en phase terminale. En fait, la plupart sont rassurés plutôt qu'affligés car ils se rendent compte que la mort survient paisiblement.

La douleur physique est ce que l'on craint le plus lorsqu'il s'agit de maladies incurables. Une souffrance permanente peut détruire le malade, engouffrer[3] tout son être qui ne peut plus penser à autre chose. De nos jours, une souffrance si aiguë est rare, même dans le cas des cancers les plus douloureux. Grâce aux analgésiques et calmants que l'on donne avant que la douleur ne soit trop forte, le malade ne souffre presque plus, et de plus, a toute sa tête.

Mais il n'y a pas que la douleur physique; il y a aussi la douleur mentale. La colère est une réaction courante; de même que la dépression. C'est là qu'interviennent les infirmières et la famille pour aider le malade à accepter sa mort prochaine.

---

[2]*depressing*   [3]*engulf*

ETUDE DE MOTS

Exercice 1   Study the following cognates that appear in this chapter.

le domaine	la question	le clergé
la gériatrie	la mesure	l'hospice
l'obstétrique	la température	le cancer
l'association	la disposition	la réaction
le rôle	la série	la dépression
le contrôle	la condition	le patient
la liaison	le membre	la visite

hospitalisé	entrer en contact	former
mortel	accomplir	encourager
imminent	relayer	se concentrer
incurable	s'opposer à	affliger
routinier	indiquer	intervenir
physique	rassurer	accepter
mental	réconforter	

Exercice 2   Give the word being defined.

1. celui qui reste à l'hôpital
2. l'état d'être très triste, déprimé
3. être opposé, contre
4. redonner du courage, consoler, aider quelqu'un à supporter la douleur
5. entrer en rapport avec quelqu'un, contacter
6. la fonction
7. qui va succéder (se produire) bientôt
8. la branche de la médecine qui étudie les maladies des vieillards (personnes âgées)
9. se consacrer à un travail déterminé
10. un établissement consacré à soigner les mourants, les malades en phase terminale
11. impossible à soigner ou guérir
12. de tous les jours

Exercice 3   Complete each statement with the appropriate word(s).

1. Le pauvre. Il lui reste très peu de temps. Sa mort est _____.
2. Les membres de la famille et les amis intimes peuvent rendre _____ aux malades hospitalisés.
3. Il n'est pas d'accord. Il s'_____ à dire la vérité au malade.
4. Il faut prendre des _____ pour réconforter et rassurer le malade en phase terminale.
5. Le _____ des infirmières diplômées de l'hôpital est extrêmement important.
6. Il est très malade. Sa _____ est grave mais stable.
7. L'infirmière est souvent la _____ entre le malade et le médecin.
8. Jadis la plupart des cancers étaient _____. De nos jours il y en a beaucoup qui sont traitables.
9. Je vais prendre ma _____. Je crois que j'ai de la fièvre.
10. Le _____ est formé de religieux.

Exercice 4   Match the English word or expression in Column A with its French equivalent in Column B.

A	B
1. to nurse, care for, attend	a. guérir
2. health care personnel	b. la guérison
3. registered nurse	c. soigner

4. to watch over, see to	d. le cachet
5. primary care	e. le personnel soignant
6. to cure	f. le pouls
7. cure, remedy	g. faire une piqûre
8. pulse	h. le médicament
9. blood sample	i. les soins de base
10. to give an injection	j. le somnifère
11. blood pressure	k. veiller
12. medicine	l. le calmant
13. sleeping pill	m. la prise de sang
14. painkiller	n. la tension artérielle
15. tranquilizer	o. l'infirmière diplômée
16. tablet	p. l'analgésique

Exercice 5   Complete each statement with the appropriate word(s).
1. J'ai mal à la tête. Je vais prendre un _____ d'aspirine.
2. Les infirmières forment partie du personnel _____ de l'hôpital.
3. Les infirmières et les médecins _____ les malades.
4. Les infirmières diplômées peuvent administrer les _____.
5. Le médecin a ordonné des examens du sang. L'infirmière va faire une _____ de sang.
6. Le malade veut un analgésique. Il a beaucoup de douleurs postopératoires. L'infirmière va lui faire une _____.
7. Le malade ne peut pas dormir. Il demande _____.
8. Le malade souffre beaucoup. La douleur est insupportable. Il demande à l'infirmière de lui donner _____.
9. De nos jours on peut _____ beaucoup de cancers.
10. Mais il n'existe pas de _____ pour le SIDA.

Exercice 6   Identify.
1. 130/70
2. 76
3. 98.6
4. la morphine, le Demarol
5. le Valium

Exercice 7   Give the word being defined.
1. ce qu'on donne au malade pour soulager la douleur postopératoire
2. ce qu'on donne au malade pour le calmer
3. celui qui est diplômé en soins médicaux et qui veille à ce que le malade hospitalisé soit soigné correctement
4. la pression du sang contre les parois des artères
5. le docteur en médecine
6. tous ceux qui soignent les malades
7. une injection
8. délivrer d'une maladie, retrouver la santé

Exercice 8   Match the English word or expression in Column A with its French equivalent in Column B.

	A		B
1.	to distribute, give out	a.	l'aide-infirmière
2.	to empty	b.	conseiller
3.	bedpan	c.	passer
4.	to make the bed	d.	vider
5.	to relieve	e.	les honoraires
6.	steps to take	f.	soulager
7.	nurse's aide	g.	les ressources disponibles
8.	pay, salary (of a doctor)	h.	le bassin
9.	resources (support) available	i.	la marche à suivre
10.	to advise	j.	faire le lit

Exercice 9   Complete each statement with the appropriate word(s).

1. Le médecin _____ au malade de suivre un régime alimentaire strict.
2. A l'hôpital c'est _____ qui fait les lits, etc., pas l'infirmière diplômée.
3. Le malade n'est pas ambulatoire et il a besoin de déféquer. Il faut lui passer le _____.
4. Le malade a uriné dans le bassin. Il faut le _____.
5. Le salaire d'un médecin s'appelle _____.
6. Les analgésiques _____ la douleur.
7. L'infirmière conseille le malade sur _____ à suivre pour guérir complètement le plus vite possible.
8. Elle conseille le malade également sur les _____ après avoir quitté l'hôpital, c'est-à-dire l'aide qu'il peut recevoir quand il sera chez lui.

Exercice 10   Match the English word or expression in Column A with its French equivalent in Column B.

	A		B
1.	terminally ill patient	a.	la colère
2.	dying person	b.	la mort
3.	death	c.	le mourant
4.	pain	d.	douloureux
5.	painful	e.	détruire
6.	to suffer, suffering	f.	le malade en phase terminale
7.	to destroy	g.	la douleur
8.	anger	h.	souffrir, la souffrance
9.	concern	i.	l'inquiétude

Exercice 11   Complete each statement with the appropriate word(s).

1. L'hospice est un établissement consacré aux soins des _____.
2. On doit rassurer et réconforter le malade _____ pendant ses derniers jours ou ses dernières heures.
3. La _____ est souvent une réaction normale des mourants.

4. Une _____ aiguë devient de plus en plus rare grâce aux calmants et analgésiques que l'on donne pour soulager la _____.
5. On doit rassurer le mourant en lui disant que la _____ survient paisiblement.

COMPREHENSION

Exercice 1 True or false?
1. La profession d'infirmière est dominée par les femmes mais récemment de plus en plus d'hommes choisissent cette carrière.
2. Les infirmières diplômées ont les mêmes tâches que les aides-infirmières.
3. Il y a peu de différence entre les honoraires des infirmières et des médecins.
4. La plupart des infirmières diplômées travaillent dans les hôpitaux.
5. La plupart des malades en phase terminale ne veulent pas savoir la vérité sur leur condition.
6. De nos jours la famille du malade en phase terminale est toujours d'accord pour que l'on dise la vérité au malade.
7. Il est souvent plus facile pour les mourants de parler de leur mort avec les infirmières qu'avec les membres de leurs familles.
8. La colère est une réaction courante des mourants.

Exercice 2 Answer.
1. Quel est le rôle de l'infirmière diplômée?
2. Quelles sont ses tâches?
3. Comment l'infirmière agit-elle comme liaison entre le malade et le médecin?
4. Quelles sont les tâches des aides-infirmières?
5. Qu'est-ce que l'infirmière diplômée peut mettre à la disposition du patient?
6. Qui a le devoir de dire au malade ce qu'il veut savoir?
7. Pourquoi les infirmières ne peuvent-elles pas toujours réconforter les malades en phase terminale?
8. Qu'est-ce qu'un hospice?
9. Quel est le rôle d'un hospice?
10. Pourquoi n'est-il pas nécessairement déprimant pour les malades en phase terminale de voir d'autres mourir autour d'eux?
11. Qu'est-ce qui peut détruire le malade?
12. De nos jours, pourquoi une souffrance aiguë est-elle assez rare?

Chapitre 25
SOINS POUR LES MALADES AMBULATOIRES ET A DOMICILE

Soins pour malades ambulatoires

A peu près un tiers des hôpitaux ont des services de consultation externe pour les malades ambulatoires, c'est-à-dire les malades qui sont en mesure de se déplacer, et 90% des hôpitaux communautaires offrent de telles consultations dans leur service des urgences. Ces consultations étaient jadis gratuites parce que c'était une façon de former les étudiants et les résidents en médecine et que les médecins étaient bénévoles. Ce n'est plus le cas aujourd'hui.

Néanmoins, les services de consultation externe ont malheureusement toujours la réputation d'offrir des soins de qualité inférieure. Les malades ne pouvaient prendre de rendez-vous; ils devaient venir tous ensemble et attendre souvent de longues heures. Les malades devaient aussi revenir à l'hôpital pour avoir les résultats de tests parfaitement routiniers. C'est le contraire qui est vrai aujourd'hui. Comme les médecins essaient d'envoyer leurs malades le moins possible à l'hôpital, les hôpitaux se retrouvent avec de nombreux lits vides. Ils ouvrent donc des services de consultation interne pour rentrer dans leurs fonds[1]. Beaucoup ont maintenant des services de première classe. Il ne faut pas oublier aussi que même les cliniques privées bénévoles reçoivent des fonds publics. Dans certaines villes 50% des revenus des médecins proviennent de sources fédérales.

Les soins à domicile

La demande pour les soins à domicile augmente rapidement. Les compagnies d'assurances y voient une alternative moins onéreuse que celle des soins prolongés à l'hôpital ou dans une maison de retraite. Il en résulte que les malades sont renvoyés chez eux plus tôt qu'auparavant, et souvent plus malades aussi qu'avant. De plus, il y a de plus en plus de personnes âgées qui peuvent être soignées à domicile plus facilement et moins cher qu'à l'hôpital ou en maison de retraite. Beaucoup de convalescents, que ce soit une femme qui vient d'avoir un enfant ou un accidenté de la route, ont grandement besoin d'une aide soignante à domicile. Les infirmières visiteuses sont le plus souvent diplômées et fournissent les mêmes

[1] *get their money back*

soins que leurs homologues dans les hôpitaux. Les soins de toilette intime sont plutôt exécutés par des aides soignantes qui viennent aussi à domicile.

Puisque les soins à domicile ne sont pas donnés dans le cadre rigide d'un établissement hospitalier, le malade a plus à dire en ce qui concerne le choix de la personne soignante et l'horaire. De même si le malade n'est pas satisfait des soins qu'il reçoit, il peut changer d'infirmière.

Une infirmière visiteuse connaît également tous les services à la disposition des malades: les transports subventionnés pour ceux qui ont de la difficulté à se déplacer, les repas servis à domicile, etc. Pour beaucoup de malades, les soins à domicile sont la solution idéale: ils reçoivent des soins professionnels sans pour cela trop changer leurs habitudes familiales.

ETUDE DE MOTS

Exercice 1   Study the following cognates that appear in this chapter.

l'hôpital	la personne	privé
le résident en médecine	le convalescent	public
la réputation	l'établissement	fédéral
la qualité	le transport	âgé
le résultat	la solution	hospitalier
le test		idéal
le contraire	ambulatoire	professionnel
la clinique	communautaire	
les fonds	gratuit	résulter
la source	bénévole	concerner
la demande	inférieur	changer
l'alternative	routinier	

Exercice 2   Complete each expression with the appropriate word(s).

1. ambulatory patient   le malade _____
2. inferior quality   une _____ inférieure
3. test results   les _____ des tests
4. routine test   un test _____
5. private clinic   la _____ privée
6. alternative solution   une solution _____
7. aged people   les personnes _____
8. hospital facility   un établissement _____
9. ideal solution   la solution _____
10. professional care   les soins _____
11. public funds   les _____ publics
12. community hospital   l'hôpital _____
13. free services   les _____ gratuits
14. charitable (volunteer)   une _____ bénévole
    organization

Exercice 3   Give the word being defined.

1. le contraire de «supérieur»
2. parfait, très bien
3. le choix entre deux possibilités
4. l'argent
5. personne qui relève d'une maladie, qui se rétablit
6. le contraire de «l'offre»
7. de tous les jours, pas exceptionnel
8. le contraire de «public»
9. libre, sans payer
10. l'examen
11. ce qui résulte
12. de la communauté

Exercice 4   Match the English word or expression in Column A with its French equivalent in Column B.

A	B
1. outpatient department	a. se déplacer
2. to make an appointment	b. les repas servis à domicile
3. to get around on one's own	c. la compagnie d'assurances
4. home care	d. le service de consultation externe
5. visiting nurse	e. subventionné
6. Meals on Wheels	f. la toilette personnelle
7. charitable, volunteer	g. prendre rendez-vous
8. personal hygiene	h. l'accident de la route
9. subsidized	i. les soins à domicile
10. nursing home	j. bénévole
11. traffic (car) accident	k. l'infirmière visiteuse
12. insurance company	l. la maison de retraite

Exercice 5   Answer.

1. Vous avez une police d'assurances médicales (santé)?
2. Quel est le nom de votre compagnie d'assurance?
3. L'hôpital de votre communauté a-t-il un service de consultation externe?
4. Un malade ambulatoire peut-il se déplacer ou pas?
5. Les soins à domicile sont-ils disponibles où vous habitez?
6. Y a-t-il un service d'infirmières visiteuses?
7. Les infirmières visiteuses aident-elles les malades à faire leur toilette intime?
8. Aux Etats-Unis y a-t-il beaucoup de maisons de retraite pour les personnes âgées qui ne peuvent pas se soigner?
9. Existe-t-il des maisons de retraite subventionnées par le gouvernement?
10. La plupart des maisons de retraite sont-elles bénévoles ou pas?
11. Comment votre médecin s'appelle-t-il?
12. Est-il possible de prendre rendez-vous avec votre médecin?

COMPREHENSION

Exercice 1 True or false?

1. Presque tous les hôpitaux ont des services de consultation externe.
2. Les patients ambulatoires peuvent se déplacer.
3. De nos jours, les consultations externes sont presque toujours gratuites.
4. Actuellement les soins offerts par les services de consultation externe sont inférieures.
5. De nos jours les malades restent plus longtemps dans l'hôpital.
6. La demande pour les soins à domicile baisse rapidement.
7. De nos jours les malades sont renvoyés chez eux plus tôt qu'auparavant et souvent plus malades qu'avant.
8. Les malades ont plus à dire en ce qui concerne les soins à domicile. Ils ont très peu à dire en ce qui concerne les soins à l'hôpital.

Exercice 2 Answer.

1. Pourquoi les hôpitaux ont-ils de nombreux lits vides?
2. D'où provient un pourcentage assez élevé des revenus des médecins?
3. Pourquoi la demande pour les soins à domicile augmente-t-elle?
4. Quels soins les infirmières visiteuses fournissent-elles?

Chapitre 26

LA SANTE MENTALE, L'ALCOOLISME ET LA DROGUE

La santé mentale

On estime qu'il y a à peu près le même nombre de lits occupés par des personnes souffrant de maladies mentales qu'il n'y en a pour toutes les autres maladies réunies. A n'importe quel moment donné, environ 10% de la population des Etats-Unis souffre d'une sorte ou d'une autre de troubles psychiques qui nécessite un traitement. De tous les malades hospitalisés pour maladies mentales, la moitié sont atteints de schizophrénie. Les autres maladies sont des troubles psychiques associés au vieillissement, l'alcoolisme et la dépression. La schizophrénie a tendance à apparaître pendant la jeunesse, la dépression à l'âge mûr et les psychoses artérioscléreuses séniles pendant la vieillesse.

La démence est le trouble psychique le plus courant pendant la vieillesse. Il y a à peu près 4 millions de personnes aux Etats-Unis qui souffrent de cette maladie, dont un million qui souffrent de démence aiguë. L'âge moyen où la maladie se déclare est de 74 ans et réduit d'environ 5 ans l'espérance de vie du malade.

En 1907, Alois Alzheimer découvrit un type de démence présénile qui était accompagnée des mêmes symptômes, mais apparaissait chez des personnes de moins de 65 ans. De nos jours, quel que soit l'âge auquel la maladie se déclare, on dit que le malade est atteint de la maladie d'Alzheimer. C'est une maladie progressive qui commence par une perte de mémoire, qui se transforme en confusion, désorientation et finalement, carrément la démence et la mort.

Les maladies mentales semblent être plus courantes chez les femmes que chez les hommes. Les psychoses alcooliques sont par contre plus courantes chez les hommes que chez les femmes. Les névroses sont plus courantes que les psychoses dans les groupes socioéconomiques supérieurs et le contraire se rencontre dans les groupes socioéconomiques inférieurs. Bien que cela change, il y a toujours un certain stigmate lié aux maladies mentales.

Récemment, la tendance est d'hospitaliser plus de malades mentaux, mais aussi de les renvoyer plus rapidement. Les nouveaux médicaments utilisés de nos jours ont permis ces changements. D'autre part de nombreux programmes de santé mentale au niveau de la communauté se sont développés et servent bien mieux qu'avant les besoins des habitants.

L'alcoolisme

L'alcoolisme est défini de nos jours comme une maladie primaire chronique, dont le développement est influencé par des facteurs génétiques, psychosociaux et environnementaux. «Primaire» veut dire qu'en tant qu'addiction, l'alcoolisme n'est pas le symptôme d'un état de maladie sous-jacent. Les autres affections qui l'accompagnent sont causées par l'alcoolisme et non le contraire. Un individu est alcoolique, non pas parce qu'il a des problèmes, mais il a des problèmes parce qu'il est alcoolique. L'alcoolisme se caractérise par le manque de contrôle continu ou périodique sur la consommation d'alcool.

De plus en plus, on pense que l'alcoolisme est héréditaire. Des études ont été faites en Scandinavie, notamment, sur des enfants d'alcooliques élevés dès leur naissance par des parents adoptifs non-alcooliques. Un grand pourcentage de ces enfants sont devenus eux-mêmes alcooliques. On est en train de mettre au point une analyse du sang qui permettrait de déterminer les personnes susceptibles de devenir alcooliques.

Aux Etats-Unis, il y a environ 70 millions de personnes qui boivent de l'alcool, dont 5 millions sont considérés alcooliques. L'alcoolisme affecte aussi bien les hommes que les femmes de tous les âges et de toutes les couches sociales. Le problème est qu'il n'y a pas de guérison. S'abstenir entièrement de consommer de l'alcool est la seule façon de lutter contre l'alcoolisme. L'obstacle principal au retour à une vie normale pour l'alcoolique est le refus d'accepter le fait qu'il est alcoolique. Une fois qu'il se rend compte de son état, une cure de désintoxication et de réhabilitation peut être efficace. Il faut dire enfin que la plupart des alcooliques de moins de 40 ans utilisent aussi d'autres drogues. Ils sont co-addictés.

La drogue

Les gens prennent des drogues pour l'une des deux raisons suivantes: ou bien la drogue leur est prescrite par un médecin pour traiter un trouble physique ou mental, ou bien ils en prennent parce qu'ils aiment l'effet qui en découle. Le degré de dépendance créé par une drogue varie beaucoup de drogue à drogue, mais aussi d'individu à individu. Le manque de drogue peut créer des symptômes physiques graves qui subsistent jusqu'à ce que le corps s'habitue de nouveau au manque en question. C'est le cas des somnifères, par exemple. De nombreuses drogues créent une dépendance psychologique.

Aux Etats-Unis, quand on pensait «drogue», on pensait «héroïne» qui remplaçait la marijuana quand cette dernière n'était plus assez forte. De nos jours, d'autres drogues sont devenues courantes telles que la cocaïne.

Le problème de la drogue se présente différemment selon les classes sociales. La dépendance de la classe moyenne en ce qui concerne les amphétamines ne se traite pas de la même façon que celle d'un drogué à l'héroïne des ghettos urbains.

Il faut dire que la drogue est un fléau social surtout urbain qui est lié souvent à la prostitution et un taux de criminalité très élevé. Tout comme pour l'alcool, les cures de désintoxication ont des résultats décevants. L'apparition récente du SIDA ne fait qu'aggraver la situation.

ETUDES DE MOTS

Exercice 1   Study the following cognates that appear in this chapter.

la sorte	la cure	sénile
le traitement	la désintoxication	progressif
la schizophrénie	la réhabilitation	primaire
l'alcoolisme	la drogue	chronique
la dépression	le drogué	génétique
la tendance	l'effet	psychosocial
la psychose	le degré	environnemental
la démence	la dépendance	continu
la confusion	l'héroïne	périodique
la désorientation	la marijuana	héréditaire
le programme	la cocaïne	principal
le développement	le crack	
l'influence	l'amphétamine	nécessiter
le facteur		aggraver
l'addiction	mental	s'abstenir
l'alcoolique	psychique	créer
la consommation	psychologique	varier
l'obstacle	artérioscléreux	

Exercice 2   Complete each expression with the appropriate word(s).
1. mental health   la santé _____
2. mental illness   la maladie _____
3. progressive disease   une maladie _____
4. primary disease   la maladie _____
5. genetic factors   les facteurs _____
6. alcohol consumption   la consommation d'_____
7. degree of dependency   le degré de _____
8. to abstain completely   _____ entièrement
9. hereditary disease   une maladie _____
10. mental health program   un _____ de santé mentale
11. psychological disorder   un trouble _____

Exercice 3   Select the appropriate word(s) to complete each statement.
1. Beaucoup de maladies mentales _____ un traitement.
   a. développent   b. nécessitent   c. causent
2. C'est une maladie _____. Elle ne disparaît pas.
   a. chronique   b. génétique   c. héréditaire
3. Une maladie _____ se transmet des parents aux enfants.
   a. chronique   b. progressive   c. héréditaire
4. _____ vient avec la vieillesse.
   a. L'alcoolisme   b. La dépression   c. La sénilité

5. Des facteurs psychosociaux et _____ peuvent aggraver le problème d'addiction.

   a. chroniques   b. environnementaux   c. progressifs

6. L'alcoolisme est une maladie _____.

   a. sénile   b. intoxiquée   c. primaire

7. _____ de dépendance à une drogue varie de drogue à drogue et d'individu à individu.

   a. Le facteur   b. Le degré   c. L'effet

8. La _____ est un affaiblissement intellectuel global, progressif et irréversible.

   a. psychose   b. démence   c. désorientation

9. La confusion et la désorientation sont des symptômes de _____.

   a. la sénilité   b. l'addiction   c. l'amphétamine

Exercice 4   Match the English word or expression in Column A with its French equivalent in Column B.

A	B
1. aging, old age	a. la mort
2. youth	b. la psychose
3. life expectancy	c. le vieillissement, la vieillesse
4. memory loss	d. la jeunesse
5. death	e. la névrose
6. neurosis	f. la perte de mémoire
7. psychosis	g. le manque de contrôle
8. lack of control	h. l'espérance de vie

Exercice 5   Complete each statement with the appropriate word(s).

1. La sénilité est un trouble psychique pendant la _____.

2. La sénilité, la démence aiguë et la maladie d'Alzheimer sont tous des troubles psychiques associés au _____.

3. La schizophrénie et l'addiction (la dépendance à des substances) ont tendance à apparaître pendant la _____.

4. La démence aiguë peut réduire _____.

5. La maladie d'Alzheimer est une maladie progressive qui débute (commence) par une _____.

6. Cette perte de mémoire se transforme progressivement en confusion, désorientation, la démence et finalement la _____.

7. La _____ est un type de maladie mentale qui ne touche qu'un secteur de la personnalité. Les individus atteints d'une _____ sont lucides et souvent conscients de leur trouble.

8. La _____ est un terme pour désigner les maladies mentales qui causent une altération globale de la personnalité.

Exercice 6   Match the English word or expression in Column A with its French equivalent in Column B.

A	B
1. underlying	a. sous-jacent
2. social strata	b. le fléau
3. cure	c. prescrire
4. plague, scourge	d. les couches sociales
5. rate	e. le taux
6. to prescribe	f. découler
7. to result, come from	g. la guérison, la cure
8. drug addict	h. le drogué

Exercice 7   Complete each statement with the appropriate word(s).
1. L'addiction aux drogues a augmenté le _____ de criminalité surtout dans les centres urbains des Etats-Unis.
2. Il n'existe pas de _____ pour l'alcoolisme. L'alcoolique doit s'abstenir entièrement de la consommation d'alcool.
3. De temps en temps les médicaments que le médecin _____ pour traiter un trouble physique ou psychique peuvent être ou devenir addictifs.
4. La drogue est le _____ social de notre époque.
5. L'alcoolisme atteint les personnes de toutes les _____ sociales.
6. L'alcoolisme est souvent la cause _____ d'une autre maladie .

COMPREHENSION

Exercice 1   True or false?
1. Aux Etats-Unis il y a très peu de personnes atteintes de maladies mentales.
2. Beaucoup de maladies mentales sont associées au vieillissement.
3. L'alcoolisme est toujours le symptôme d'un état de maladie sous-jacent.
4. L'alcoolisme est héréditaire.
5. Il existe actuellement une analyse du sang qui détermine les personnes susceptibles de devenir alcooliques.
6. Il y a une guérison très efficace pour l'alcoolisme.
7. De nombreuses drogues créent une dépendance psychologique et physique.

Exercice 2   Answer.
1. A quel âge la démence a-t-elle tendance à se déclarer?
2. Quels sont les symptômes de la démence ou de la maladie d'Alzheimer?
3. Qu'est-ce qui a permis des changements dans le traitement des malades mentaux?
4. Comment l'alcoolisme se définit-il de nos jours?
5. Comment l'alcoolisme se caractérise-t-il?
6. Quelle est la seule façon de lutter contre l'alcoolisme?
7. Quel est l'obstacle principal au retour à une vie normale pour l'alcoolique?

8. Pourquoi les gens prennent-ils des drogues?
9. Quel est le fléau social de notre époque?
10. Qu'est-ce qui aggrave la situation?

Exercice 3   Complete the following statements.
1. La schizophrénie a tendance à apparaître…
2. La dépression a tendance à apparaître…
3. Les psychoses artérioscléreuses ont tendance à apparaître…
4. Les névroses sont plus courantes dans les groupes…
5. Les drogues courantes de nos jours sont…

ANSWERS TO VOCABULARY EXERCISES

LA MÉDECINE

CHAPITRE 1: Les origines de la médecine et l'anatomie

Exercice 2
1. organisme 2. fibre 3. vaisseau 4. circulation 5. centre 6. fonction
7. échange 8. humain 9. respiratoire 10. pulmonaire 11. urinaire 12. air
13. enrichi 14. digestif 15. rythme

Exercice 3
1. c 2. e 3. a 4. g 5. d 6. b 7. h 8. f 9. i

Exercice 4
1. f 2. e 3. a 4. d 5. c 6. b 7. g

Exercice 5
1. l'anatomie 2. la physiologie 3. l'endoscopie 4. le vaisseau 5. le sang
6. le muscle 7. le tissu 8. la fibre 9. le thorax 10. le squelette

Exercice 6
1. cardiaque 2. pulmonaire 3. respiratoire 4. nutritif 5. digestif 6. nerveux
7. humain 8. urinaire 9. reproductif 10. gazeux

Exercice 7
1. b 2. d 3. a 4. f 5. i 6. e 7. h 8. g 9. c 10. j 11. k

Exercice 8
1. corps 2. sang 3. cœur, cœur 4. poumon 5. bronches 6. poitrine 7. côtes
8. fesse 9. yeux 10. diaphragme 11. os

Exercice 9
1. c 2. d 3. h 4. k 5. a 6. j 7. b 8. l 9. g 10. i 11. f 12. m
13. e 14. n 15. o

Exercice 10
1. défaut 2. largeur, longueur 3. bouger 4. relâchent 5. creux 6. relient
7. ressort 8. parois 9. maladie 10. motricité 11. naissance

Exercice 11
1. c 2. g 3. e 4. f 5. b 6. a 7. d

Exercice 12
1. a 2. e 3. c 4. f 5. d 6. j 7. g 8. h 9. b 10. i

Exercice 13
1. lisses, striés   2. la boîte crânienne   3. cervelet, tronc   4. cerveau
5. cervelet, cervelet   6. vertébrale   7. moelle épinière

Exercice 14
1. colonne   2. moelle   3. boîte   4. tronc   5. fibres   6. lisses   7. striés
8. muscles   9. système   10. centre   11. nerveux   12. tissu
13 organe   14. respiratoire   15. vaisseaux   16. parois, digestif

CHAPITRE 2: Les spécialisations médicales

Exercice 2
1. anesthésiologiste   2. cardiologue   3. immunologiste
4. hématologue (hématologiste)   5. gynécologue   6. néphrologue   7. neurologue
8. endocrinologue   9. pédiatre   10. obstétricien   11. urologue   12. psychiatre
13. radiologue (radiologist)   14. gastro-entérologue

Exercice 3
1. l'urinologie   2. la néphrologie   3. la pédiatrie   4. la cardiologie
5. la gastro-entérologie   6. la radiologie   7. l'obstétrique   8. l'hématologie
9. la gynécologie   10. la neurologie

Exercice 4
1. allergique   2. local   3. infections   4. intraveineuse   5. toxiques
6. gynécologue   7. épidémies   8. sécrète   9. respiratoires   10. interniste
11. digestif   12. pédiatre, obstétricien   13. orthopédiste   14. visuels, oculaires

Exercice 5
1. d   2. e   3. h   4. i   5. o   6. f   7. j   8. g   9. l   10. k   11. n   12. a
13. c   14. b   15. m

Exercice 6
1. grossesse, accouchée   2. la perte de conscience   3. la peau   4. yeux   5. nez
6. oreilles   7. oreille, nez, gorge   8. voies   9. déversés   10. reins   11. sang
12. chirurgien

CHAPITRE 3: La peau

Exercice 2
1. le traitement   2. une injection   3. la pénicilline   4. la lotion   5. la cause
6. la complication   7. le furoncle   8. l'épiderme   9. l'hypersensibilité
10. la défense

Exercice 3
1. c   2. d   3. a   4. e   5. f   6. b   7. g

Exercice 5
1. le cuir chevelu   2. le front   3. le visage   4. l'oreille   5. la pommette   6. la lèvre
7. le menton   8. le cou   9. le doigt   10. l'aisselle   11. le coude   12. l'ongle
13. le genou   14. l'orteil

Exercice 6
1. les fesses   2. les yeux   3. les oreilles   4. les ongles   5. la plante du pied
6. le cuir chevelu   7. le front   8. les lèvres   9. le coude   10. le genou

Exercice 8
1. les pieds   2. le cuir chevelu   3. brûlure   4. l'urticaire   5. croûtes
6. la démangeaison   7. un point noir   8. rides   9. verrues   10. Le bouton de fièvre

Exercice 10
1. piqûres   2. récidivants   3. poudre   4. grasses   5. calvitie
6. sueur   7. soulager   8. douloureux   9. déchets   10. supprimé

CHAPITRE 4: Le cerveau et le système nerveux

Exercice 2
1. d   2. f   3. h   4. a   5. c   6. e   7. b   8. g

Exercice 3
1. f   2. a   3. d   4. e   5. b   6. c   7. i   8. h   9. g

Exercice 4
1. tuberculeux   2. psychologique   3. épidémique   4. épileptique   5. opérable
6. contagieux   7. conscient

Exercice 5
1. le traitement   2. la crise   3. la cellule   4. le germe   5. malin   6. opérable
7. le symptôme

Exercice 6
1. d   2. f   3. a   4. h   5. k   6. b   7. j   8. l   9. c   10. i   11. e   12. g
13. m

Exercice 7
1. respiration   2. cerveau   3. un anévrisme   4. attaques   5. la boîte crânienne
6. cachées   7. boîte crânienne   8. L'attaque hémorragie   9. vaisseaux sanguins
10. endroit atteint

Exercice 8
1. e   2. g   3. k   4. a   5. i   6. m   7. b   8. c   9. n   10. o   11. h   12. j
13. f   14. l   15. d

Exercice 9
1. écume   2. langue   3. Une tumeur cérébrale   4. fracture du crâne   5. mal de tête
6. tic, hoque   7. rechute   8. porteur   9. hoquet (tic)   10. la vue, l'odorat   11. tic
12. par voie intraveineuse

Exercice 10
1. a   2. d   3. e   4. i   5. b   6. g   7. f   8. c   9. h

Exercice 11
1. découle   2. révulsent, avale, s'étouffe   3. retenir   4. détruit
5. perdre conscience   6. alimenter

CHAPITRE 5: L'œil

Exercice 2
1. contagieuse   2. héréditaire   3. double   4. révélateur   5. sébacé   6. opaque
7. oculaire   8. ophtalmologique

Exercice 3

1. stériliser   2. prescrit   3. traiter   4. causer   5. traite   6. recouvre   7. tolérer

Exercice 4

1. c   2. e   3. a   4. g   5. d   6. h   7. b   8. f   9. i

Exercice 5

1. c   2. a   3. e   4. g   5. f   6. i   7. b   8. h   9. d

Exercice 6

1. c   2. e   3. h   4. a   5. k   6. j   7. l   8. i   9. f   10. m   11. o   12. g
13. n   14. d   15. b

Exercice 7

1. La paupière   2. lunettes (verres de contact)   3. verres de contact
4. durs, souples, souples   5. correcteurs (de contact)   6. rayon laser   7. soulager
8. cristallin

Exercice 8

1. c   2. e   3. g   4. h   5. j   6. a   7. b   8. l   9. k   10. f   11. i   12. d

Exercice 9

1. défauts (troubles)   2. défaut   3. perte de la vue   4. cécité   5. suite
6. daltonisme   7. décollement de la rétine   8. déchirure

CHAPITRE 6: L'oreille

Exercice 2

1. partiel   2. externe   3. interne   4. intelligible   5. traitable   6. amplifier
7. rectifier   8. détecter   9. fonctionner   10. prouver   11. convertir
12. combiner   13. liquide   14. cause

Exercice 3

1. d   2. g   3. h   4. a   5. i   6. b   7. c   8. e   9. j   10. f

Exercice 4

1. La Dramamine   2. liquide   3. Le diapason   4. cause   5. L'otite

Exercice 5

1. b   2. d   3. f   4. h   5. j   6. a   7. c   8. l   9. g   10. n   11. o   12. k
13. p   14. e   15. m   16. i

Exercice 6

1. la surdité   2. l'oreille   3. l'étrier   4. le tympan   5. l'oreille moyenne
6. le mal de mer   7. la paroi   8. l'osselet   9. le cérumen
10. subir des pertes d'audition   11. un appareil auditif   12. la trompe d'Eustache

CHAPITRE 7: Le nez et la gorge

Exercice 2

1. c   2. a   3. e   4. g   5. b   6. h   7. d   8. f

Exercice 3

1. d   2. f   3. b   4. e   5. g   6. h   7. i   8. c   9. a

Exercice 4
1. la bronchite   2. l'otite   3. la pneumonie   4. la laryngite   5. la sinusite

Exercice 5
1. d   2. e   3. c   4. g   5. i   6. a   7. k   8. b   9. l   10. f   11. h   12. j

Exercice 6
1. Le rhume de cerveau   2. le rhume des foins
3. Le nez, coule, la gorge, gratte, les yeux, piquent   4. gorge   5. nez   6. gorge
7. cloison déplacée   8. aiguë

Exercice 7
1. d   2. f   3. h   4. i   5. a   6. c   7. k   8. j   9. m   10. n   11. g   12. e
13. b   14. l

Exercice 8
1. la coqueluche   2. angine   3. déglutition   4. aphone   5. enflées
6. Les filets blancs   7. gargarismes   8. enroué   9. mal de tête   10. repos
11. coqueluche, coqueluche, l'amygdalite   12. fièvre

Exercice 9
1. c   2. e   3. a   4. b   5. d

Exercice 10
1. guérir   2. vider   3. réchauffer   4. soulager   5. soigner

Exercice 11
1. b   2. c   3. a   4. b   5. a

CHAPITRE 8: L'appareil respiratoire

Exercice 2
1. inhale, exhale   2. virale   3. spasme   4. allergène   5. mucus   6. trachéotomie
7. persistent   8. antibiotiques   9. pénicilline

Exercice 3
1. négatif   2. résistant   3. exhaler   4. diviser   5. réversible   6. extrinsèque

Exercice 4
1. l'élimination   2. la résistance   3. la pasteurisation   4. l'infection   5. l'indication
6. la respiration

Exercice 5
1. d   2. i   3. a   4. b   5. k   6. m   7. e   8. g   9. f   10. l   11. c   12. j
13. n   14. h

Exercice 6
1. L'amaigrissement   2. mal de gorge   3. conduits   4. poumons   5. voies
6. rhume   7. fièvre   8. étranglement (essouflement, étouffement)   9. gonflement
10. essouflement   11. crachements   12. toux   13. étouffement   14. toux
15. toux

Exercice 7
1. b   2. d   3. f   4. a   5. c   6. e

Exercice 8
1. c   2. e   3. g   4. h   5. f   6. a   7. d   8. b

Exercice 9
1. rejette   2. perte   3. cou   4. affaiblis   5. entourés   6. épaisse   7. ordonnances
8. débutent

CHAPITRE 9: Le cœur et l'appareil circulatoire

Exercice 2
1. cholestérol   2. rythme   3. choc   4. sécrétion   5. sédatif   6. malformation
7. physique   8. congénital   9. circulatoire   10. coronaire   11. initial
12. complet   13. saturées   14. chances   15. circulatoire

Exercice 3
1. médical   2. nerveux   3. initial   4. cardiaque   5. artériel   6. vasculaire
7. cérébral   8. chirurgical

Exercice 4
1. d   2. f   3. h   4. j   5. a   6. l   7. n   8. b   9. e   10. c   11. p   12. m
13. g   14. o   15. i   16. k

Exercice 5
1. c   2. c   3. a   4. b   5. c   6. a   7. c

Exercice 6
1. b   2. c   3. b   4. a   5. c   6. a   7. b   8. a   9. c

Exercice 7
1. c   2. f   3. h   4. a   5. b   6. l   7. m   8. n   9. i   10. d   11. o   12. k
13. e   14. j   15. g   16. q   17. p

Exercice 8
1. paroi   b. battement   3. durcissement   4. cardiaque   5. stades   6. artérielle
7. ralentissement   8. manque

Exercice 9
1. tension   2. pouls   3. rétrécissement   4. caillot   5. crise   6. médicament

Exercice 10
1. d   2. h   3. j   4. b   5. l   6. o   7. m   8. n   9. c   10. f   11. e   12. g
13. k   14. a   15. i

Exercice 11
1. douleurs dans la poitrine   2. vomissements, sueurs froides   3. excitations
4. ressent   5. grossesse   6. enceinte, s'abstenir   7. enfants   8. ondes

CHAPITRE 10: Le système digestif (I)

Exercice 2
1. h   2. d   3. a   4. c   5. i   6. f   7. e   8. j   9. b   10. g   11. k

Exercice 3
1. c   2. c   3. b   4. b   5. a   6. b

Exercice 4
1. gastrique   2. la diarrhée   3. œsophagite   4. le traitement   5. l'alcool
6. intestinal   7. anxieux   8. opérer   9. joindre

Exercice 5
1. présence   2. complications   3. hiatale   4. tension   5. alcool   6. digestif
7. entérite   8. acide   9. hémorragie

Exercice 6
1. b   2. a   3. l   4. h   5. c   6. m   7. g   8. k   9. j   10. f   11. e   12. i
13. d   14. n

Exercice 7
1. diète   2. régime   3. aiguë   4. mâcher, avaler   5. soulagent, troubles
6. éructation   7. bouche   8.   La vésicule biliaire

Exercice 8
1. d   2. f   3. a   4. h   5. i   6. l   7. g   8. k   9. m   10. b   11. j   12. e
13. c   14. n

Exercice 9
1. le lavage de l'estomac   2. la perte de l'appétit   3. l'amaigrissement   4. la suite
5. la plaie   6. la selle   7. le type sanguin   8. l'intoxication alimentaire

Exercice 10
1. de cerveau   2. mal de tête   3. sueurs froides   4. brûlures
5. lavage de l'estomac   6. voie intraveineuse

CHAPITRE 11: Le système digestif (II)

Exercice 2
1. fécales   2. abdominales   3. hépatite   4. contagieuse   5. incubation   6. stérile
7. transfusion   8. cirrhose   9. organes   10. mononucléose   11. totale

Exercice 3
1. la diarrhée   2. la constipation   3. la pancréatite   4. l'appendicite   5. la crampe
6. l'hépatite   7. la mononucléose   8. une occlusion   9. la perforation
10. un blocage

Exercice 4
1. c   2. b   3. f   4. h   5. j   6. a   7. e   8. i   9. g   10. d

Exercice 5
1. mortel   2. protéger   3. pénétrer   4. irritable   5. persistant   6. abdominal
7. intestinal   8. provoquer   9. le donneur

Exercice 6
1. b   2. d   3. f   4. a   5. c   6. e   7. g

Exercice 7

1. abouché   2. débute   3. frappés, se remettent   4. soulagent   5. tarde
6. emmagasine

Exercice 8

1. d   2. f   3. h   4. j   5. b   6. c   7. l   8. a   9. k   10. e   11. i   12. g

Exercice 9

1. un régime   2. manque   3. amidon   4. étanche   5. ballonnement
6. vésicule biliaire   7. foie   8. pierres   9. grêle   10. aller à la selle

Chapitre 12: La femme: appareil génital, grossesse et accouchement

Exercice 2

1. effets   2. tension   3. Fallope   4. traumatique   5. mesure   6. activité
7. sexuelles   8. bénigne   9. ovarien   10. accouchement sans douleur

Exercice 3

1. anormal   2. le fœtus   3. féconder   4. la ménopause   5. l'hormone
6. l'hémorragie   7. l'anxiété   8. malin   9. l'hystérectomie   10. un kyste
11. une tumeur   12. bénin

Exercice 4

1. d   2. f   3. l   4. i   5. e   6. a   7. j   8. c   9. k   10. b   11. h   12. g
13. p   14. o   15. n   16. m   17. q

Exercice 5

1. œuf   2. fécondé   3. fécondé, règles   4. saignement, enquête   5. fibrome
6. enceinte   7. grossesse   8. avortement spontané   9. sein   10. L'accouchement
11. accouchement par le siège

Exercice 6

1. le ventre   2. le sein   3. femelle   4. la grossesse   5. les règles

Chapitre 13: Les os, les articulations, les muscles

Exercice 2

1. colonne   2. discale   3. empoisonnement   4. retard   5. antibiotiques
6. fragments   7. physique   8. musculaire   9. ligamentaire   10. objet

Exercice 3

1. d   2. f   3. a   4. b   5. h   6. i   7. g   8. c   9. j   10. e

Exercice 4

1. e   2. a   3. g   4. b   5. i   6. c   7. j   8. f   9. l   10. d   11. h   12. k

Exercice 5

1. l'os   2. l'articulation   3. le ménisque   4. le membre   5. la cuisse   6. la hanche
7. le genou   8. le crâne   9. l'épaule

Exercice 6

1. f   2. h   3. e   4. a   5. i   6. k   7. c   8. j   9. l   10. g   11. d   12. b
13. m   14. n

Exercice 7
1. entorse   2. luxation   3. déchirure ligamentaire   4. frappe   5. coup du lapin
6. dépister   7. soulever   8. relever   9. luxation   10. réduire

Exercice 8
1. c   2. a   3. e   4. d   5. b

Exercice 9
1. nouveau-né, défaut   2. vieillissement   3. boiteux   4. plâtre

CHAPITRE 14: Les reins et l'appareil génito-urinaire

Exercice 2
1. c   2. e   3. f   4. g   5. a   6. b   7. h   8. d

Exercice 3
1. urine   2. acide   3. cage   4. génito-urinaire   5. infection   6. mâles
7. artificiel   8. chronique   9. rétention   10. tumeur   11. pulmonaire   12. ectopie

Exercice 4
1. a   2. b   3. c   4. b   5. b   6. b   7. c   8. a   9. c   10. b

Exercice 5
1. présent   2. total   3. une lésion   4. chronique   5. purifier   6. mâle
7. pulmonaire   8. permanent   9. temporaire   10. fatal

Exercice 6
1. b   2. a   3. k   4. j   5. e   6. h   7. c   8. i   9. d   10. f   11. g   12. l

Exercice 7
1. reins   2. déchets   3. La vessie   4. calculs rénaux   5. La miction, mictions
6. examens de contrôle   7. sondage   8. frissons   9. déclenchent
10. artificiel, maintenir

CHAPITRE 15: Le cancer

Exercice 2
1. bénigne   2. tumeur   3. maligne   4. cellules   5. tissu   6. division
7. cellulaires   8. type   9. détection   10. intervention   11. radicale
12. lymphatiques   13. mélanome   14. médical   15. chances   16. cancer
17. coordination   18. personnalité   19. éléments

Exercice 3
1. d   2. c   3. f   4. h   5. a   6. e   7. b   8. g

Exercice 4
1. cellulaire   2. pénétrer   3. le tissu   4. détacher   5. entier   6. la métastase
7. détecter   8. opérer   9. la rapidité   10. cutané

Exercice 5
1. o   2. m   3. l   4. f   5. n   6. h   7. g   8. d   9. a   10. c   11. b   12. e
13. j   14. k   15. i

Exercice 6
1. ablation   2. enlever   3. frappe, frappe   4. guérison   5. dépiste, début
6. faiblesse   7. globules   8. moelle

Exercice 7
1. le poumon   2. le cerveau   3. le sein   4. la peau

Chapitre 16: Les maladies mentales

Exercice 2
1. mentale   2. physiques   3. psychologiques   4. tension   5. stress   6. pression
7. relaxation   8. anxiété   9. anxiété   10. dépression   11. nerveux   12. réaction
13. intervention   14. groupe   15. thérapie   16. psychose   17. mémoire
18. désorientation

Exercice 3
1. l'obsession   2. la phobie   3. l'hystérie   4. le délire   5. l'asthénie   6. la timidité
7. le narcissisme   8. la passivité   9. la dépression   10. la démence   11. l'anxiété
12. l'autisme

Exercice 4
1. e   2. h   3. a   4. c   5. f   6. j   7. i   8. b   9. d   10. g

Exercice 5
1. e   2. c   3. h   4. f   5. b   6. d   7. a   8. i   9. g

Exercice 6
1. orgueil, confiance   2. méfiance   3. manque de confiance   4. un monde à lui
5. accès   6. comportement   7. manque de bon sens   8. calmants

LES SOINS MEDICAUX

Chapitre 17: La santé: comment la préserver

Exercice 2
1. mentale   2. physique   3. l'hygiène   4. l'hygiène   5. l'hygiène   6. physique
7. naturelles   8. humain   9. physique   10. déficience   11. énergie
12. cholestérol   13. biologique   14. animales   15. infections   16. ultraviolets
17. rayons   18. accomplissement   19. qualité

Exercice 4
1. True   2. True   3. True   4. True   5. True

Exercice 5
1. a   2. c   3. a   4. c   5. c

Exercice 6
1. c   2. a   3. e   4. b   5. f   6. d

Exercice 7
1. d   2. e   3. h   4. a   5. c   6. g   7. j   8. l   9. k   10. n   11. f   12. m
13. b   14. i

Exercice 8
1. régime   2. propreté   3. alimentation   4. taille   5. os, croissance   6. transpire
7. repos   8. sang   9. peau   10. régime   11. maladie   12. médecin

Exercice 9
1. les aliments   2. le sang   3. un jour de repos   4. la croissance   5. la propreté
6. un régime   7. la peau   8. l'os   9. sain   10. la maladie

Exercice 10
1. b   2. c   3. f   4. d   5. g   6. a   7. h   8. e

Exercice 11
1. savon   2. dentifrice   3. dentifrice, fil à dents   4. une douche

Exercice 12
1. e   2. c   3. h   4. l   5. n   6. o   7. a   8. f   9. i   10. m   11. g   12. j
13. p   14. k   15. d   16. b

Exercice 13
1. graisses   2. baisser   3. poisson, poissons   4. enceinte   5. forme   6. briser
7. cicatrisation

Exercice 14
6, 3, 2, 4, 7, 1, 5

CHAPITRE 18: La prévention des maladies

Exercice 2
1. a, f   2. b, e   3. c, f   4. d, e   5. e   6. b, f   7. f   8. e   9. b, e   10. c, f
11. d, e   12. e

Exercice 3
1. e   2. h   3. b   4. f   5. i   6. a   7. c   8. d   9. g

Exercice 4
1. transmissible   2. respiratoire   3. attribuable   4. viral   5. sexuel   6. inévitable

Exercice 5
1. symptômes   2. éliminer (combattre), cause, source   3. sexuelles   4. seringue
5. vaccin, vaccin   6. incubation   7. pénicilline   8. antibiotique

Exercice 6
contractée, combattre, attaquer, éliminer, isoler, développer

Exercice 7
1. transmissible   2. chronique   3. cardiaque   4. grave   5. le traitement
6. la source   7. strict   8. inévitable   9. viral   10. endémique

Exercice 8

1. cholestérol   2. dépôt   3. artère   4. test   5. transfusion   6. complications
7. seringue   8. strict   9. respiratoire   10. causes   11. vénérienne   12. incubation
13. infection   14. secondaire

Exercice 9

1. d   2. n   3. g   4. j   5. b   6. p   7. h   8. c   9. k   10. e   11. a   12. l
13. f   14. m   15. i   16. o

Exercice 10

1. True   2. False   3. True   4. True   5. False   6. False   7. True   8. False
9. False   10. False

Exercice 11

1. a   2. b   3. c   4. d   5. l   6. h   7. f   8. g   9. k   10. i   11. j   12. e

Exercice 12

1. la rougeole, la coqueluche   2. sexuellement transmise   3. prise de sang
4. toxicomane   5. radiographies   6. préservatifs

Exercice 13

1. c   2. d   3. h   4. a   5. f   6. b   7. i   8. e   9. g   10. j

Exercice 14

1. Le cœur, les poumons   2. une perte de la vue (la cécité)   3. poids   4. grossesse
5. de l'ouïe

Exercice 15

1. d   2. f   3. j   4. k   5. a   6. i   7. b   8. l   9. e   10. g   11. m   12. h
13. c

CHAPITRE 19: Gestion d'un établissement de soins polyvalents

Exercice 2

1. b   2. f   3. h   4. c   5. a   6. d   7. e   8. g   9. i   10. j

Exercice 3

1. g   2. e   3. i   4. d   5. b   6. h   7. a   8. c   9. f   10. j

Exercice 4

1. comité   2. médical   3. groupe   4. conseil   5. permanent   6. services
7. groupes   8. hospitalier   9. personnel   10. administrateur

Exercice 5

1. c   2. f   3. i   4. h   5. g   6. d   7. b   8. a   9. e

Exercice 6

1. b   2. c   3. c   4. b   5. a   6. b   7. a   8. b

Exercice 7

1. le genre   2. une équipe   3. l'intendant   4. l'infirmier (-ière)   5. veiller

Exercice 8

1. i   2. g   3. c   4. b   5. l   6. j   7. e   8. a   9. h   10. f   11. d   12. k
13. m

Exercice 9

1. un conseil d'administration   2. fondés de pouvoir   3. élus   4. siège
5. rendre compte   6. soumettre   7. Gérer

Exercice 10

1. c   2. d   3. a   4. e   5. f   6. b

CHAPITRE 20: Médecin / Infirmière / Malade / Famille

Exercice 2

1. d   2. f   3. a   4. i   5. h   6. b   7. j   8. e   9. c   10. g   11. k

Exercice 3

1. a   2. c   3. b   4. c   5. a   6. b   7. c   8. c

Exercice 4

1. chances   2. respiratoire   3. mesures   4. nature   5. crédibilité   6. humain
7. défensive   8. jargon   9. interview   10. grimace   11. présence   12. code
13. société   14. décisions   15. profession

Exercice 5

1. d   2. g   3. i   4. a   5. j   6. k   7. e   8. h   9. b   10. f   11. c

Exercice 6

1. e   2. n   3. r   4. p   5. i   6. b   7. q   8. k   9. m   10. a   11. d   12. g
13. h   14. o   15. c   16. f   17. l   18. j

Exercice 7

1. médecin   2. malades   3. soignent   4. soigne   5. regard   6. mort
7. chercheur   8. croyances   9. l'interlocuteur   10. faculté de médecine
11. survie

Exercice 8

1. e   2. h   3. j   4. f   5. m   6. a   7. b   8. o   9. i   10. k   11. p   12. g
13. c   14. d   15. r   16. l   17. n   18. q

Exercice 9

1. bienveillant, compatissant   2. manque   3. douleur   4. enceinte   5. toux, toux
6. débrancher   7. avortement   8. doigts

Exercice 10

1. exaucer   2. accrue   3. se bornent à   4. les souhaits   5. se dévoue
6. un indice

Exercice 11

1. le regard   2. soigner   3. le chercheur   4. le médecin (l'infirmière)   5. le malade
6. une préoccupation   7. une croyance   8. un indice   9. la vie   10. l'interlocuteur
11. se dévouer   12. se borner

CHAPITRE 21: Les services hospitaliers

Exercice 2

1. b   2. e   3. g   4. c   5. h   6. a   7. l   8. i   9. f   10. d   11. j   12. k

Exercice 3

1. l'autopsie   2. le diagnostic   3. le pronostic   4. le laboratoire   5. la morgue
6. le microscope   7. l'invalide   8. le traitement   9. le docteur

Exercice 4

1. l'identification   2. l'isolation   3. la modification   4. la cause   5. le traitement
6. le diagnostic   7. le développement   8. le pronostic

Exercice 5

1. anatomique   2. chimique   3. biologique   4. psychologique   5. pathologique
6. immunologique   7. physiologique

Exercice 6

1. d   2. b   3. g   4. o   5. e   6. h   7. l   8. n   9. a   10. i   11. m   12. f
13. k   14. c   15. p   16. j   17. q

Exercice 7

1. à l'œil nu   2. alité   3. cellules   4. poumons, cœur   5. soigner
6. contenus gastriques

Exercice 8

1. c   2. e   3. a   4. d   5. b

Exercice 9

1. laboratoire   2. équipe   3. laboratoire   4. urine   5. radiologie
6. orthopédiques   7. la médecine

CHAPITRE 22: Opération et rétablissement

Exercice 2

1. opérer   2. nature, résultats   3. risques   4. signe   5. compliquée
6. explication   7. hôpital

Exercice 3

1. b   2. d   3. a   4. c

Exercice 4

1. infection   2. opération   3. résident   4. assistant   5. assistant   6. chirurgien
7. vitales

Exercice 5

1. c   2. e   3. g   4. a   5. h   6. i   7. d   8. b   9. j   10. f

Exercice 6

1. chirurgien-chef, chirurgie, assistants   2. chirurgie   3. chirurgicaux   4. recousue
5. points de suture, pinces   6. rétablissement   7. réanimation

Exercice 7

1. c   2. f   3. h   4. d   5. i   6. a   7. j   8. e   9. l   10. g   11. b   12. k

Exercice 8
1. formulaire   2. piqûre, somnolent   3. à jeun   4. vide, à jeun   5. vomissements
6. poils   7. douleur   8. soulager   9. maintien   10. cabinet

Chapitre 23: Les urgences

Exercice 2
1. c   2. a   3. e   4. d   5. f   6. b

Exercice 3
1. compétent   2. entraîné   3. le rythme cardiaque   4. une opération   5. le centre
6. continu   7. la priorité   8. le traitement   9. le bénévole   10. une fonction vitale

Exercice 4
1. service   2. communauté   3. cardiaques   4. centrale   5. centre   6. fonctions
7. électronique   8. alarme   9. personnel   10. rythme

Exercice 5
1. c   2. e   3. g   4. i   5. k   6. a   7. f   8. m   9. b   10. p   11. j   12. l
13. o   14. h   15. d   16. n   17. q   18. r

Exercice 6
1. salle des urgences   2. ambulance   3. urgence   4. secouristes   5. attente
6. L'accidenté   7. blessée   8. respirer   9. tension artérielle   10. prévenir
11. de réanimation   12. appareils   13. suivi de très près   14. brûlures

Chapitre 24: Soins pour les malades hospitalisés

Exercice 2
1. le patient   2. la dépression   3. s'opposer à   4. réconforter   5. entrer en contact
6. le rôle   7. imminent   8. la gériatrie   9. se concentrer   10. l'hospice
11. incurable   12. routinier

Exercice 3
1. imminente   2. visite   3. oppose   4. mesures   5. rôle   6. condition   7. liaison
8. incurables   9. température   10. clergé

Exercice 4
1. c   2. e   3. o   4. k   5. i   6. a   7. b   8. f   9. m   10. g   11. n   12. h
13. j   14. p   15. l   16. d

Exercice 5
1. cachet   2. soignant   3. soignent   4. médicaments   5. prise   6. piqûre
7. un somnifère   8. un analgésique   9. guérir   10. guérison

Exercice 6
1. la tension artérielle   2. le pouls   3. la température (normale)   4. les analgésiques
5. un calmant

Exercice 7

1. l'analgésique   2. le calmant   3. l'infirmière diplômée   4. la tension artérielle
5. le médecin   6. le personnel soignant   7. une piqûre   8. guérir

Exercice 8

1. c   2. d   3. h   4. j   5. f   6. i   7. a   8. e   9. g   10. b

Exercice 9

1. conseille   2. l'aide-infirmière   3. bassin   4. vider   5. les honoraires
6. soulagent   7. la marche   8. ressources disponibles

Exercice 10

1. f   2. c   3. b   4. g   5. d   6. h   7. e   8. a   9. i

Exercice 11

1. mourants   2. en phase terminale   3. colère   4. souffrance, douleur   5. mort

CHAPITRE 25: Soins pour les malades ambulatoires et à domicile

Exercice 2

1. ambulatoire   2. qualité   3. résultats   4. routinier   5. clinique   6. alternative
7. âgées   8. hospitalier   9. idéale   10. professionnels   11. fonds
12. communautaire   13. services   14. organisation

Exercice 3

1. inférieur   2. idéal   3. l'alternative   4. les fonds   5. le convalescent
6. la demande   7. routinier   8. privé   9. gratuit   10. le test   11. le résultat
12. communautaire

Exercice 4

1. d   2. g   3. a   4. i   5. k   6. b   7. j   8. f   9. e   10. l   11. h   12. c

CHAPITRE 26: La santé mentale, l'alcoolisme et la drogue

Exercice 2

1. mentale   2. mentale   3. progressive   4. primaire   5. génétiques   6. alcool
7. dépendance   8. s'abstenir   9. héréditaire   10. programme   11. psychologique

Exercice 3

1. b   2. a   3. c   4. c   5. b   6. c   7. b   8. b   9. a

Exercice 4

1. c   2. d   3. h   4. f   5. a   6. e   7. b   8. g

Exercice 5

1. vieillesse   2. vieillissement   3. jeunesse   4. l'espérance de vie
5. perte de mémoire   6. mort   7. névrose, névrose   8. psychose

Exercice 6

1. a   2. d   3. g   4. b   5. e   6. c   7. f   8. h

Exercice 7

1. taux   2. guérison   3. prescrit   4. fléau   5. couches   6. sous-jacente

FRENCH-ENGLISH VOCABULARY

A

à domicile (at) home
à haute tension high voltage
à jeun fasting
à l'heure actuelle at the present time
à l'œil nu to the naked eye
à tout prix at all costs
à partir de (starting) from
abcès *m* abscess
ablation *f* ablation, excision, removal
abondant abundant
aboucher to connect
s'abstenir to abstain
abus *m* abuse
accès *m* attack
accès de toux *m* coughing fit
accident *m* accident
accident de la route *m* car accident
accidenté *m* accident victim
accomplir to acomplish
accomplissement *m* accomplishment
s'accorder to agree
accouchement *m* delivery (of baby)
accouchement par le siège *m* breech birth
accouchement sans douleur *m* natural childbirth
accoucher to give birth, deliver
accru increased
acide *m* acid
acide aminé *m* amino acid
acide chlorhydrique *m* hydrochloric acid
acide urique *m* uric acid
acné *f* acne
acné rosacée *f* rosaceous acne
acoustique acoustic
actif active
activité *f* activity
actuellement at present, presently, nowadays
adapter to adapt

addictif addictive
addiction *f* addiction
adénome *m* adenoma, glandular tumor
adéquat adequate
adhérer to adhere
admettre to admit
administrateur *m* administrator
administratif administrative
administration *f* administration
administré administered
administrer to administrate; to administer, to dispense
adolescent *m* adolescent
adrénaline *f* adrenaline
adversaire *m* or *f* adversary
affaibli weakened
affaiblissement *m* weakening
affectif emotional
affection *f* ailment
affliger to afflict
âge *m* age
âgé old
âge mûr *m* adulthood
aggraver to worsen, to aggravate
agir to act
s'agir de to be a question of
agiter to agitate
agressivité *f* aggressiveness
aide-infirmier *m* nurse's aide
aigu(ë) acute, sharp
air *m* air
aisé well-to-do; comfortable
aisselle *f* armpit
ajouter to add
alarme *f* alarm
alcool *m* alcohol
alcoolique *m* or *f* alcoholic
alcoolisme *m* alcoholism
alimentaire of or pertaining to food
alimentation *f* food

alimentation par voie intraveineuse *f*
  intravenous feeding
alimenter   to feed
alité   bedridden
aller à la selle   to have a bowel movement
allergène *m*   allergen
allergie *f*   allergy
allergique   allergic
allergologie *f*   allergy (medical practice)
allongé   prone
altération *f*   change, alteration
alternance *f*   alternating occurrence
alternatif   alternative
alternative *f*   alternative
alterner   to alternate
alvéole *f*   alveolus
amaigrissement *m*   weight loss
ambulance *f*   ambulance
ambulatoire   ambulatory, able to move
  one's limbs
amener   to bring
amer   bitter
amidon *m*   starch
amphétamine *f*   amphetamine
amplifier   to amplify
ampoule *f*   blister
amygdale *f*   tonsil
amygdalite *f*   tonsillitis
analgésique *m*   painkiller
analyse *f*   analysis
anarchique   lacking order or regularity
anatomie *f*   anatomy
anatomique   anatomical
anesthésie *f*   anesthesia
anesthésiologiste *m* or *f*   anesthesiologist
anesthésique *m*   anesthetic
anévrisme *m*   aneurism
angine *f*   tonsillitis, sore throat
angine de poitrine *f*   angina pectoris
angoisse *f*   anguish, anxiety
animal *m*   animal
anomalie *f*   anomaly, abnormality
anormal   abnormal
antacide *m*   antacid
anthrax *m*   carbuncle
antibiotique *m*   antibiotic
antihistaminique *m*   antihistamine
antiseptique *m*   antiseptic
antitussif *m*   cough medicine

anurie *f*   anuria
anxiété *f*   anxiety
anxieux   anxious
anxiolytique   anxiolytic
apathie *f*   apathy
s'apercevoir   to notice
aphone   mute, voiceless
apoplexie *f*   apoplexy, stroke
apparaître   to appear
appareil *m*   machine, apparatus; system
appareil acoustique *m*   hearing aid
appareil auditif *m*   hearing aid
appareil circulatoire   circulatory system
appareil respiratoire *m*   respirator;
  respiratory system
appendice vermiculaire *m*   veriform
  appendix
appendicite *f*   appendicitis
appliquer   to apply
apport *m*   flow, supply
apport d'oxygène *m*   oxygen
  (administered), supply of oxygen
apporter   to bring
apprécier   to appreciate
approfondi   thorough
arrêter   to stop
arrière   behind
artère *f*   artery
artérioscléreux   arteriosclerotic
artériosclérose *f*   arterioslerosis
arthrite *f*   arthritis
arthrose *f*   arthrosis
articulation *f*   joint
artificiel   artificial
arythmie *f*   arrhythmia
ascendant   ascending
aspect *m*   aspect
asphyxie *f*   asphyxia
aspirine *f*   aspirin
asséchant   drying
assembler   to assemble
assistant *m*   assistant
assistant social *m*   social worker
assisté de   assisted by
assister à   to attend, be present at
association *f*   association
associé   associated
assoupissement *m*   drowsiness,
  sluggishness

assurance *f*   insurance
asthénie *f*   asthenia, debility
asthme *m*   asthma
astigmatisme *m*   astigmatism
athérosclérose *f*   atherosclerosis
atmosphère *f*   atmosphere
atrophie *f*   atrophy
attacher   to attach
attaque *f*   attack; bout; stroke
attaque cérébrale *f*   stroke
attaquer   to attack
atteindre   to afflict
atteint   affected, impaired
attente *f*   wait
attention *f*   attention, care
attraper   to catch, contract
attribuable   attributable
au prix de   at the price of
audition *f*   hearing
augmenter   to go up, increase
autisme *m*   autism
autocritique *f*   self-criticism
automatique   automatic, autonomic
autopsie *f*   autopsy
autorisation *f*   authorization
autorité *f*   authority
avaler   to swallow
avancé   advanced
avant-bras *m*   forearm
aveugle   blind
avis *m*   opinion
avoine *f*   oats
avoir besoin de   to need
avoir lieu   to take place
avoir mal à la tête   to have a headache
avoir tendance à   to tend
avortement *m*   abortion
avortement spontané *m*   miscarriage
axe *m*   axis

B

bacille *m*   bacillus
bactérie *f*   bacteria
bactérien   bacterial
bactériologie *f*   bacteriology
bain *m*   bath
baisser   to go down, decline, lower
ballonnement *m*   distension, bloating
barbiturique *m*   barbiturate

bas   low, softly
baser   to base
bassin *m*   bedpan; pelvis
battement *m*   beating
battement de cœur *m*   heartbeat
bénévole   charitable, volunteer
bénin (bénigne)   benign
béribéri *m*   beriberi
bêtise *f*   foolish act
bienveillant   benevolent, kind
bile *f*   bile
biliaire   biliary, bile
bilirubine *f*   bilirubin
biologique   biological
bipolaire   bipolar
blanc de l'œil *m*   white of the eye
blé *m*   wheat
blennorragie *f*   gonorrhea
blessé   injured
blocage *m*   blockage
bloqué   blocked
bœuf *m*   beef
boisson *f*   drink
boîte crânienne *f*   skull, braincase
boiteux   lame
bon sens *m*   common sense
se borner   to limit oneself
botuline *f*   botulin
botulisme *m*   botulism
bouche *f*   mouth
bouchon *m*   plug
bouger   to move
bourse *f*   bursa
bourse testiculaire *f*   scrotum
bouton *m*   pimple
bouton de fièvre *m*   fever blister
bovin   bovine
bradycardie *f*   bradycardia
branche *f*   branch
bras *m*   arm
briser la morne routine   to break the
  monotony
bronche *f*   bronchus, bronchial tube
bronchiole *f*   bronchiole
bronchite *f*   bronchitis
bronchodilatateur   bronchodilator
broncho-pneumonie *f*   bronchial
  pneumonia
brosser   to brush

bruit *m*   noise
brûlure *f*   burn
brûlures d'estomac *f pl*   heartburn
brusque   abrupt
bruyant   noisy
bulle *f*   blister
bursite *f*   bursitis

C

cabinet de médecin *m*   doctor's office
caché   hidden, undetected
cachet *m*   tablet
cadavre *m*   cadavre
cœcum *m*   cecum
cage *f*   cage
cage thoracique *f*   thoracic cage
caillot *m*   clot
calcul *m*   stone
calcul rénal *m*   kidney stone
callosité *f*   callous
calmant *m*   tranquilizer, sedative
calvitie *f*   baldness
canal *m*   canal
cancer *m*   cancer
cancéreux   cancerous
capillaire *m*   capillary
capter   to collect, pick up
caractère *m*   character, personality
se caractériser   to be characterized
cardiaque   cardiac
cardiologie *f*   cardiology
cardiologue *m or f*   cardiologist
cardio-vasculaire   cardiovascular
carence *f*   deficiency, lack
carrément   unequivocally
cartilage *m*   cartilage
cas *m*   case
casser   to break
catalyseur *m*   catalyst
cataracte *f*   cataract
cause *f*   cause
causer   to cause
cautériser   to cauterize
cavité *f*   cavity
cavité articulaire *f*   socket
cavité pleurale *f*   pleural cavity
cécité *f*   blindness
cellulaire   cellular
cellule *f*   cell

cellule vivante *f*   living cell
centimètre *m*   centimeter
centre *m*   center
céréale *f*   grain
cérébral   cerebral
cérumen *m*   ear wax
cerveau *m*   brain
cervelet *m*   cerebellum
césarienne *f*   Caesarean (section)
chaleur *f*   heat
chance *f*   luck, chance
changement *m*   change
changer   to change
chaque   each, every
chargé de   in charge of
charpente *f*   framework
chemise *f*   shirt, hospital gown
cher   expensive
chercheur *m*   researcher
cheveux *m pl*   hair
chimie *f*   chemistry
chimiothérapie *f*   chemotherapy
chimique   chemical
chirurgical   surgical
chirurgicalement   surgically
chirurgien *m*   surgeon
chirurgien-chef *m*   chief surgeon
chloroforme *m*   chloroform
choc *m*   shock
choc anaphylactique *m*   anaphylactic
   shock
choisir   to choose
choix *m*   choice
choléra *m*   cholera
cholestérol *m*   cholesterol
chronique   chronic
chute des cheveux *f*   hair loss
cicatrisation *f*   healing
se cicatriser   to scar, heal
cinquantaine *f*   the age of 50
circonvolution *f*   convolution
circulation *f*   circulation
circulatoire   circulatory
circuler   to circulate
cirrhose *f*   cirrhosis
clair   clear
clergé *m*   clergy
clinique   clinical
clinique *f*   clinic

cloison *f* partition
cloison déplacée *f* deviated septum
coagulation *f* coagulation
cocaïne *f* cocaine
code *m* code
cœur *m* heart
col de l'utérus *m* cervix
colère *f* anger
côlon *m* colon
côlon irritable *m* irritable bowel
colonne *f* column
colonne vertébrale *f* spinal column
coma *m* coma
combattre to combat
combinaison *f* combination
comité *m* committee
comité commun de conférence *m* joint conference committee
communautaire of or pertaining to the community
communauté *f* community
communication *f* communication
communiquer to communicate
compagnie d'assurances *f* insurance company
compassion *f* compassion
compatissant compassionate
compère-loriot *m* sty
compétence *f* competence
compétent competent
complet complete
complexe complex
complication *f* complication
compliqué complicated
comportement *m* behavior
composer to make up, put together
comprendre to understand
compresse *f* compress
comprimé *m* pill
se concentrer to concentrate
concerné concerned
concerner to concern
conduire to lead
conduit *m* canal, duct, passageway
conduit auditif *m* ear canal
confiance *f* confidence, faith, trust
confidence *f* confidence
confier to confide, trust, entrust
conflit *m* conflict

confusion *f* confusion
conjonctive *f* conjunctiva
conjonctivite *f* conjunctivitis
connaissance *f* knowledge
conique cone-shaped, conical
se consacrer to devote oneself
conscient conscious
conseil *m* council; advice
conseil d'administration *m* board of directors
conseiller to advise, counsel, give advice
console *f* console
consommation *f* consumption
consommer to consume
constant constant
constipation *f* constipation
constituer to constitute
constitutif constituent
construire to construct
contagieux contagious
contagion *f* contagion
contaminer to contaminate
contenir to contain
se contenter to content oneself, be satisfied
contenu *m* contents
contenus gastriques *m pl* gastric contents
continu continuous
contracté contracted
contracter to contract
contraire *m* opposite
contrôle *m* control
contrôler to control
contusion *f* contusion, bruise
convalescent convalescent
convenable adequate
convertir to convert
se convulser to convulse
coordonner to coordinate
coqueluche *f* whooping cough
cor *m* corn (foot)
cornée *f* cornea
coronaire coronary
corporel pertaining to the body
corps *m* body
corriger to correct
corset *m* corset
cortisone *f* cortisone
cosmétique cosmetic

côte *f*   rib
côté *m*   side
cou *m*   neck
couches sociales *f pl*   social strata
coude *m*   elbow
couler   to flow, run
couleur *f*   color
coup *m*   blow, hit
coup de poing *m*   punch
coup de soleil *m*   sunburn, sunstroke
coup du lapin *m*   whiplash
coupé   cut off
coupure *f*   cut
courant   regular, normal, common
courbe *f*   curve
courbure *f*   curvature
court   short, small
crachement *m*   spitting
crack *m*   crack
crainte *f*   fear
crampe *f*   cramp
crâne *m*   skull
crédibilité *f*   credibility
créer   to create
creux   hollow
criminalité *f*   criminality
crise *f*   crisis; fit
crise cardiaque *f*   heart attack
cristallin *m*   lens (of the eye)
critère *m*   criterion
croissance *f*   growth
Croix-Rouge *f*   Red Cross
croup *m*   croup
croûte *f*   scab, crusting
croyance *f*   belief
cryothérapie *f*   cryotherapy
cuir chevelu *m*   scalp
cuisse *f*   thigh
culture *f*   culture
cure *f*   cure
cutané   of or pertaining to the skin
cutiréaction *f*   skin test reaction
cystite *f*   cystitis
cytologie *f*   cytology

D

daltonisme *m*   color blindness
de l'extérieur   from the exterior
de l'intérieur   from within

de mise   suitable
de nos jours   these days, nowadays
de plus en plus   more and more
de résidence   in residence
de soins polyvalents   multicare
de soutien   supporting
de temps en temps   from time to time
de très près   closely
se débarrasser de   to get rid of
débrancher   to unplug
début *m*   beginning, onset
débuter   to start, begin
déceler   to detect
décès *m*   death
décevant   deceptive
déchets *m pl*   waste
déchirement *m*   tearing
déchirure *f*   tear, rip
déchirure ligamentaire *f*   torn ligament
se déclarer   to appear, manifest itself
déclencher   to induce, set off, trigger
décollement de la rétine *m*   detached retina
découler   to result, come from
défaut *m*   lack; malformation, defect
défendre   to defend
défense *f*   defense
défensive *f*   defensive
déféquer   to defecate
déficience *f*   deficiency
défigurer   to disfigure
se définir   to be defined
déformation *f*   deformity
dégénérer   to degenerate
dégénérescence *f*   degeneration
déglutition *f*   swallowing
degré *m*   degree
déléguer   to delegate
délire *m*   delirium
demande *f*   demand
démangeaison *f*   itching
Demarol *m*   Demarol
démence *f*   dementia, insanity, madness
dent *f*   tooth
dentaire   dental
dentifrice *m*   toothpaste
dépendance *f*   dependence
dépistage *m*   detection
dépister   to detect

se déplacer   to move by oneself
déposer   to deposit, place
dépôt *m*   deposit
dépression *f*   depression
déprimant   depressing
déprivé   deprived
déraisonnable   unreasonable
dermatologue *m* or *f*   dermatologist
dermite *f*   dermatitis
derrière *m*   behind
dès   from, beginning with
descendant   descending
descente *f*   descent
déshydratation *f*   dehydration
désigner   to designate
désintoxication *f*   detoxication
désir *m*   desire
désirable   desirable
désodorisant *m*   deodorant
désordonné   disorganized
désorientation *f*   disorientation
dessécher   to dry up
desservir   to serve
détendu   relaxed
déterminé   specific
déterminer   to determine
détruire   to destroy
développement *m*   development
développer   to develop
devenir   to become
déverser   to discharge
devoir *m*   duty
se dévouer   to devote oneself
diabète *m*   diabetes
diabétique   diabetic
diagnostic *m*   diagnosis
diagnostique   diagnostic
diagnostiquer   to diagnose
diapason *m*   diapason
diaphragme *m*   diaphragm
diarrhée *f*   diarrhea
diète *f*   fast
diététicien *m*   dietician
diététique *f*   dietetics, diet
différemment   differently
différent   different
digestif   digestive
digitale *f*   digitalis
dilatation *f*   dilation, dilatation

dilemme *m*   dilemna
diminuer   to decline
diminution *f*   weakness, decrease
diphtérie *f*   diphtheria
diplôme *m*   diploma
diplômé   graduated, holding a degree
direction *f*   direction, management
diriger   to run, direct
se diriger vers   to move toward
discal   of or pertaining to the disk
disparaître   to disappear
disparition *f*   disappearance
dispensé   dispensed
disponible   available
disposé   disposed
disposition *f*   disposition
dissection *f*   dissection
distinguer   to distinguish
diurétique *m*   diuretic
diviser   to divide
doigt *m*   finger
domaine *m*   domain
donner   to give
donneur *m*   donor
d'optique   optical
dos *m*   back
dose *f*   dosage, dose
douche *f*   shower
douleur *f*   pain
douloureux   painful
douteux   doubtful
drainage *m*   drainage
drainer   to drain
Dramamine *f*   Dramamine
drogue *f*   drug
drogué *m*   drug addict
droit   right; law
d'un certain âge   middle-aged
duodénum *m*   duodenum
dur   hard
durcissement *m*   hardening
durée *f*   length, duration
durer   to last, continue
dysenterie *f*   dysentery
dysménorrhée *f*   dysmenorrhea

E
ébullition *f*   boiling
échange *m*   exchange

échelle *f*   scale, ladder
écoulement *m*   flowing
s'écouler   to flow out
écoute *f*   listening
ectopie *f*   ectopia
écume *f*   foam
eczéma *m*   eczema
effectuer   to carry out, perform
s'effectuer   to take effect, take place
effet *m*   effect
effet secondaire *m*   side effect
efficace   effective, efficient
efficacité *f*   effectiveness
effort *m*   effort
également   as well
s'élargir   to become bigger
élasticité *f*   elasticity
électrocardiogramme *m*
   electrocardiogram
électrocardiographie *f*
   electrocardiography
électrode *f*   electrode
électroencéphalogramme *m*
   electroencephalogram
élément *m*   element
élevé   raised, high
éliminer   to eliminate
élire   to elect
éloigner   to move apart
élu   elected
s'embarrasser de   to burden oneself with
embolie *f*   embolism
embryon *m*   embryo
émetteur *m*   sender
émis   emitted
emmagasiner   to store
émotivité *f*   emotionalism
empêcher   to hinder, impede
emphysème pulmonaire *m*   pulmonary
   emphysema
employer   to use
empoisonnement *m*   poisoning
en grec   in Greek
en phase terminale   terminally ill
en rapport avec quelqu'un   to have a
   relationship with
en revue   in review
en vue   prominent
enceinte   pregnant

encéphale *m*   encephalon, brain
encéphalique   encephalitic
encéphalite *f*   encephalitis
encéphalographie *f*   encephalography
encourager   to encourage
encourir   to run (risk)
endémique   endemic
endocrine   endocrine
endocrinologie *f*   endocrinology
endommager   to damage
endoscopie *f*   endoscopy
endroit *m*   place, area
endroit atteint *m*   affected area
énergie radiante *f*   radiant energy
enfant *m*   child
s'enflammer   to become inflamed, flare up
enflé   swollen
engendrer   to beget, breed, engender
enlever   to remove
ennuyeux   boring, annoying
énorme   enormous
enquête *f*   survey; investigation
enrayer   to stop the spread of, check
enrichi   enriched
enroué   hoarse
s'ensuivre   to ensue, result
entièrement   entirely
entorse *f*   sprain
entourer   to surround
entraîné   trained
entraîner   to produce, bring about; to
   trigger, set off
entre   between
entrer en contact   to come in contact
envahir   to invade
envelopper   to envelop, surround
envers et contre tout   in spite of
   everything
environnement *m*   environment
environnemental   environmental
envisager   to consider, contemplate
envoyer   to send
enzyme *f*   enzyme
épais(se)   thick
épaule *f*   shoulder
épicé   spicy
épidémie *f*   epidemic
épidémiologie *f*   epidemology
épidémique   epidemic

épiderme *m*   epidermis
épilepsie *f*   epilepsy
épileptique *m* or *f*   epileptic
épine *f*   spine
épinéphrine *f*   epinephrine
époque *f*   epoch
épreuve *f*   proof
équilibre *m*   equilibrium, balance
équilibrer   to balance
équipe *f*   team
équitable   equitable, fair, just
équivalent   equivalent
ergothérapie *f*   occupational retraining
   and therapy
éructation *f*   eructation, belch
éruption *f*   eruption; rash
espace *m*   space
espèce *f*   type, kind
espérance *f*   hope
espérance de vie *f*   life expectancy
esprit *m*   mind
essouflement *m*   shortness of breath
estomac *m*   stomach
établir   to establish
établissement *m*   establishment, facility
établissement de soins polyvalents *m*
   general hospital
étanche   airtight, watertight
état *m*   state
état d'anxiété *m*   state of anxiety
étendu   extensive
éther *m*   ether
éthique   ethical
étiologique   etiologic
étouffement *m*   choking, suffocation
s'étouffer   to choke, suffocate
étranglement *m*   strangulation
étrier *m*   stirrup bone
étroit   close, narrow
évaluer   to evaluate
événement *m*   event
éventualité *f*   possibility
éviter   to avoid
évoluer   to evolve
examen *m*   examination
examen de contrôle *m*   follow-up exam
examen médical *m*   medical exam,
   checkup
exaucer   to grant (a request)

excès *m*   excess
excitation *f*   excitement; excitation,
   stimulation
excrétion *f*   excretion
exécuter   to execute, carry out
exécutif   executive
exécution *f*   execution
exercer   to exercise
s'éxercer   to exercise
exercice *m*   exercise
exhaler   to exhale
exiger   to require, demand
existence *f*   existence, life
exocrine   exocrine
expérience *f*   experiment; experience
explication *f*   explanation
expliquer   to explain
exposition *f*   exposure
expression *f*   expression
expulser   to expel, eject
externe   external, outer
extraire   to extract, remove
extraordinaire   extraordinary
extrasystole *f*   extrasystole
extrinsèque   extrinsic

F

fabriquer   to produce, manufacture
facile   easy
faciliter   to facilitate
façon *f*   way, method
facteur *m*   factor
faculté de médecine *f*   medical school
faiblesse *f*   weakness
faire des confidences à   to confide in
faire face à   to cope with
faire le lit   to make the bed
faire part   to inform
faire partie de   to make up, be a part of
faire ressortir   to bring out
faire ses preuves   to prove itself
faire suite à   to be a continuation of
faire une piqûre   to give a shot
famille *f*   family
fatigue *f*   fatigue
fausse couche *f*   miscarriage
faux jugement *m*   lack of discernment,
   irrationality
favoriser   to encourage, promote

fécal fecal
fécond fecund, fertile
féconder to impregnate, fertilize
fédéral federal
femelle female
fémur *m* femur
fer *m* iron
fermeture *f* closing
fesse *f* buttock
feuillet *m* thin layer
fibre *f* fiber
fibreux fibrous
fibrillation auriculaire *f* atrial fibrillation
fibrillation ventriculaire *f* ventricular fibrillation
fibrome *m* fibroma, fibroid
fictif fictitious
fièvre *f* fever
fièvre jaune *f* yellow fever
fièvre rhumatismale *f* rheumatic fever
fièvre typhoïde *f* typhoid fever
fil à dents *m* dental floss
filament *m* filament
filets blancs *m pl* white spots
fille de salle *m* ward maid
filtre *m* filter
finalement finally
finances *f pl* finances
financier financial
fixe fixed, permanent
fixer to look steadily at, maintain eye contact
flatulence *f* flatulence
fléau *m* plague, scourge
fluctuer to fluctuate
fœtus *m* fetus
foie *m* liver
fonctionnaire *m* official
fonctionnement *m* functioning
fonctionner to function, work
fonctions vitales *f pl* vital functions
fondé de pouvoir *m* governing member, officer
forcément necessarily
forceps *m* forceps
formateur de sang blood-forming
formation *f* formation; training
former to form
formulaire *m* form

fort strong
fournir to furnish, provide
foyer d'infection *m* center of infection
fracture *f* fracture
fracture du crâne *f* skull fracture
frappant striking
frapper to attack, strike
freinage *m* breaking
frissons *m pl* chills
front *m* forehead
frottement *m* rubbing
frotter to rub
fumer to smoke
furoncle *m* furuncle, boil

G

ganglion *m* ganglion, node
garantir to guarantee
garde *f* watch
garder to keep
garder le lit to stay in bed
gargarisme *m* gargling
gastrique gastric
gastrite aiguë *f* acute gastritis
gastro-entérite *f* gastroenteritis
gastro-entérologie *f* gastroenterology
gastro-intestinal gastrointestinal
gauche left
gaz *m* gas
gaz carbonique *m* carbon dioxide
gazeux gaseous
gencive *f* gum(s)
gêner to bother, disturb
génétique genetic
génital genital
génito-urinaire genitourinary
genou *m* knee
genre *m* type
gérer to manage
gériatrie *f* geriatrics
germe *m* germ
geste *m* gesture
gestion *f* management
glace *f* ice
glande *f* gland
glande endocrine *f* endocrine gland
glandulaire glandular
glanduleux glandular, glandlike
glaucome *m* glaucoma

global   global
globe *m*   globe
globe oculaire *m*   eyeball
globule *m*   corpuscle
glucide *m*   carbohydrate
gonade *f*   gonad
gonflement *m*   swelling
gonococcie *f*   gonococcal infection
gorge *f*   throat
gorge qui gratte *f*   scratchy throat
goudron de houille *m*   coal tar
grâce à   thanks to
graisse *f*   fat
graisse saturée *f*   saturated fat
graisseux   fatty
grand mal *m*   grand mal, severe epilepsy
gras(se)   oily, fatty
gratter   to scratch
gratuit   free
grave   serious
gravidique   relating to pregnancy
gravité *f*   gravity, severity
greffe du rein *f*   kidney transplant
grimace *f*   grimace
grippal   influenzal
grippe *f*   flu, influenza
gros(se)   big, fat, large, heavy
grossesse *f*   pregnancy
grosseur *f*   size
groupe *m*   group
guérir   to heal, to cure, to recover one's
   health
guérison *f*   cure, remedy
guérissable   curable
gynécologie *f*   gynecology
gynécologique   gynecologic
gynécologue *m* or *f*   gynecologist

H

habiller   to dress
s'habituer à   to get used to, become
   accustomed to
hanche *f*   hip
haut   high; loudly
hebdomadaire   weekly
hématologie *f*   hematology
hématologique   hematologic
hématopoïetique   hematopoietic,
   pertaining to blood formation

hémorragie *f*   hemorrhage
hépatite *f*   hepatitis
hépatite sérique *f*   serum hepatitis
héréditaire   hereditary
hernie discale *f*   herniated disk
hernie hiatale *f*   hiatal hernia
héroïne *f*   heroin
herpès génital *m*   genital herpes
herpès simplex *m*   herpes simplex
heureusement   fortunately
se heurter à   to come up against, clash
histrionisme *m*   histrionism
homosexuel *m*   homosexual
honoraires *m pl*   pay, salary
hôpital *m*   hospital
hoquet *m*   hiccups
hormonal   hormonal
hormone *f*   hormone
hospice *m*   hospice
hospitalier   of the hospital
hospitalisé   hospitalized
hostile   hostile
huile *f*   oil
huile de foie de morue *f*   cod liver oil
humain   human, humane
humeur *f*   mood
humidité *f*   humidity
hygiène *f*   hygiene
hypermétropie *f*   hypermetropia,
   farsightedness
hypersensibilité *f*   hypersensitivity
hypertension *f*   hypertension
hypophyse *f*   hypophysis, pituitary gland
hystérectomie *f*   hysterectomy
hystérie *f*   hysteria
hystologie *f*   hystology

I

idéal   ideal
idée *f*   idea
idée reçue *f*   prevailing notion
ignorer   to not know, be ignorant of
image *f*   image, picture
imminent   imminent
immunisation *f*   immunization
immunité *f*   immunity
immunoglobuline *f*   immunoglobulin
immunologie *f*   immunology
immunologique   immunological

immunologiste *m* or *f* immunologist
impétigo *m* impetigo
importance *f* importance
s'imposer to be called for, be needed
imprégner to permeate
impulsion *f* impulse
impureté *f* impurity
incapacité *f* incapacity, inability, disability
incapaciter to disable
incidence *f* incidence
incision *f* incision
inclure to include
inconfort *m* discomfort
incorporé incorporated
incurable incurable
indicateur *m* indicator
indice *m* indication, sign, clue
indiquer to indicate
individu *m* individual, person
inégal uneven
inertie *f* inertia
inévitable inevitable
inhaler to inhale
infarctus *m* infarction
infarctus du myocarde *m* heart attack, myocardial infarction
infecter to infect
s'infecter to become infected
infectieux infectious
infection *f* infection
inférieur inferior
infirme *m* or *f* disabled person
infirmier *m* nurse
infirmière *f* nurse
infirmière diplômée *f* registered nurse
infirmière visiteuse *f* visiting nurse
influence *f* influence
information *f* information
ingénieur *m* engineer
inhabituel inaccustomed
inhaler to inhale
injection *f* injection
inquiétude *f* worry
instruit educated
instrument *m* instrument
instrumental instrumental
insuffisance cardiaque *f* heart failure
insuline *f* insulin
insupportable unbearable

intact intact
intégré integrated
intendant *m* financial manager
intensité *f* intensity
interdépendance *f* interdependence
interdiction *f* ban
intérêt *m* interest
interlocuteur *m* person with whom one is speaking
interne internal, inner
interpréter to interpret
intervenir to intervene
intervention *f* intervention
interview *f* interview
intestin grêle *m* small intestine
intime intimate, close, personal
intimider to intimidate
intoxication alimentaire *f* food poisoning
intoxiqué intoxicated
intracrânien intracranial
intraitable untreatable
intraveineux intravenous
intrinsèque intrinsic
introduire to insert, introduce
introduit introduced
invalide *m* or *f* invalid
irréversible irreversible
isoler to isolate
isoprotérénol *m* isoproterenol
isotopes radioactifs *m pl* radioactive isotopes

J

jadis formerly
jamais never
jambe *f* leg
jargon *m* jargon
jaunisse *f* jaundice
jeûner to fast
jeunesse *f* youth
joindre to join
jouir de to enjoy
jugement *m* judgement
juste exact, exactly

K

kinésithérapeute *m* or *f* physical therapist
kinésithérapie *f* physical therapist
kyste *m* cyst

L

laboratoire *m*   laboratory
lame *f*   thin strip
langue *f*   tongue
large   broad, wide
largeur *f*   width, breadth
laryngite *f*   laryngitis
larynx *m*   larynx
latéral   lateral
lavage d'estomac *m*   stomach pumping
lavement *m*   enema
laver   to clean
léger   light
légèrement   slightly
légume *m*   vegetable
leser   to injure, damage
lésion *f*   lesion, injury
leucémie *f*   leukemia
lèvre *f*   lip
liaison *f*   liaison, link
lié à   tied to, associated with, connected to
lieu *m*   place, site
lieu d'origine *m*   place of origin
ligament *m*   ligament
ligamentaire   ligamentous
ligne de conduite *f*   policy, way of operating
lipide *m*   lipid
liquide *m*   liquid, fluid
liquide spermatique *m*   semen
liquides organiques *m pl*   organic fluids, body fluids
lisse   smooth
lit *m*   bed
lithium *m*   lithium
lobaire   lobar
lobe *m*   lobe
lobectomie *f*   lobectomy
local   local
logement *m*   lodging
loisir *m*   leisure
long(ue)   long
longueur *f*   length
lotion *f*   lotion
loucher   to squint, be cross-eyed
lourd   heavy
lucide   lucid
lumbago *m*   lumbago
lunettes *f pl*   eyeglasses

lutter   to struggle, wrestle, fight
luxation *f*   dislocation
lymphatique   lymphatic
lymphe *f*   lymph
lymphoïde   lymphoid

M

mâcher   to chew
main *f*   hand
maintenir   to maintain
se maintenir en forme   to stay in shape
maintenir en vie   to keep alive
maintien *m*   maintenance
maison de retraite *f*   nursing home
maîtriser   to master
majeur   major
mal de gorge *m*   sore throat
mal de mer *m*   motion sickness
mal de tête *m*   headache
malade *m or f*   patient
maladie *f*   illness, disease
maladie d'Alzheimer *f*   Alzheimer's disease
maladie de Paget *f*   Paget's disease
maladie du sommeil *f*   sleeping sickness
maladie mentale *f*   mental illness
maladie vénérienne *f*   venereal disease
malaria *f*   malaria
mâle   male
malformation *f*   malformation
malheureusement   unfortunately
malin (maligne)   malignant
mamelle *f*   breast
mammaire   mammary
mammographie *f*   mammography
maniaco-dépressif   manic depressive
manie *f*   mania, manic behavior
manifester   to show
se manifester   to appear
manque *m*   lack
manque de bon sens *m*   lack of common sense
manque de confiance *m*   lack of confidence
manque de contrôle *m*   lack of control
manuel   manual
marche *f*   walk, gait
marche à suivre *f*   steps to take
marcher   to walk

marijuana f   marijuana
marque f   brand
massage m   massage
massif   massive
mastectomie f   mastectomy
mastoïdite f   mastoiditis
matériau m   material
matériel m   equipment
matière cérébrale f   brain matter
méconnu   unrecognized
médecine nucléaire f   nuclear medicine
médical   medical
médicament m   medicine, medication
méfiance f   distrust
mélancolie f   melancholy, melancholia
mélanome m   melanoma
mêlé   mixed in
membrane f   membrane
membre m   limb; member
même   even, same
mémoire f   memory
mener   to lead
méninge f   meninx
méningite f   meningitis
méningococcique   meningococcal
ménisque m   cartilage
ménopause f   menopause
menton m   chin
message m   message
mesure f   measure
métabolisme m   metabolism
métal m   metal
métastase f   metastasis
méthode f   method
méthode de procéder f   procedure
mettre   to put, place
mettre au point   toperfect
mettre en cause   to question
mettre l'accent sur   to emphasize
microbe m   microbe
micro-ondes f pl   microwaves
micro-organisme m   microorganism
microscope m   microscope
miction f   urination
migraine f   migraine
milieu m   social class; area, surroundings
millimètre m   millimeter
mineur   minor
minime   minimal

minutieux   minute
modéré   moderate
moelle épinière f   spinal cord
moelle osseuse f   bone marrow
moindre   slightest, smallest
mois m   month
moitié f   half
monde à lui (elle) m   world of one's own
monoblastique   monoblastic
mononucléose f   mononucleosis
moral   moral
morgue f   morgue
morphine f   morphine
mort f   death
mortel   fatal, mortal
motricité f   motor functions
mouche tsé-tsé f   tsetse fly
mourant m   dying person
mourir   to die
moustique m   mosquito
mouvement m   movement
mouvoir   to move
moyen   average, middle
MST (maladie sexuellement transmise) f
   STD (sexually transmitted disease)
mucus m   mucus
muqueuse f   mucous membrane
muqueux   mucous
muscle m   muscle
musculaire   muscular
mycose f   mycosis
myéloïde   myeloid, pertaining to bone
   marrow
myocarde m   myocardium
myope m   myopic (nearsighted) person
myopie f   myopia, nearsightedness

N

naissance f   birth
narcissisme f   narcissism
nature f   nature
naturel   natural
nausée f   nausea
ne... aucun   not . . . at all, not a single . . .
nécessairement   necessarily
nécessiter   to necessitate
nécrose f   necrosis
se nécroser   to become necrotic
néfaste   harmful

négliger   to ignore, neglect
néphrite *f*   nephritis
néphrologie *f*   nephrology
néphrologue *m* or *f*   nephrologist
nerf *m*   nerve
nerveux   nervous, nerve
nervosité *f*   irritability, edginess
neuroleptique   neuroleptic
neurologie *f*   neurology
neurologue *m* or *f*   neurologist
névrose *f*   neurosis
nez *m*   nose
nez qui coule *m*   runny nose
nicotine *f*   nicotine
niveau *m*   level
niveau de vie *m*   standard of living
nombreux   numerous
normal   normal
nourrir   to nourish, feed
nourriture *f*   food
nouveau-né *m*   newborn
nu   naked
nuque *f*   nape of the neck
nutritif   nutritious
nutrition *f*   nutrition

O

obésité *f*   obesity
obligé   obliged
obsession *f*   obsession
obstacle *m*   obstacle
obstétricien *m*   obstetrician
obstétrique *f*   obstetrics
obtenir   to obtain
occidental   occidental, western
occlusion *f*   occlusion, blockage
s'occuper de   to take care of
oculaire   ocular, of or pertaining to the
   eye
odeur corporelle *f*   body odor
odorat *m*   sense of smell
œdème *m*   edema
œil *m*   eye
œil nu *m*   the naked eye
œsophage *m*   esophagus
œsophagite *f*   esophagitis
œuf *m*   egg
offert   offered
oncologie *f*   oncology

onde *f*   wave
onde sonore *f*   sound wave
ondulatoire   undulatory
ongle *m*   nail
opaque   opaque
opérable   operable
opération *f*   operation
opérer   to operate
ophtalmologie *f*   ophthalmology
ophtalmologique   ophthalmological
ophtalmologiste *m* or *f*   ophthalmologist
ophtalmologue *m* or *f*   ophthalmologist
s'opposer à   to be opposed to
optique *f*   optics
orchite *f*   orchitis
ordinateur *m*   computer
ordonnance *f*   prescription
ordonner   to order
ordre du jour *m*   agenda
oreille *f*   ear
oreille externe *f*   outer ear
oreille interne *f*   inner ear
oreille moyenne *f*   middle ear
oreillons *m pl*   mumps
organe *m*   organ
organes formateurs de sang *m pl*   blood-
   forming organs
organisation *f*   organization
organiser   to organize
organisme *m*   organism
orgelet *m*   sty
orgueil *m*   pride
origine *f*   origin
orteil *m*   toe
orthopédie *f*   orthopedics
orthopédique   orthopedic
orthopédiste *m* or *f*   orthopedist
os *m*   bone
osselet *m*   ossicle
osseux   bony
ostéomyélite *f*   osteomyelitis
otique   otic
otite *f*   otitis
otite moyenne *f*   otitis media
oto-rhino-laryngologie *f*   ear, nose,
   throat specialty
otosclérose *f*   otosclerosis
ouïe *f*   hearing
outil *m*   tool

ouverture *f*   opening
ovaire *m*   ovary
ovarien   ovarian
ovule *m*   ovum
oxygène *m*   oxygen

P

paisiblement   peacefully
pallier   to palliate
palpitation *f*   palpitation
pancréas *m*   pancreas
pancréatite *f*   pancreatitis
par l'intermédiaire de   through
par voie sanguine   through the blood
paralyser   to paralyze
paralysie *f*   paralysis
paranoïa *f*   paranoia
paranoïaque   paranoid
parasitaire   parasitic
parasite *m*   parasite
parfait   perfect
paroi *f*   wall, lining (of cell, stomach, etc.)
partenaire *m* or *f*   partner
parti *m*   party, person
partiel   partial
passage *m*   passage
passager   temporary, fleeting
passer   to distribute, give out
passer en revue   to review
passer par   to go through
passif   passive
passivité *f*   passivity
pasteurisation *f*   pasteurization
pathologie *f*   pathology
pathologique   pathological
pathologiste *m* or *f*   pathologist
paupière *f*   eyelid
pauvre *m* or *f*   poor person
peau *f*   skin
pédiatrie *f*   pediatrics
pellicules *f pl*   dandruff
pendant   during
pénétrer   to penetrate
pénible   painful
pénicilline *f*   penicillin
perception *f*   perception
percer   to pierce
percevoir   to perceive
perdre conscience   to lose consciousness

perforation *f*   perforation
période *f*   period
période d'incubation *f*   incubation period
périodique   periodic
péristaltique   peristaltic
péritoine *m*   peritoneum
péritonite *f*   peritonitis
permanent   permanent
permettre   to allow, permit
personnalité *f*   personality
personne *f*   person
personnel   personal
personnel *m*   staff, personnel
personnel médical *m*   medical personnel
personnel soignant *m*   health care
   personnel
perte *f*   loss
perte affective *f*   emotional loss
perte de la vue *f*   sight loss
perte de l'ouïe *f*   hearing loss
perte de mémoire *f*   memory loss
peste *f*   plague
petit mal *m*   petit mal (epilepsy)
peu   a little
pharmacie *f*   pharmacy
pharmacien *m*   pharmacist
pharyngite *f*   pharyngitis
phase terminale *f*   terminal stages
phénobarbital *m*   phenobarbital
phénomène *m*   phenomenon
phobie *f*   phobia
phobique   phobic
phtisie *f*   consumption
physiologie *f*   physiology
physiologique   physiological
physiothérapie *f*   physical therapy
physique   physical
pied d'athlète *m*   athlete's foot
pierre *f*   stone
pilule *f*   pill, birth control pill
pince *f*   forceps, clip, staple
piquer   to itch
piqûre *f*   shot, injection
piqûre d'insecte *f*   insect bite
plaie *f*   wound, incision; sore
plante du pied *f*   sole (of the foot)
plastique   plastic
plâtre *m*   plaster
plèvre *f*   pleura

pleurésie *f*   pleurisy
plume *f*   feather
plupart *f*   majority
pneumococcique   pneumococcal
pneumocoque   pneumococcus
pneumonectomie *f*   pneumonectomy
pneumonie *f*   pneumonia
pneumonie double *f*   double pneumonia
pneumonie lobaire *f*   lobar pneumonia
poche *f*   pocket
poids *m*   weight
poil *m*   body hair, fur (of animal)
poing *m*   fist
point noir *m*   blackhead
pointe blanche *f*   whitehead
points de suture *m pl*   stitches
poison *m*   poison
poitrine *f*   chest
police *f*   policy
poliomyélite *f*   poliomyelitis
pollen *m*   pollen
pommette *f*   cheekbone, cheek
porter sur   to concern, have to do with
porteur *m*   carrier
position *f*   position
possibilité *f*   possibility; capability
postiche *m*   wig
postopératoire   postoperative
postulant *m*   candidate
potassium *m*   potassium
poudre *m*   powder
pouls *m*   pulse
poumon *m*   lung
pourcentage *m*   percentage
poussière *f*   dust
pouvoir *m*   power
pratiquer   to practice
précaution *f*   precaution
précieux   valuable
précis   precise, accurate
précoce   precocious, early
prédisposer   to predispose
prédisposition *f*   predisposition
préférentiel   preferential
prémenstruel   premenstrual
premier   first, primary
premiers soins *m pl*   first aid
prendre rendez-vous   to make an
   appointment

prendre une décision   to make a decicion
se préoccuper   to worry
presbytie *f*   presbyopia
prescrire   to prescribe
présence *f*   presence
présénile   presenile
préservatif *m*   contraceptive, condom,
   prophylactic
préserver   to preserve
presque   almost
pression *f*   pressure
preuve *f*   proof
prévenir   to warn, to prevent
prévention *f*   prevention
primaire   primary
principal   principal
principe *m*   principle
priorité *f*   priority
prise de sang *f*   blood sample
privé   private
problème *m*   problem
procédé *m*   procedure
procéder   to proceed
prodiguer   to lavish
se produire   to produce
profession *f*   profession
professionnel   professional
programme *m*   program
progrès *m*   progress
progresser   to progress
progressif   progressive
projection *f*   projection
projeter   to project, stick out
prolifération *f*   proliferation
prolonger   to prolong
pronostic *m*   prognosis
proposer   to propose
propre   clean; own
propreté *f*   cleanliness
propriété *f*   property
prostate *f*   prostate
prostatique   prostatic
prostatite *f*   prostatitis
protéger   to protect
protéine *f*   protein
prothèse *f*   prosthesis
prouver   to prove
provenir   to arise from
provoquer   to provoke, induce

psoriasis *m*   psoriasis
psychiatre *m* or *f*   psychiatrist
psychiatrie *f*   psychiatry
psychique   psychic, mental
psychologique   psychological
psychologue *m* or *f*   psychologist
psychomoteur   psychomotor
psychose *f*   psychosis
psychosocial   psychosocial
psychothérapie *f*   psychotherapy
puberté *f*   puberty
public (-ique)   public
publicité *f*   advertising
puissant   powerful
pulsation *f*   beat
pulmonaire   pulmonary
pulsations électriques *f pl*   electric shock
   treatment
pupille *f*   pupil
purifié   purified
pus *m*   pus
pustule *f*   pustule

Q

qualitatif   qualitative
qualité *f*   quality
quantitatif   quantitative
quantité *f*   quantity
question *f*   question
questionner   to question
quitter   to leave
quotidien   daily

R

rachitisme *m*   rachitis, rickets
radiation *f*   radiation
radioactif   radioactive
radiographie *f*   X ray
radiologie *f*   radiology
radiologiste *m* or *f*   radiologist
radiologue *m* or *f*   radiologist
radiothérapie *f*   radiotherapy
radium *m*   radium
raisonnable   reasonable
rapidité *f*   rapidity
rapport *m*   report, account
rapports sexuels *m pl*   sexual relations
rare   rare
raser   to shave

rassemblé   gathered, concentrated
rassurant   reassuring
rassurer   to reassure
rayon laser *m*   laser beam
rayonnements ionisants *m pl*   ionizing
   radiation
rayons ultraviolets *m pl*   ultraviolet rays
rayons X *m pl*   X rays
réaction *f*   reaction
réaliser   to bring about, achieve
réanimation *f*   recovery
réapparaître   ro reappear
réapprendre   to relearn
récemment   recently
recevoir   to receive
réchauffer   to warm up, reheat
recherche *f*   research
rechute *f*   relapse
récidivant   recurring
recommander   to recommend
réconforter   to comfort
reconnaître   to recognize
recousu   sewn up
recouvrir   to recover; to cover
   (completely)
recrudescence *f*   recrudescence; fresh
   outbreak (of disease)
recrutement *m*   recruitment, recruiting
recruter   to recruit
rectifier   to rectify
réduire   to reduce
rééducation *f*   rehabilitation
réel   real
refléter   to reflect
refroidir   to cool
se réfugier   to take refuge
refus *m*   refusal
refuser   to refuse
regard *m*   look, expression
regarder fixement   to stare
régime *m*   diet
régime rigide *m*   strict diet
régional   regional
règles *f pl*   menstrual period
régresser   to regress
réhabilitation *f*   rehabilitation
rein *m*   kidney
réinsérer dans la vie sociale   to
   rehabilitate

rejeter   to reject, throw out, eject, expel
relâcher   to relax
relation *f*   relation, relationship
relations sexuelles *f pl*   sexual relations
se relever   to recover; to stand up again, straighten up again
remarquable   remarkable
remède *m*   remedy
se remettre   to recover, heal
rémission *f*   remission
remplacer   to replace
remplir   to fill
rénal   renal
se rencontrer   to be encountered
rendre   to render, make
rendre compte de   to account for
se rendre compte de   to realize
rendre un service   to perform a service
renfermer   to enclose, contain
renforcer   to reinforce
renseignements *m pl*   information
renvoyer   to discharge, send home
répandre   to spread
répandu   widespread
repas servis à domicile *m pl*   Meals on Wheels
repli sur soi-même *m*   withdrawal into oneself
repos *m*   rest
réputation *f*   reputation
requis   required
résidence *f*   residency
résident *m*   resident
résistance *f*   resistance
résister à   to be resistant to
respiration *f*   breathing
respiratoire   respiratory
respirer   to breathe
responsabilité *f*   responsibility
responsable   responsible
ressentir   to feel
ressortir   to leave, exit again; to emerge
ressources disponibles *f pl*   available resources
rester   to stay
rester à jeun   to fast
résultat *m*   result
résulter   to result
rétablissement *m*   recovery

retarder   to slow
se retenir   to hold back, to regrain
retenir son souffle   to hold one's breath
rétine *f*   retina
retirer   to draw out
retour *m*   return
se rétrécir   to shrink
rétrécissement *m*   stricture
réunion *f*   meeting
réunir   to reunite, combine
réveil *m*   awakening, regaining consciousness
révélateur   revealing, telltale
révéler   to reveal
se révulser   to roll upwards (eyes)
rhinite *f*   rhinitis
rhumatisme *m*   rheumatism
rhumatisme articulaire aigu *m*   acute rheumatoid arthritis
rhumatologie *f*   rheumatology
rhumatologue *m or f*   rheumatologist
rhume *m*   cold
rhume de cerveau *m*   head cold
rhume des foins *m*   hay fever
ride *f*   wrinkle
risque *m*   risk
rompre   to break
rougeole *f*   measles
rougeur *f*   redness
routinier   routine
rubéole *f*   German measles, rubella
rythme cardiaque *m*   heart rhythm

S

sac *m*   sac
sacrifice *m*   sacrifice
saignement *m*   bleeding
saignement de nez *m*   nosebleed
sain   healthy
salé   salty
salivation *f*   salivation
salive *f*   saliva
salle *f*   room, ward
salle de rétablissement *f*   recovery room
salle des urgences *f*   emergency room
salle d'opération *f*   operating room
sang *m*   blood
sanguin   pertaining to the blood
santé *f*   health

savoir   to know
savon *m*   soap
schizoïdie *f*   schizoidism
schizophrénie *f*   schizophrenia
sclérose en plaques *f*   multiple sclerosis
scoliose *f*   scoliosis
scorbut *m*   scurvy
scrotum *m*   scrotum
sébacé   sebaceous
sébum *m*   sebum
secondaire   secondary
secourisme *m*   first aid
secouriste *m*   paramedic
sécréter   to secrete
sécrétion *f*   secretion
secteur *m*   sector
sédatif *m*   sedative
sein *m*   breast
sel *m*   salt
sélection *f*   selection
selle *f*   stool, feces
sénile   senile
sénilité *f*   senility
sens *m*   sense
sensation *f*   sensation, feeling
sensible   sensitive
septicémie *f*   septicemia, blood poisoning
séquestre *m*   sequestrum; quarantine
séreux   serous
série *f*   series
seringue *f*   syringe
sérologie *f*   serology
séronégatif   having a negative serum reaction
séropositif   having a positive serum reaction
sérum *m*   serum
service *m*   service
service de consultation externe *m* outpatient department
service de réanimation *m*   intensive care, I.C.U.
service des urgences *m*   emergency service
services de la santé publique *m pl*   public health services
sévir   to be rife
sexuel   sexual
sexuellement   sexually
SIDA *m*   AIDS

siècle *m*   century
siège *m*   seat, site
siéger   to sit, meet
signe précurseur *m*   warning sign
signer   to sign
silencieux   silent
simple   simple
simplicité *f*   simplicity
sinus *m*   sinus
sinusite *f*   sinusitis
sodium *m*   sodium
soi   oneself
soigner   to nurse, care for, attend to
se soigner   to take care of oneself
soins à domicile *m pl*   home care
soins de base *m pl*   primary care
soins médicaux *m pl*   health care
solaire   solar
solide   solid
soluble   soluble
solution *f*   solution
sommeil *m*   sleep
somnifère *m*   sleeping pill
somnolent   sleepy, tranquilized
son *m*   sound
sondage *m*   probing, catheterization
sonde *f*   probe, catheter
sonore   sound
sorte *f*   sort, kind
souci *m*   worry, care
souffrance *f*   suffering
souffrir   to suffer
souhait *m*   wish, hope, desire
soulagement *m*   relief
soulager   to relieve
soulever   to lift
soumettre   to submit
soupçonner   tosuspect
source *f*   source
sous   under
sous-jacent   underlying
soutenir   to support, uphold, sustain
souvent   often
spasme *m*   spasm
spécialisé   specialized
spécialiste *m or f*   specialist
spécifique   specific
spermatozoïde *m*   spermatozoa
sperme *m*   sperm, semen

spermicide *m*   spermicide
squelette *m*   skeleton
squelettique   skeletal
stable   stable
stade *m*   stage
staphylococcique   staphylococcal
staphylocoque *m*   staphylococcus
stériliser   to sterilize
stérilité *f*   sterility
sternum *m*   sternum
strabisme *m*   strabismus
streptococcique   streptococcal
streptocoque *m*   streptococcus
strict   strict
strié   striated
subir   to undergo, suffer, be liable to
subir des pertes d'audition   to have a
   hearing loss
subsister   to continue to exist
substance *f*   substance
subventionné   subsidized
suc gastrique *m*   gastric juice
succéder   to follow
suc pancréatique *m*   pancreatic juice
sucre *m*   sugar
sueur *f*   sweat
suffisant   sufficient
sueurs froides *f pl*   cold sweats
suite *f*   outcome, result, consequence
suivi   followed, monitored
sujet à   subject to
sulfamide *m*   sulfa drug
sulfure de sélénium *m*   selenium sulfide
sumac vénéneux *m*   poison ivy
supérieur   superior, upper
superviser   to supervise
supportable   bearable
supporter   to support, sustain, hold up; to
   tolerate
suppression *f*   abstinence, suppression
supprimer   to suppress, stop
sur mesure   to measure
surdité *f*   deafness
surface *f*   surface
surveillance *f*   surveillance, watching over
surveillance électronique *f*   electronic
   surveillance, monitoring
survenir   to come
survie *f*   survival

susceptible   susceptible
symptôme *m*   symptom
syndrome *m*   syndrome
syndrome prémenstruel   premenstrual
   stress syndrome
syphilis *f*   syphilis
système *m*   system
système nerveux *m*   nervous system

T

tabac *m*   tobacco
tâche *f*   task, job
taches rouges *f pl*   rash
tachycardie *f*   tachycardia
tacite   tacit, implied
taille *f*   size, height
talent *m*   talent
tarder   to delay, take time
taux *m*   rate
taux de cholestérol *m*   cholesterol level
taux de mortalité *m*   mortality rate
technique *f*   technique
technologie *f*   technology
température *f*   temperature
temporaire   temporary
tendance *f*   tendency
tendon *m*   tendon
tendu   tense, taut
tension artérielle *f*   blood pressure
terme *m*   term
test *m*   test
test Pap *m*   Pap smear
testicule *m*   testicle
tétanos *m*   tetanus
tête *f*   head
théâtral   theatrical
théorie *f*   theory
thérapeute *m* or *f*   therapist
thérapeutique *f*   therapy
thérapeutique occupationnelle *f*
   occupational therapy
thoracique   thoracic
thorax *m*   thorax
thrombose *f*   thrombosis
thyroïde *f*   thyroid
tibia *m*   tibia
tic *m*   tic, twitching
tiers *m*   third
timidité *f*   timidity, shyness

tissu *m*   tissue, material
toilette personnelle *f*   personal hygiene
tolérer   to tolerate
ton *m*   tone
ton de la voix *m*   tone of voice
tonne *f*   ton
torticolis *m*   stiff neck
toucher *m*   touch, feel
toucher   to touch, affect
tour à tour   in turn, turn and turn about
tousser   to cough
toute la journée   all day long
toux *f*   cough
toux grasse *f*   wet or phlegmy cough
toux sèche *f*   dry cough
toxémie *f*   toxemia
toxémie gravidique *f*   toxemia of
    pregnancy
toxicomane *m*   drug user
toxine *f*   toxin
toxique   toxic
tracé *m*   plotting, graphing
trachée *f*   trachea
trachéotomie *f*   tracheotomy
trachome *m*   trachoma, granular
    conjunctivitis
traitement *m*   treatment
traiter   to treat
trajet *m*   course
transfusion *f*   transfusion
se transmettre   to be transmitted
transmissible   transmittable, communicable
transmission *f*   transmission
transpiration *f*   perspiration
transport *m*   transportation
traumatique   traumatic
traumatisme *m*   trauma
travail *m*   labor, work
trésorier *m*   treasurer
triglycéride *m*   triglyceride
trompe d'Eustache *f*   Eustachian tube
trompe de Fallope *f*   Fallopian tube
tronc *m*   trunk
tronc cérébral *m*   brain stem
trouble *m*   trouble, problem, disorder
troubles cardiaques *m pl*   heart troubles,
    heart problems
troubles d'équilibre *m pl*   equilibrium
    problems, balance problems

tube *m*   tube
tuberculeux   tubercular
tuberculose *f*   tuberculosis
tuméfaction *f*   tumefaction
tumeur *f*   tumor
tumeur cérébrale *f*   brain tumor
tympan *m*   tympanum, eardrum
type *m*   type
type sanguin *m*   blood type
typhoïde *f*   typhoid fever

U

ulcère *m*   ulcer
ulcérer   to ulcerate
ultrasons *m pl*   ultrasound
urbain   urban
urée *f*   urea
urémie *f*   uremia
uretère *m*   ureter
urètre *m*   urethra
urgence *f*   emergency
urinaire   urinary
urine *f*   urine
uriner   to urinate
urologie *f*   urology
urologue *m or f*   urologist
urticaire *f*   hives, urticaria
usage *m*   use, usage
utérus *m*   uterus
utile   useful
utiliser   to use

V

vaccin *m*   vaccine
vaginal   vaginal
vaisseau *m*   vessel, blood vessel
vaisseau sanguin *m*   blood vessel
varicelle *f*   chicken pox
varier   to vary
variété *f*   variety
variole *f*   small pox
vasoconstricteur *m*   vasoconstrictor
végétal *m*   plant, vegetable
végétations *f pl*   adenoids, tonsils
veiller à   to oversee, see to
veine *f*   vein
vénérien   venereal
vent *m*   wind
ventre *m*   abdomen

vérité *f* truth
verre *m* glass
verres à double foyer (convergents) *m pl*
  bifocals
verres correcteurs *m pl* corrective lenses
verres de contact *m pl* contact lenses
verres durs *m pl* hard contact lenses
verres souples *m pl* soft contact lenses
verrue *f* wart
vertébral vertebral
vertébré *m* vertebrate
vésicule biliaire *f* gall bladder
vessie *f* bladder
viande *f* meat
vibration *f* vibration
vibrer to vibrate
victime *f* victim
vide empty
vider to empty
vie *f* life
vieillard *m* old person
vieillesse *f* old age
vieillissement *m* aging, old age
viral viral
virus *m* virus
visage *m* face

viscères *m pl* viscera, internal organs
visiblement visibly
visite *f* visit
visqueux viscous
visuel visual
vitamine *f* vitamin
vite quickly
vitesse *f* speed
vivant living
voie *f* duct, tract; way
voir to see
voisin neighboring
voix *f* voice
volontaire *m* volunteer
vomissement *m* vomiting
vue *f* view; sight; vision

Y

yeux *m pl* eyes (sing: **œil** *m*)
yeux qui piquent *m pl* itchy eyes

Z

zona *m* shingles
zone *f* zone
zone de territoire *f* territorial zone

ENGLISH-FRENCH VOCABULARY

A

abdomen le ventre
ablation l'ablation *f*
abnormal anormal
abnormality l'anomalie *f*
abortion l'avortement *m*
abrupt brusque
abscess l'abcès *m*
abstain s'abstenir
abundant abondant
abuse l'abus *m*
accident l'accident *m*
accident victim l'accidenté *m*
accomplish accomplir
accomplishment l'accomplissement *m*
accurate précis
acid l'acide *m*
acne l'acné *f*
acoustic acoustique
active actif
activity l'activité *f*
acute aigu(ë)
adapt adapter
add ajouter
addiction l'addiction *f*
addictive addictif
adenoids les végétations *f pl*
adenoma adénome *m*
adequate adéquat
adhere adhérer
administer administrer
administered administré
administrate administrer
administration l'administration *f*
administrative administratif
administrator l'administrateur *m*
admit admettre
adolescent l'adolescent *m*
adrenaline l'adrénaline *f*
adulthood l'âge mur *m*

advanced avancé
adversary l'adversaire *m* or *f*
affected area l'endroit atteint *m*
afflict atteindre
agenda l'ordre du jour *m*
aggravate aggraver
aging le vieillissement, la vieillesse
agree s'accorder
AIDS le SIDA
ailment l'affection *f*
air l'air *m*
airtight étanche
alarm l'alarme *f*
alcohol l'alcool *m*
alcoholic l'alcoolique *m* or *f*
alcoholism l'alcoolisme *m*
allergen l'allergène *m*
allergic allergique
allergy l'allergie *f*, l'allergologie *f*
  (medical practice)
allow permettre
almost presque
alternate alterner
alternation l'alternance *f*
alternative l'alternative *f*
alternative alternatif
alveolus l'alvéole *f*
Alzheimer's disease la maladie
  d'Alzheimer
ambulance l'ambulance *f*
ambulatory ambulatoire
amino acid l'acide aminé *m*
amphetamine l'amphétamine *f*
amplify amplifier
analysis l'analyse *f*
anaphylactic shock le choc
  anaphylactique
anatomical anatomique
anatomy l'anatomie *f*
anesthesia l'anesthésie *f*

anesthesiologist l'anesthésiologiste *m* or *f*
anesthetic l'anesthésique *m*
aneurism l'anévrisme *m*
anger la colère
angina pectoris l'angine de poitrine *f*
anguish l'angoisse *f*
animal l'animal *m*
anomaly l'anomalie *f*
antacid l'antacide *m*
anthrax l'anthrax *m*
antibiotic l'antiobiotique *m*
antihistamine l'antihistaminique *m*
antiseptic l'antiseptique *m*
anuria l'anurie *f*
anxiety l'anxiété *f*, l'angoisse *f*
anxiolytic anxiolytique
anxious anxieux
apathy l'apathie *f*
apoplexy l'apoplexie *f*
appear apparaître, se manifester, se déclarer
appendicitis l'appendicite *f*
appendix l'appendice *m*
apply appliquer
appreciate apprécier
arise from provenir de
arm le bras
armpit l'aisselle *f*
arrhythmia l'arythmie *f*
arteriosclerosis l'artériosclérose *f*
arteriosclerotic artérioscléreux
artery l'artère *f*
arthritis l'arthrite *f*
arthrosis l'arthrose *f*
artificial artificiel
ascending ascendant
aspect l'aspect *m*
asphyxia l'asphyxie *f*
assemble assembler
assist assister
associated associé
association l'association *f*
asthenia l'asthénie *f*
asthma l'asthme *m*
astigmatism l'astigmatisme *m*
at all costs à tout prix
at home à domicile
at present actuellement, de nos jours
atherosclerosis l'athérosclérose *f*

athlete's foot le pied d'athlète
atmosphere l'atmosphère *f*
attend assister à
atrial fibrillation la fibrillation auriculaire
atrophy l'atrophie *f*
attach attacher
attack l'attaque *f*, l'accès *m*
attack frapper
attributable attribuable
authority l'autorité *f*
authorization l'autorisation *f*
autism l'autisme *m*
auto accident l'accident de la route *m*
automatic automatique
autonomic automatique
autopsy l'autopsie *f*
available disponible
avoid éviter
axis l'axe *m*

B

back le dos
bacteria la bactérie
bacterial bactérien
bacteriology la bactériologie
balance équilibrer
baldness la calvitie
barbiturate le barbiturique
base baser
bath le bain
be transmitted se transmettre
bearable supportable
beat la pulsation
beating le battement
become devenir
become inflamed s'enflammer
become necrotic se nécroser
bed le lit
bedpan le bassin
bedridden alité
beef le bœuf
beget engendrer
beginning le début
behavior le comportement
behind le derrière
behind arrière, derrière
belch l'éructation *f*
benevolent bienveillant

benign   bénin (bénigne)
beriberi   le béribéri
between   entre
bifocals   les verres à double foyer
(convergents) *m pl*
bile   la bile
biliary   biliaire
bilirubin   la bilirubine
biological   biologique
bipolar   bipolaire
birth   la naissance
birth control pill   la pilule
bitter   amer
blackhead   le point noir
bladder   la vessie
bleeding   le saignement
blind   aveugle
blindness   la cécité
blister   l'ampoule *f,* la bulle
blockage   le blocage, l'occlusion
blocked   bloqué
blood   sanguin
blood   le sang
blood pressure   la tension artérielle
blood sample   la prise de sang
blood type   le type sanguin
blood vessel   le vaisseau sanguin
blood-forming organs   les organes
formateurs de sang *m pl*
board of directors   le conseil
d'administration
body   le corps
body fluids   les liquides organiques *m pl*
body hair   le poil
body odor   l'odeur corporelle *f*
boil   le furoncle
bone   l'os *m*
bone marrow   la moelle osseuse
bony   osseux
boring   ennuyeux
botulin   la botuline
botulism   le botulisme
bout   l'attaque *f,* l'accès *m*
bovine bacillus   le bacille bovin
bowel movement (to have a)   aller à la
selle
bradycardia   la bradycardie
brain   le cerveau
brain matter   la matière cérébrale

brain stem   le tronc cérébral
brain tumor   la tumeur cérébrale
braincase   la boîte crânienne
branch   la branche
breadth   la largeur
break   se rompre; casser
break the monotony   briser la morne
routine
breast   le sein, la mamelle
breathe   respirer
breathing   la respiration
breech birth   l'accouchement par le siège *m*
breed   engendrer
bring   amener, apporter
bring about   réaliser
bring on   déclencher
broad   large
bronchial pneumonia   la broncho-
pneumonie
bronchiole   la bronchiole
bronchitis   la bronchite
bronchodilator   bronchodilatateur
bronchus   la bronche
brush   brosser
burn   la brulûre
buttock   la fesse

C

cadavre   le cadavre
Caesarean section   la césarienne
cage   la cage
callous   la callosité
canal   le canal, le conduit
cancer   le cancer
cancerous   cancéreux
capillary   le capillaire
carbohydrate   le glucide
carbon dioxide   le gaz carbonique
carbuncle   l'anthrax *m*
cardiac   cardiaque
cardiologist   le (la) cardiologue
cardiology   la cardiologie
cardiovascular   cardio-vasculaire
care   le soin; le souci
care for   soigner
carrier   le porteur
carry out   effectuer
cartilage   le cartilage; le ménisque
case   le cas

cataract la cataracte
catch attraper
catheter la sonde
catheterization le sondage
cause la cause
cause causer
cauterize cautériser
cavity la cavité
cecum le cæcum
cell la cellule
cellular cellulaire
center le centre
centimeter le centimètre
century le siècle
cerebellum le cervelet
cerebral cérébral
cervix le col de l'utérus
chance la chance
change le changement, l'altération *f*
change changer
character le caractère
charitable bénévole
check enrayer; vérifier
checkup l'examination de contrôle *f*
cheekbone la pommette
chemical chimique
chemistry la chimie
chemotherapy la chimiothérapie
chest la poitrine
chew mâcher
chicken pox la varicelle
chief surgeon le chirurgien-chef
child l'enfant *m*
childbirth l'accouchement *m*
chills les frissons *m pl*
chin le menton
chloroform le chloroforme
choice le choix
choke s'étouffer
choking l'étouffement *m*
cholera le choléra
cholesterol le cholestérol
cholesterol level le taux de cholestérol
choose choisir
chronic chronique
circulation la circulation
circulatory circulatoire
circulatory system l'appareil circulatoire *m*
cirrhosis la cirrhose

clean propre
cleanliness la propreté
clergy le clergé
clinic la clinique
clinical clinique
clip la pince
closely de très près
clot le caillot
coagulation la coagulation
cocaine la cocaïne
cold le rhume
cold sweats les sueurs froides *f pl*
colon le côlon
color blindness le daltonisme
column la colonne
coma le coma
combat combattre
combination la combinaison
come in contact entrer en contact
comfort réconforter
committee le comité
common courant
communicable transmissible
communicate communiquer
communication la communication
community la communauté
community (of or pertaining to)
   communautaire
compassion la compassion
compassionate compatissant
competence la compétence
competent compétent
complete complet
complex complexe
complicated compliqué
complication la complication
compress la compresse
computer l'ordinateur *m*
concentrate concentrer
concern concerner
concerned concerné
condom le préservatif
confide confier
confidence la confidence
conjunctiva la conjonctive
conjunctivitis la conjonctivite
connect aboucher
conscious conscient
consequence la conséquence, la suite

constipation   la constipation
constituent   constitutif
construct   construire
consume   consommer
consumption   la consommation; la phtisie
contact lenses   les verres de contact *m pl*
contagious   contagieux
contaminate   contaminer
content oneself   se contenter
contents   le contenu
continuous   continu
contraceptive   le préservatif
control   le contrôle
control   contrôler
contusion   la contusion
convolution   la circonvolution
cool   refroidir
cope with   faire face à
cornea   la cornée
corpuscle   le globule
correct   corriger
corrective lenses   les verres correcteurs *m pl*
corset   le corset
cough   la toux
cough   tousser
cough medicine (suppressant)   l'antitussif *m*
coughing fit   l'accès de toux *m*
course   le trajet
cover   recouvrir
cramp   la crampe
crisis   la crise
curable   guérissable
curb   maîtriser
cure   guérir
curtail   maîtriser
curvature   la courbure
curve   la courbe
cut   la coupure
cut   couper
cyst   le kyste
cystitis   la cystite

D

daily   quotidien
damage   endommager, léser
dandruff   les pellicules *f*
deafness   la surdité
death   la mort, le décès
debility   l'asthénie *f*

deceptive   décevant
decline   baisser, diminuer
defecate   déféquer
defect   le défaut
defend   défendre
defense   la défense
defensive   la défensive
deficiency   la carence, la déficience
deformity   la déformation
degenerate   dégénérer
degeneration   la dégénérescence
degree   le degré
dehydration   la déshydratation
delay   tarder
delegate   déléguer
delirium   le délire
delivery   l'accouchement *m*
demand   la demande
dementia   la démence
dental   dentaire
dental floss   le fil à dents
deodorant   le désodorisant
dependence   la dépendance
deposit   le dépôt
deposit   déposer
depressing   déprimant
depression   la dépression
deprived of   déprivé de
dermatitis   la dermite
dermatologist   le (la) dermatologue
dermatology   la dermatologie
descending   descendant
descent   la descente
designate   désigner
desirable   désirable
desire   le désir
destroy   détruire
detached retina   le décollement de la rétine
detect   dépister, déceler
detection   le dépistage
determine   déterminer
detoxication   la désintoxication
develop   développer
development   le développement
deviated septum   la cloison déplacée
devote oneself   se consacrer, se dévouer
diabetes   le diabète
diabetic   diabétique

diagnose   diagnostiquer
diagnosis   le diagnostic
diagnostic   diagnostique
diapason   le diapason
diaphragm   le diaphragme
diarrhea   la diarrhée
die   mourir
diet   le régime, la diététique
dietician   le diététicien
different   différent
digestive   le digestif
digitalis   la digitale
dilatation   la dilatation
dilemma   le dilemme
diphtheria   la diphtérie
diploma   le diplôme
direct   diriger
direction   la direction
disability   l'incapacité *f*
disable   incapaciter
disappear   disparaître
disappearance   la disparition
discharge   déverser; renvoyer
discomfort   l'inconfort *m*
disease   la maladie
disfigure   défigurer
dislocation   la luxation
disorder   le trouble
disorientation   la désorientation
dispense   administrer
dispensed   dispensé
dispose   disposer
disposed   disposé
disposition   la disposition
dissection   la dissection
distension   le ballonnement
distinguish   distinguer
distribute (give out)   passer
distrust   la méfiance
diuretic   le diurétique
divide   diviser
doctor's office   le cabinet de médecin
domain   le domaine
donor   le donneur
dosage   la dose
dose   la dose
double pneumonia   la pneumonie double
doubtful   douteux
drain   drainer

drainage   le drainage
draw out   retirer
drink   la boisson
drowsiness   l'assoupissement *m*
drug   la drogue
drug addict   le drogué
drug user   le toxicomane
dry cough   la toux sèche
dry up   dessécher
duct   la voie, le conduit
duodenum   le duodénum
during   pendant
dust   la poussière
duty   le devoir
dying person   le mourant
dysentery   la dysenterie
dysmenorrhea   la dysménorrhée

E

each   chaque
ear   l'oreille *f*
ear canal   le conduit auditif
ear, nose, throat specialty   l'oto-rhino-laryngologie *f*
early   précoce
ectopia   l'ectopie *f*
eczema   l'eczéma *m*
edema   l'œdème *m*
effect   l'effet *m*
effective   efficace
effectiveness   l'efficacité *f*
efficient   efficace
effort   l'effort *m*
egg   l'œuf *m*
eject   expulser, rejeter
elasticity   l'élasticité *f*
elect   élire
elected   élu
electric shock treatments   les pulsations électriques *f pl*
electrocardiogram   l'électrocardiogramme *m*
electrocardiography   l'électrocardiographie *f*
electrode   l'électrode *f*
electroencephalogram   l'électroencéphalogramme *m*
electronic surveillance   la surveillance électronique

element   l'élément *m*
eliminate   éliminer
embolism   l'embolie *f*
embryo   l'embryon *m*
emergency   l'urgence *f*
emergency service   le service des
    urgences
emit   émettre
emotional   affectif
emphysema   l'emphysème *m*
empty   vide
empty   vider
encephalitic   encéphalique
encephalitis   l'encéphalite *f*
encephalography   l'encéphalographie *f*
encephalon   l'encéphale *m*
enclose   renfermer
encounter   rencontrer
encourage   encourager
endemic   endémique
endocrine gland   la glande endocrine
endocrinology   l'endocrinologie *f*
endoscopy   l'endoscopie *f*
enema   le lavement
engineer   l'ingénieur *m*
enormous   énorme
enriched   enrichi
entirely   entièrement
environment   l'environnement *m*
enzyme   l'enzyme *f*
epidemic   l'épidémie *f*
epidemic   épidémique
epidemiology   l'épidémiologie *f*
epidermis   l'épiderme *m*
epilepsy   l'épilepsie *f*
epileptic *m* or *f*   épileptique
epinephrine   l'épinéphrine *f*
equilibrium   l'équilibre *m*
equilibrium problems   les troubles
    d'équilibre *m pl*
equivalent   équivalent
ergotherapy   l'ergothérapie *f*
esophagitis   l'œsophagite *f*
esophagus   l'œsophage *m*
establish   établir
ether   l'éther *m*
ethical   éthique
Eustachian tube   la trompe d'Eustache
evaluate   évaluer

event   l'événement *m*
exact, exactly   juste
excess   l'excès *m*
exchange   l'échange *m*
excision   l'ablation *f*
excretion   l'excrétion *f*
execute   exécuter
execution   l'exécution *f*
executive   exécutif
exercise   l'exercice *m*
exercise   exercer
exert   exercer
exhale   exhaler
exocrine   exocrine
experiment   l'expérience *f*
explain   expliquer
explanation   l'explication *f*
expression   l'expression *f*
extensive   étendu
extract   extraire
external   externe
extraordinary   extraordinaire
extrasystole   l'extrasystole *f*
extrinsic   extrinsèque
eye   l'œil *m*
eyeball   le globe oculaire
eyeglasses   les lunettes *f pl*
eyelid   la paupière
eyes   les yeux *m pl*

F

face   le visage
facilitate   faciliter
facility   l'établissement *m*
factor   le facteur
Fallopian tube   la trompe de Fallope
family   la famille
farsightedness   l'hypermétropie *f*
fast   la diète
fast   jeûner, rester à jeun
fat   la graisse
fatigue   la fatigue
fatty   graisseux
favor   favoriser
feather   la plume
fecal   fécal
federal   fédéral
feed   alimenter, nourrir
feel   ressentir

feeling   la sensation
female   femelle
femur   le fémur
fertilize   féconder
fetus   le fœtus
fever   la fièvre
fever blister   le bouton de fièvre
fiber   la fibre
fibroid   le fibrome
fibroma   le fibrome
fictitious   fictif
filament   le filament
filter   le filtre
finally   finalement
finance   la finance
financial manager   l'intendant *m*
finger   le doigt
first aid   le secourisme, les premiers soin *m*
fish   le poisson
flare up   s'enflammer
flatulence   la flatulence
flow   couler
fluctuate   fluctuer
fluid   le liquide
foam   l'écume *f*
follow   suivre, succéder
followed   suivi
food   la nourriture, l'aliment *m*,
l'alimentation *f*
food poisoning   l'intoxication
alimentaire *f*
forceps   le forceps
forearm   l'avant-bras *m*
forehead   le front
form   former
form   le formulaire
formation   la formation
fracture   la fracture
framework   la charpente
from the inside (within)   de l'intérieur
from the outside   de l'extérieur
from time to time   de temps en temps
function   la fonction
function   fonctionner
functioning   le fonctionnement, la
fonction
fur   le poil
furnish   fournir
furuncle   le furoncle

G

gall bladder   la vésicule biliaire
ganglion   le ganglion
gargling   le gargarisme
gas   le gaz
gaseous   gazeux
gastric   gastrique
gastric juices   les sucs gastriques *m pl*
gastritis   la gastrite
gastroenteritis   la gastro-entérite
gastrointestinal   gastro-intestinal
gathered   rassemblé
general anesthesia   l'anesthésie
générale *f*
genetic   génétique
genital   génital
genital herpes   l'herpès génital *m*
genitourinary   génito-urinaire
geriatrics   la gériatrie
germ   le germe
German measles   la rubéole
gesture   le geste
get as a result   découler
get rid of   se débarrasser de
give   donner
give a shot   faire une piqûre
give birth   accoucher
give out   passer
glandular   glandulaire
glass   le verre
glasses (eye)   les lunettes *f pl*
go down   baisser
go up   augmenter
gonad   la gonade
gonorrhea   la blennorragie
graduated   diplômé
grand mal   le grand mal
grant (a request)   exaucer
Greek   grec
grow   l'élargir
growth   la croissance
gum(s)   la gencive
gynecologic   gynécologique

H

hair   les cheveux *m pl*
hair loss   la chute des cheveux
hand   la main
hard   dur

hard contact lenses   les verres durs *m pl*
hardening   le durcissement
harmful   néfaste
have a headache   avoir mal à la tête
have a sore throat   avoir mal à la gorge
have convulsions   se convulser
hay fever   le rhume des foins
head   la tête
head cold   le rhume de cerveau
headache   le mal de tête
healing   la cicatrisation, la guérison
health   la santé
health care   les soins médicaux *m*
health care personnel   le personnel
   soignant
healthy   sain, en bonne santé
hearing   l'audition *f*, l'ouïe *f*
hearing aid   l'appareil acoustique *m*,
   l'appareil auditif *m*
hearing loss   la perte de l'ouïe
heart   le cœur
heart failure   l'insuffisance cardiaque *f*
heart rhythm   le rythme cardiaque
heart troubles   les troubles cardiaques
   m pl
heartbeat   le battement de cœur
heartburn   les brûlures d'estomac *f pl*
heat   la chaleur
height (person)   la taille
hematology   l'hématologie *f*
hemorrhage   l'hémorragie *f*
hepatitis   l'hépatite *f*
hereditary   héréditaire
herniated disk   l'hernie discale *f*
heroin   l'héroïne *f*
herpes simplex   l'herpès simplex
hiatal hernia   l'hernie hiatale *f*
hiccups   le hoquet *m*
hidden   caché
high   élevé; haut
hinder   empêcher
hip   la hanche
hives   l'urticaire *f*
hoarse   enroué
hold one's breath   retenir son souffle
hold up   supporter
home care   les soins à domicile *m pl*
homosexual   homosexuel
hormone   l'hormone *f*

hospice   l'hospice *m*
hospital   l'hôpital *m*
hospital (of or pertaining to)   hospitalier
hospitalized   hospitalisé
hostile   hostile
human   humain
human bacillus   le bacille humain
humane   humain
humidity   l'humidité *f*
hydrochloric acid   l'acide chlorhydrique *m*
hygiene   l'hygiène *f*
hypermetropia   l'hypermétropie *f*
hypersensitivity   l'hypersensibilité *f*
hypertension   l'hypertension *f*
hypophysis   l'hypophyse *f*
hysterectomy   l'hystérectomie *f*
hysteria   l'hystérie *f*
hystology   l'hystologie *f*

I

ice   la glace
idea   l'idée *f*
ideal   idéal
ignore   négliger
illness   la maladie
image   l'image *f*
imminent   imminent
immunity   l'immunité *f*
immunization   l'immunisation *f*
immunoglobulin   l'immunoglobuline *f*
immunological   immunologique
immunologist   l'immunologiste *m* or *f*
immunology   l'immunologie *f*
impede   empêcher
impetigo   l'impétigo *m*
implied   tacite
impregnate   féconder
impulse   l'impulsion *f*
impurity   l'impureté *f*
in charge of   chargé de
in Greek   en grec
in residence   de résidence
inability   l'incapacité *f*
incidence   l'incidence *f*
incision   l'incision *f*
include   inclure
incorporated   incorporé
incubation period   la période d'incubation
incurable   incurable

indication   l'indice *m*
indicate   indiquer
indicator   l'indicateur *m*
individual   l'individu *m*
induce   déclencher, provoquer
inevitable   inévitable
infarction   l'infarctus *m*
infect   infecter
infectious   infectieux
inferior   inférieur
inflamed   enflammé
influence   l'influence *f*
influenza   la grippe
information   l'information *f,* les renseignements *m pl*
inhale   inhaler
injection   l'injection *f*
injure   léser
injured   blessé
inner ear   l'oreille interne *f*
insect bite   la piqûre d'insecte
insert   introduire
instrument   l'instrument *m*
insulin   l'insuline *f*
insurance   l'assurance *f*
insurance company   la compagnie d'assurances
integrated   intégral
intensity   l'intensité *f*
intensive care   le service de réanimation
interdependence   l'interdépendance *f*
interest   l'intérêt *m*
internal   interne
internal organs   les viscères *m pl*
interpret   interpréter
intervene   intervenir
intervention   l'intervention *f*
interview   l'interview *f*
intimate   intime
intimidate   intimider
intoxicated   intoxiqué
intracranial   intracrânien
intravenous   intraveineux
intravenous feeding   l'alimentation par voie intraveineuse *f*
intrinsic   intrinsèque
introduced   introduit
invalid   l'invalide *m or f*

ionizing radiation   les rayonnements ionisants *m pl*
iron   le fer
irreversible   irréversible
irritability   la nervosité
irritable bowel   le côlon irritable
isolate   isoler
isoproterenol   l'isoprotérénol *m*
itch   piquer
itching   la démangeaison
itchy eyes   les yeux qui piquent *m pl*

J

jargon   le jargon
jaundice   la jaunisse
job   la tâche
join   joindre
joint   l'articulation *f*
judgement   le jugement
just   équitable

K

keep   garder
keep alive   maintenir en vie
kidney   le rein
kidney stone   le calcul rénal
kidney transplant   la greffe du rein
knee   le genou
know   savoir
knowledge   la connaissance

L

laboratory   le laboratoire
lack   le défaut, le manque
lack of common sense   le manque de bon sens
lack of confidence   le manque de confiance
lack of control   le manque de contrôle
lame   boiteux
laryngitis   la laryngite
larynx   le larynx
laser beam   le rayon laser
last   durer
lateral   latéral
lead   mener, conduire
leave   quitter
left   gauche
leg   la jambe

length   la longueur; la durée
lens (of the eye)   le cristallin
lesion   la lésion
leukemia   la leucémie
level   le niveau
liaison   la liaison
life expectancy   l'espérance de vie *f*
ligament   le ligament
ligamentous   ligamentaire
life   la vie
lift   soulever
light   léger
limb   le membre
limit oneself   se borner
link   la liaison
lip   la lèvre
lipid   le lipide
liquid   le liquide
listening   l'écoute *f*
lithium   le lithium
little   peu
live   habiter, vivre
liver   le foie
living   vivant
living cell   la cellule vivante
lobe   le lobe
lobar   lobaire
lobectomy   la lobectomie
local   local
long   long(ue)
look   le regard
lose consciousness   perdre conscience
loss   la perte
lotion   la lotion
low   bas
lower   inférieur
lower   baisser
lucid   lucide
luck   la chance
lumbago   le lumbago
lung   le poumon
lymph   la lymphe
lymph node   le ganglion lymphatique
lymphatic   lymphatique
lymphoid   lymphoïde

M

maintain   maintenir
maintenance   le maintien

majority   la plupart
make   faire; rendre
make a decision   prendre une décision
make an appointment   prendre rendez-vous
make the bed   faire le lit
make up, be a part (of)   faire partie (de)
malaria   la malaria
male   mâle
malformation   la malformation; le défaut
malignant   malin (maligne)
mammary   mammaire
mammography   la mammographie
manage   gérer
management   la gestion
mania   la manie
manic depressive   maniaco-dépressif
manual   manuel
marijuana   la marijuana
massage   le massage
massive   massif
mastectomy   la mastectomie
mastoiditis   la mastoïdite
material   la matière, le matériau
matter   la matière
Meals on Wheels   les repas servis à domicile *m*
measles   la rougeole; **(German)** la rubéole
meat   la viande
measure   la mesure
medical   médical
medical exam   l'examen médical *m*
medical personnel   le personnel médical
medical school   la faculté de médecine
medication   le médicament
medicine   le médicament
meeting   la réunion
melancholy   la mélancolie
melanoma   le mélanome
member   le membre
membrane   la membrane
memory   la mémoire
memory loss   la perte de mémoire
meningitis   la méningite
meningococcic   méningococcique
meninx   la méninge
menopause   la ménopause
menstrual period   les règles *f pl*
mental   mental, psychique
mental illness   la maladie mentale

message   le message
metabolism   le métabolisme
metal   le métal
metastasis   la métastase
method   la méthode
microbe   le microbe
microorganism   le micro-organisme
microscope   le microscope
microwaves   les micro-ondes *f pl*
middle ear   l'oreille moyenne *f*
migraine   la migraine
millimeter   le millimètre
mind   l'esprit *m*
minimal   minime
minute   minutieux
miscarriage   la fausse couche,
   l'avortement spontané *m*
moderate   modéré
monoblastic   monoblastique
mononucleosis   la mononucléose
month   le mois
mood   l'humeur *f*
moral   moral
more and more   de plus en plus
morgue   la morgue
morphine   la morphine
mortal   mortel
mortality rate   le taux de mortalité
motor functions   la motricité
mouth   la bouche
move   se bouger, se diriger
move by oneself   se déplacer
movement   le mouvement
mucous   muqueux
mucous membrane   la muqueuse
mucus   le mucus
multicare   de soins polyvalents
multiple sclerosis   la sclérose en plaques
mumps   les oreillons *m pl*
muscle   le muscle
muscular   musculaire
mycosis   la mycose
myeloid   myéloïde
myocardial infarction   l'infarctus du
   myocarde *m*
myocardium   le myocarde
myopia   la myopie
myopic person   le myope

N

nail   l'ongle *m*
nape of the neck   la nuque
narcissism   le narcissisme
natural childbirth   l'accouchement sans
   douleur
nausea   la nausée
nearsighted person   le myope
nearsightedness   la myopie
necessarily   nécessairement
necessitate   nécessiter
necrosis   la nécrose
need   avoir besoin
neighboring   voisin
nephritis   la néphrite
nephrologist   le (la) néphrologue
nephrology   la néphrologie
nerve   le nerf
nervous   nerveux
nervous system   le système nerveux
neuroleptic   neuroleptique
neurologist   le (la) neurologue
neurology   la neurologie
neurosis   la névrose
newborn   le nouveau-né
nicotine   la nicotine
noise   le bruit
noisy   bruyant
normal   normal
nose   le nez
nosebleed   le saignement de nez
not . . . at all   ne… aucun
notice   s'apercevoir
nuclear medicine   la médecine nucléaire
numerous   nombreux
nurse   l'infirmier *m*
nurse   soigner
nurse's aid   l'aide-infirmier *m*
nursing home   la maison de retraite
nutrition   la nutrition
nutritious   nutritif

O

oats   l'avoine *f*
obesity   l'obésité *f*
obliged   obligé
obsession   l'obsession *f*
obstacle   l'obstacle *m*

obstetrician   l'obstétricien *m*
obstetrics   l'obstétrique *f*
obtain   obtenir
occlusion   l'occlusion *f*
occupational therapy   la thérapeutique
    occupationelle
ocular   oculaire
offered   offert
officer   le fondé de pouvoir
official   le fonctionnaire
often   souvent
oil   l'huile *f*
old age   le vieillissement, la vieillesse
old person   le vieillard
oncology   l'oncologie *f*
onset   le début
opaque   opaque
opening   l'ouverture *f*
operable   opérable
operate   opérer
operating room   la salle d'opération
operation   l'opération *f*
ophthalmological   ophtalmologique
ophthalmologist   l'ophtalmologue *m* or *f*,
    l'ophtalmologiste *m* or *f*
ophthalmology   l'ophtalmologie *f*
opinion   l'avis *m*
oppose   s'opposer à
orchitis   l'orchite *f*
order   ordonner
organ   l'organe *m*
organic fluids   les liquides organiques *m*
organism   l'organisme *m*
organization   l'organisation *f*
organize   organiser
origin   l'origine *f*
orthopedic   orthopédique
orthopedics   l'orthopédie *f*
orthopedist   l'orthopédiste *m* or *f*
ossicle   l'osselet *m*
osteomyelitis   l'ostéomyélite *f*
oteosclerosis   l'otéosclérose *f*
otic   otique
otitis media   l'otite moyenne *f*
otorhinolaryngology   l'oto-rhino-
    laryngologie *f*
outcome   la suite
outer ear   l'oreille externe *f*

outpatient department   le service de
    consultation externe
ovarian   ovarien
ovary   l'ovaire *m*
oversee   veiller
ovum   l'ovule *m*
oxygen   l'oxygène *m*
oxygen (administered)   l'apport
    d'oxygène *m*

P

pain   la douleur
painful   douloureux, pénible
painkiller   l'analgésique *m*
palliate   pallier
palpitation   la palpitation
pancreas   le pancréas
pancreatic juice   le suc pancréatique
pancreatitis   la pancréatite
Pap smear   le test Pap
paralysis   la paralysie
paralyze   paralyser
paramedic   le secouriste
paranoia   la paranoïa
paranoid   paranoïaque
parasite   le parasite
parasitic   parasitaire
partial   partiel
partition   la cloison
partner   le (la) partenaire
passage   le passage
passive   passif
passivity   la passivité
pasteurization   la pasteurisation
pathological   pathologique
pathologist   le (la) pathologiste
pathology   la pathologie
patient   le (la) malade
peacefully   paisiblement
pediatrics   la pédiatrie
pelvis   le bassin
penetrate   pénétrer
penicillin   la pénicilline
perceive   percevoir
percentage   le pourcentage
perception   la perception
perfect   parfait
perforation   la perforation

period　la période
periodic　périodique
peristaltic　péristaltique
peritoneum　le péritoine
peritonitis　la péritonite
permanent　permanent
permeate　imprégner
permit　permettre
person　la personne
personal　personnel
personal hygiene　la toilette intime
personality　la personnalité; le caractère
personnel　le personnel
perspiration　la transpiration
petit mal　le petit mal
pharmacist　le pharmacien
pharmacy　la pharmacie
pharyngitis　la pharyngite
phenobarbital　le phénobarbital
phenomenon　le phénomène
phobia　la phobie
phobic　phobique
physical　physique
physical therapy　la physiothérapie, la
　kinésithérapie
physiological　physiologique
physiology　la physiologie
picture　l'image f
pierce　percer
pill　le comprimé, la pilule
pimple　le bouton
pituitary gland　l'hypophyse f
place of origin　le lieu d'origine
plague　le fléau; la peste
plaster　le plâtre
plastic　plastique
pleura　la plèvre
pleural cavity　la cavité pleurale
pleurisy　la pleurésie
plotting　le tracé
plug　le bouchon
pneumococcal　pneumococcique
pneumonectomy　la pneumonectomie
pneumonia　la pneumonie
pocket　la poche
poison　le poison
poison ivy　le sumac vénéneux
poisoning　l'empoisonnement m
policy　la ligne de conduite; la police

poliomyelitis　la poliomyélite
pollen　le pollen
poor person　le (la) pauvre
position　la position
possibility　la possibilité
postoperative　postopératoire
potassium　le potassium
powder　le poudre
power　le pouvoir
powerful　puissant
practice　pratiquer
precaution　la précaution
precise　précis
precocious　précoce
predispose　prédisposer
predisposition　la prédisposition
preferential　préférentiel
pregnant　enceinte
premenstrual　prémenstruel
premenstrual stress　le syndrome
　prémenstruel
presbyopia　la presbytie
prescribe　prescrire
prescription　l'ordonnance f
presence　la présence
preserve　préserver
pressure　la pression
prevent　prévenir
prevention　la prévention
pride　l'orgueil m
primary　primaire
primary care　les soins de base m pl
principal　principal
principle　le principe
priority　la priorité
private　privé
probe　le sondage, la sonde
problem　le problème
procedure　la méthode de procéder, le
　procédé
proceed　procéder
produce　se produire
profession　la profession
professional　professionnel
prognosis　le pronostic
program　le programme
progress　le progrès
progress　progresser
progressive　progressif

projection   la projection
proliferation   la prolifération
prolong   prolonger
prone   allongé
property   la propriété
prophylactic   le préservatif
propose   proposer
prostate   la prostate
prostatic   prostatique
prostatitis   la prostatite
prosthesis   la prothèse
protect   protéger
protect   la protéine
prove   prouver
provoke   provoquer
psoriasis   le psoriasis
psychiatrist   le (la) psychiatre
psychiatry   la psychiatrie
psychic   psychique
psychological   psychologique
psychologist   le (la) psychologue
psychomotor   psychomoteur
psychosis   la psychose
psychosocial   psychosocial
psychotherapy   la psychothérapie
puberty   la puberté
public   public (-ique)
pulmonary   pulmonaire
pulmonary emphysema   l'emphysème
   pulmonaire *m*
pulse   le pouls
pupil   la pupille
purified   purifié
pus   le pus
pustule   la pustule
put   mettre

Q

qualitative   qualitatif
quality   la qualité
quantitative   quantitatif
quantity   la quantité
quarantine   le séquestre
question   la question
quickly   vite

R

rachitis   le rachitisme
radiation   la radiation, les rayonnements *m pl*

radioactive isotopes   les isotopes
   radioactifs *m pl*
radiologist   le (la) radiologiste, le (la)
   radiologue
radiology   la radiologie
radiotherapy   la radiothérapie
radium   le radium
raised   élevé
rapidity   la rapidité
rare   rare
rash   les taches rouges *f pl*, l'éruption *f*
rate   le taux
rather   assez
reaction   la réaction
real   réel
realize   se rendre compte
reappear   réapparaître
reasonable   raisonnable
reassure   rassurer
reassuring   rassurant
receive   recevoir
recognize   reconnaître
recommend   recommander
recover   recouvrir, se remettre, guérir, se
   relever
recovery   le rétablissement
recovery room   la salle de rétablissement
recrudescence   la recrudescence
recruit   recruter
rectify   rectifier
recurring   récidivant
redness   la rougeur
reduce   réduire
reflect   refléter
refusal   le refus
refuse   refuser
regional   régional
registered nurse   l'infirmier diplômé *m*
regress   régresser
rehabilitation   la réhabilitation
reheat   réchauffer
reinforce   renforcer
reject   rejeter
relapse   la rechute
relation   la relation, le rapport
relax   relâcher
relaxed   détendu
relearn   réapprendre
relief   soulagement *m*

relieve   soulager
remedy   le remède
remission   la rémission
removal   l'ablation *f*
remove   enlever
renal   rénal
replace   remplacer
replacement   le remplacement
report   le rapport
reputation   la réputation
require   exiger
research   la recherche
researcher   le chercheur
residency   la résidence
resident   le résident
resist   résister
resistance   la résistance
resource   la ressource
respirator   l'appareil respiratoire *m*
respiratory   respiratoire
respiratory system   l'appareil respiratoire *m*
responsibility   la responsabilité
responsible   responsable
rest   le repos
result   le résultat, la suite
result   découler, résulter
retina   la rétine
return   le retour
reunite   réunir
reveal   révéler
revealing   révélateur
review   passer en revue
rheumatic fever   la fièvre rhumatismale
rheumatism   le rhumatisme
rheumatoid arthritis   le rhumatisme
   articulaire
rheumatologist   le (la) rhumatologue
rheumatology   la rhumatologie
rhinitis   la rhinite
rib   la côte
rickets   le rachitisme
rife   sévir
right   le droit
rigid   rigide
risk   le risque
role   le rôle
roll upwards   révulser
rosaceous acne   l'acné rosacée
routine   routinier

rubella   la rubéole
run   diriger
run into   encourir
runny nose   le nez qui coule

S

sac   le sac
sacrifice   le sacrifice
salary (doctor's)   les honoraires *m pl*
salivation   la salivation
salt   le sel
salty   salé
schizoidism   la schizoïdie
schizophrenia   la schizophrénie
scourge   le fléau
scrotum   le scrotum, la bourse testiculaire
scurvy   le scorbut
sebaceous   sébacé
sebum   le sébum
secondary   secondaire
secrete   sécréter
secretion   la sécrétion
sector   le secteur
sedative   le sédatif, le calmant
see   voir
selection   la sélection
self-criticism   l'autocritique *f*
semen   le sperme
sender   l'émetteur *m*
senile   sénile
senility   la sénilité
sense   le sens
sensitive   sensible
septicemia   la septicémie
series   la série
serious   grave, sérieux
serology   la sérologie
serum   le sérum
serum hepatitis   l'hépatite sérique *f*
serve   desservir
service   le service
set (a bone)   réduire
several   plusieurs
sewn up   recousu
sexual   sexuel
sexual relations   les relations sexuelles *f*
sexually   sexuellement
sexually transmitted disease   la maladie
   sexuellement transmise

sharp   aigu(ë)
shave   raser
shingles   le zona
shock   le choc
short   court
shortness of breath   l'essouflement *m*
shot   la piqûre
shoulder   l'épaule *f*
show   manifester
shrink   se rétrécir
shower   la douche
shyness   la timidité
side   le côté
side effect   l'effet secondaire *m*
sight   la vue
sight loss   la perte de la vue
silent   silencieux
simplicity   la simplicité
sinuses   les sinus *m*
sinusitis   la sinusite
size   la taille, la grosseur
skeletal   squelettique
skeleton   le squelette
skin   la peau
skin (of or pertaining to)   cutané
skull   le crâne
skull fracture   la fracture du crâne
sleep   le sommeil
sleeping pill   le somnifère
sleeping sickness   la maladie du sommeil
sleepy   somnolent
slow   retarder
small intestine   l'intestin grêle *m*
small pox   la variole
smell (sense of)   l'odorat *m*
smoke   fumer
smooth muscle   le muscle lisse
soap   le savon
social worker   l'assistant social *m*
socket   la cavité articulaire
sodium   le sodium
soft contact lenses   les verres souples *m pl*
sole of the foot   la plante du pied
solid   solide
soluble   soluble
sore throat   le mal de gorge, l'angine *f*
sort   la sorte
sound   le son
sound waves   l'onde sonore *f*

spasm   le spasme
speaker   l'interlocuteur *m*, l'interlocutrice *f*
specialist   le (la) spécialiste
specialized   spécialisé
specific   spécifique, déterminé
speed   la vitesse
sperm   le sperme
spermatozoa   le spermatozoïde
spermicide   le spermicide
spicy   épicé
spinal column   la colonne vertébrale
spinal cord   la moelle épinière
spine   l'épine *f*
sprain   l'entorse *f*
spread   répandre
squint   loucher
stable   stable
staff   le personnel
stage   le stade, la phase
standard of living   le niveau de vie
staphylococcal   staphylococcique
staphylococcus   le staphylocoque
starch   l'amidon *m*
stare   regarder, fixement
start   débuter
state   l'état *m*
state of anxiety   l'état d'anxiété *m*
stay   rester
stay in shape   se maintenir en forme
steps to take   la marche à suivre
sterility   la stérilité
sterilize   stériliser
sternum   le sternum
stiff neck   le torticolis
stirrup bone   l'étrier *m*
stitches   les points de suture *m pl*
stomach   l'estomac *m*
stomach pumping   le lavage d'estomac
stone   la pierre, le calcul
stool   la selle
stop   arrêter
stop the spread of   enrayer
store   emmagasiner
strabismus   le strabisme
strangulation   l'étranglement *m*
streptococcal   streptococcique
streptococcus   le streptocoque
striated muscle   le muscle strié
strict   strict

strict diet   le régime rigide
stricture   le rétrécissement
stroke   l'attaque cérébrale *f*, l'apoplexie *f*
struggle   lutter
sty   l'orgelet *m,* le compère-loriot
subject to   sujet à
submit   soumettre
subsidized   subventionné
substance   la substance
suffer   souffrir
suffering   la souffrance
sufficient   suffisant
suffocate   s'étouffer
sugar   le sucre
suitable   de mise
sulfa drug   le sulfamide
superior   supérieur
supervise   superviser
support   supporter, soutenir
supporting   de soutien
suppress   supprimer
surface   la surface
surgeon   le chirurgien
surgical   chirurgical
surgically   chirurgicalement
surround   entourer
surveillance   la surveillance
survival   la survie
susceptible   susceptible
suspect   soupçonner
sustain   soutenir
swallow   avaler
swallowing   la déglutition
sweat   la sueur
swelling   le gonflement
swollen   gonflé, enflé
symptom   le symptôme
syndrome   le syndrome
syphilis   la syphilis
system   le système; l'appareil
syringe   la seringue

T

tablet   le cachet
tachycardia   la tachycardie
tacit   tacite
take care of   s'occuper de
take care of oneself   se soigner
take effect   s'effectuer

take refuge   se réfugier
talent   le talent
taut   tendu
team   l'équipe *f*
tear   la déchirure
tearing   le déchirement
technique   la technique
technology   la technologie
telltale   révélateur
temperature   la température
temporary   temporaire
tend   avoir tendance à
tendency   la tendance
tendon   le tendon
term   le terme
terminally ill   en phase terminale
territorial zone   la zone de territoire
test   le test
testicle   le testicule
tetanus   le tétanos
theatrical   théâtral
theory   la théorie
therapist   le (la) thérapeute
therapy   la thérapeutique
thermostat   le thermostat
these days   de nos jours
thick   épais
thigh   la cuisse
thoracic   thoracique
thoracic cage   la cage thoracique
thorax   le thorax
thorough   approfondi
thrombosis   la thrombose
through the blood   par voie sanguine
thyroid   thyroïde
tibia   le tibia
tic   le tic
timidity   timidité
tissue   le tissu
to the naked eye   à l'œil nu
toe   l'orteil *m*
tolerate   tolérer
tone   le ton
tone of voice   le ton de la voix
tongue   la langue
tonsil   l'amygdale *f*
tonsillitis   l'amygdalite *f*, l'angine *f*
tooth   la dent
toothpaste   le dentifrice

torn ligament   la déchirure ligamentaire
touch   toucher
toxemia   la toxémie
toxic   toxique
toxin   la toxine
tracheotomy   la trachéotomie
trachea   la trachée
trachoma   le trachome
tract   la voie
traffic accident   l'accident de la route
trained   entraîné
tranquilizer   le calmant
transfusion   la transfusion
transmission   la transmission
transmittable   transmissible
transportation   le transport
trauma   le trauma
traumatic   traumatique
treasurer   le trésorier
treat   traiter
treatment   le traitement
trigger   déclencher, entraîner
triglyceride   le triglycéride
trouble   le trouble
trunk   le tronc
truth   la vérité
tsetse fly   la mouche tsé-tsé
tube   le tube
tubercular   tuberculeux
tuberculosis   la tuberculose
tumefaction   la tuméfaction
tumor   la tumeur
tympanum   le tympan
type   le genre, l'espèce *f*, le type
typhoid   typhoïde
typhoid fever   la fièvre typhoïde

U

ulcer   l'ulcère *m*
ulcerate   ulcérer
ultrasound   les ultrasons *m pl*
ultraviolet rays   les rayons ultraviolets *m pl*
unbearable   insupportable
unconsciousness   la perte de conscience
undergo   subir
underlying   sous-jacent
understand   comprendre
undetected   caché
undulatory   ondulatoire

uneven   inégal
unplug   débrancher
untreatable   intraitable
upper   supérieur
urban   urbain
urea   l'urée *f*
uremia   l'urémie *f*
ureter   l'uretère *m*
urethra   l'urètre *m*
uric acid   l'acide urique *m*
urinary   urinaire
urinate   uriner
urination   la miction
urine   l'urine *f*
urologist   l'urologue *m or f*
urology   l'urologie *f*
urticaria   l'urticaire *f*
use   l'usage *m*
use   utiliser, employer
useful   utile

V

vaccine   le vaccin
vaginal   vaginal
Valium   le Valium
valuable   précieux
variety   la variété
vary   varier
vasoconstrictor   le vasoconstricteur
vein   la veine
venereal   vénérien
venereal disease   les maladies
    vénériennes *f pl*
ventricular fibrillation   la fibrillation
    ventriculaire
vermiform appendix   l'appendice
    vermiculaire *m*
vertebral   vertébral
vertebrate   le vertébré
vessel   le vaisseau
vibrate   vibrer
vibration   la vibration
victim   la victime
view   la vue
viral infection   l'infection virale *f*
virus   le virus
viscous   visqueux
visibly   visiblement
visión   la vue

visit   la visite
visiting nurse   l'infirmière visiteuse *f*
visual   visuel
vital functions   les fonctions vitales *f*
vitamin   la vitamine
voice   la voix
voice pitch   le diapason
voiceless   aphone
volunteer   le volontaire
vomit   le vomissement
vomiting   le vomissement

W

wall   la paroi
ward   la salle
warn   prévenir
warning sign   le signe précurseur
wart   la verrue
waste   les déchets *m pl*
watch   la garde
watching over   la surveillance
watertight   étanche
way   la façon
weakened   affaibli
weakening   l'affaiblissement *m*
weakness   la faiblesse
weapon   l'arme *f*
weekly   hebdomadaire
weight   le poids
weight loss   l'amaigrissement *m*

western   occidental
wet cough   la toux grasse
wheat   le blé
whiplash   le coup du lapin
white of the eye   le blanc de l'œil
white spot   le filet blanc
whitehead   la pointe blanche
whooping cough   la coqueluche
wide   large
width   la largeur
wind   le vent
wish   le souhait
withdrawal into oneself   le repli sur soi-même
world of one's own   le monde à lui (elle)
worry   le souci, l'inquiétude *f*
worry   s'inquiéter, se préoccuper
wound   la plaie
wrinkle   la ride

X

X rays   les radiographies *f pl*, les rayons X *m pl*

Y

yellow fever   la fièvre jaune
youth   la jeunesse

Z

zone   la zone

INDEX